Der Tod ist ein Problem der Lebenden

Beiträge zur
Soziologie des Todes

Herausgegeben
von Klaus Feldmann und
Werner Fuchs-Heinritz

Suhrkamp

Die Deutsche Bibliothek – CIP-Einheitsaufnahme
Der Tod ist ein Problem der Lebenden :
Beiträge zur Soziologie des Todes /
hrsg. von Klaus Feldmann und Werner Fuchs-Heinritz. –
1. Aufl. – Frankfurt am Main : Suhrkamp, 1995
(Suhrkamp-Taschenbuch Wissenschaft ; 1214)
ISBN 3-518-28814-8
NE: Feldmann, Klaus [Hrsg.] ; GT

suhrkamp taschenbuch wissenschaft 1214
Erste Auflage 1995
© Suhrkamp Verlag Frankfurt am Main 1995
Suhrkamp Taschenbuch Verlag
Druck: Wagner GmbH, Nördlingen
Printed in Germany
Umschlag nach Entwürfen von
Willy Fleckhaus und Rolf Staudt

1 2 3 4 5 6 – 00 99 98 97 96 95

Inhalt

Klaus Feldmann und
Werner Fuchs-Heinritz
Der Tod als Gegenstand der Soziologie

Einleitung

Daß Sterben und Tod als Thema eine systematische Bedeutung für die Soziologie haben, wird wohl von den meisten Soziologen bestritten. Handelt es sich somit zwar um eine zentrale Problematik in den kulturellen Konstruktionen, jedoch um einen peripheren Aspekt in den Strukturmodellen der Sozialwissenschaftler? Oder sind die soziologischen Strukturmodelle eben nicht universalistischer, sondern partikularistischer Natur, also nur auf die öffentliche Sphäre westlicher Industriegesellschaften ab der zweiten Hälfte des 19. Jahrhunderts bezogen? Oder ist die Soziologie nur mit den Wirkungen und Folgen der anthropologischen Grundtatsache der Sterblichkeit des Menschen befaßt – mit der Stabilitätssicherung sozialer Systeme und kultureller Transmission trotz permanenten »Wechsels des Personals«?

Nimmt man die ausdrückliche Bearbeitung der Thematik als Indikator, so spricht vieles für die dritte Möglichkeit. Abgesehen von der durch Durkheims Schrift über den Selbstmord ausgelösten intensiven Debatte, die aber häufig eher methodologische und methodische Fragen stellte als das Thema substantiell weiterführte, ist eine explizite Thematisierung von Tod und Sterben in der Soziologie im Grunde erst in den sechziger Jahren unseres Jahrhunderts begonnen worden (in den Vereinigten Staaten von Amerika durch R. Fulton, A. Strauss, in Westdeutschland durch Ch. von Ferber, A. Hahn, W. Fuchs). Zudem: Diese ausdrückliche Thematisierung in der Soziologie wurde übertönt durch etwa zeitgleiche Vorschläge aus Nachbardisziplinen. Sowohl die sozialhistorischen Arbeiten von Ariès als auch die therapeutisch angelegte Lehre der Abfolgeschritte des Sterbens von Kübler-Ross fanden in der gebildeten Öffentlichkeit und im sozialwissenschaftlichen Diskurs weitaus mehr Beachtung. Auch dies spricht nicht gerade dafür, daß mit der ausdrücklichen soziologischen Bearbeitung von Tod und Sterben ein zuvor übersehener Grundstein der Soziologie als Wissenschaft entdeckt worden wäre.[1]

So wäre denn die soziologische Beschäftigung mit Tod und Sterben nicht mehr (aber auch nicht weniger) als die Ausweitung soziologischer Denkmöglichkeiten auf vorsoziale, in der menschlichen Gattung gegebene Daseinsbedingungen (ähnlich wie die Soziologie des Körpers oder wie ein Teil der Soziologie des Geschlechts). Eine Soziologie des Todes hätte zwar eine andere Perspektivik als die Soziologie des Betriebes, der Organisation, der Familie usw., wäre nicht einfach eine weitere Teildisziplin (wegen der die Anthropologie relativierenden und konkretisierenden Aufgabe), würde aber doch einen vergleichbaren Status im Gefüge der Wissenschaft einnehmen wie jene.

Hier setzt die Aufgabe an, der sich die Beiträge in diesem Buch stellen und auf die hin sie zusammengetragen wurden. Wie haben die großen Autoren in der Geschichte soziologischen Denkens und Forschens, wie haben die Klassiker der Soziologie diese Thematik beurteilt? Wiewohl die ausdrückliche Beschäftigung mit Tod und Sterben erst spät einsetzte, haben sich doch die meisten der älteren Autoren an der einen oder anderen Stelle ihres Werkes über Tod und Sterben geäußert, und zwar keineswegs nur in Nebenbemerkungen oder in autobiographischen Zeugnissen. Darüber hinaus: Haben Tod und Sterben in der Architektur der Theorien dieser klassischen Autoren einen Platz? Als statisches Element, als Normbaustein, als Ornament? Wären Tod und Sterben unumgehbare Gegenstandsfelder der Soziologie, so müßten die Aufbauprinzipien der klassischen soziologischen Theorien darüber Auskunft geben.

In den folgenden Beiträgen wird deutlich, wie rasch die Thematik Tod und Sterben soziologische Grundfragen berührt, in Dimensionen der Allgemeinen Soziologie hineinreicht, insbesondere das Verhältnis von Individuum und Gesellschaft betrifft. Einige systematische Aspekte seien skizziert – nur skizziert, weil eine Summa der verschiedenen theoretischen Sichtweisen nur auf sehr künstliche Weise gelingen könnte.

Durkheim, Max Weber und Parsons haben sich in ihren re-

[1] Wir verzichten hier auf die – nicht ganz abwegige – Unterstellung, daß die Thematik in der Soziologie so bruchstückhaft und so spät aufgegriffen wurde, weil Tabus und Ambivalenzen (zum Beispiel Scheu vor dem Thema) wirksam waren.

ligionssoziologischen Schriften mit dem Tod auseinandergesetzt. Parsons sah die Religion primär von der zeitlichen Begrenztheit des menschlichen Lebens und von der Abhängigkeit von einer »kapriziösen« Natur her begründet. Die religiöse Sinnkonstitution war also immer mit Versuchen der »Kompensation«, des »Ausgleichs«, der Herstellung eines »Gleichgewichts« verbunden, mit einer Korrektur der »natürlichen« Bedingungen also. So ist es verständlich, daß Bendiksen den Tod als »Schnittstelle« zwischen Natur und Gesellschaft bezeichnet.[2] Und es besteht ein Zusammenhang zwischen der »Natur-Schwäche« der soziologischen Theorien und dem thanatosoziologischen Defizit.

Eine bestimmte Form des Todes hat auf Soziologen immer wieder herausfordernd, ja beunruhigend gewirkt: der *Selbstmord*. Um einen Gesellschaftszusammenhang zu ermöglichen, der innerweltlich, ohne Gott oder andere höhere Mächte, begründet ist, will Auguste Comte den Selbstmord moralisch und sozial verbieten. Die Individuen müssen an den Gesellschaftszusammenhang geradezu gekettet werden, dürfen auf keinen Fall die Möglichkeit haben, sich nach eigenem Willen davonzumachen. Der Selbstmord gilt hier als asoziale Handlung. Manches von diesen Gedanken nimmt Durkheim wieder auf, auch wenn er sich vor allem über eine überhöhte Selbstmordrate beunruhigt und in ihr einen Krisenindikator erblickt. Darin ist seine Studie übrigens Beleg für die Aufmerksamkeitsrichtung der älteren Soziologie: So großartig der Versuch auf den ersten Blick wirkt, die Erkenntniskraft der Soziologie gerade an einer »asozialen« Handlung aufzuweisen, so schnell ergibt sich (siehe unten), daß eigentlich nicht der Selbstmord als Handlung Gegenstand ist (sondern die Selbstmordrate). Ja, wahrscheinlich führte Durkheims Erkenntnisinteresse noch weiter am Selbstmord als Handlung vorbei: In der zweiten Hälfte des 19. Jahrhunderts bis hinein ins 20. war Frankreich von kollektiven demographischen Ängsten bestimmt. Das starke Bevölkerungswachstum in Deutschland wurde im Vergleich zum Stagnieren der eigenen Bevölkerung als Bedrohung empfunden. Man darf unterstellen, daß Durkheim bei seiner Wertung von erhöhten Selbstmordraten als für die Gesellschaft gefährlichem Phänomen von diesen nationalen Ängsten beeinflußt

2 R. Bendiksen, »The Sociology of Death«, in: R. Fulton (Hg.), *Death and Identity*, überarbeitete Ausgabe, Bowie, Maryland, 1976, S. 59.

war, daß seine Studie über den Selbstmord hintergründig auch eine Studie über einen befürchteten »Selbstmord« seiner Gesellschaft war.

Simmel, auf der Suche nach einer »qualitativen Individualität«, nach einem individuellen Dasein, das nicht in den gesellschaftlichen Vernetzungen und Normierungen aufgeht, sondern aus sich heraus wirksam ist, verknüpft *Tod und Individualität*; der Tod ist bei ihm ein »Generator von Individualität« (siehe unten). In seinem Aufsatz von 1963 hat Christian von Ferber[3] diesen Gedanken verändert aufgenommen: Der Tod als außergesellschaftliche Macht kann als Ressource des Individuums fungieren, um sich gegen die totale gesellschaftliche Integration zu wehren. Indem er die Rollenbeziehungen zerreißt, in denen das Individuum zu leben hatte, macht er das Insgesamt der Menschlichkeit des Toten jenseits der Rollen sichtbar.

Dieser Gedanke von der Individualitätsgarantie durch Sterblichkeit, der, meist angeregt von der Lebens- und der Existentialphilosophie, an vielen Stellen auftritt, hat zwei problematische Voraussetzungen: Damit der Tod als Widerstandsressource gegen Einvernahme durch Gesellschaft wirken kann, muß er eine »Störungsleistung« erbringen. Nun war der Tod des einzelnen in geschichtlich älteren Sozialformen zweifellos eine Störung des Gruppengeschehens und verwies so direkt auf den durch die Gruppe hinzunehmenden Verlust, auf die Person des Toten. In modernen Gesellschaften jedoch ist der Tod des einzelnen keine Störung mehr für den größeren Interaktionszusammenhang, sondern nur noch für die nahestehenden Hinterbliebenen.[4] Zweitens hat sich in den modernen Gesellschaften, angedeutet schon zu Zeiten Simmels, ein wahrer »Kult des Individuums« entwickelt, der die Darstellung von Persönlichkeit und individueller Daseinsweise zu einer normalen innersozialen Möglichkeit gemacht hat. Ja, manchmal hat man geradezu den Eindruck, die Individuen würden dazu herausgefordert, sich möglichst oft von ihren Funktionen als Gesellschaftsmitglieder demonstrativ zu di-

---

3 Christian von Ferber, »Soziologische Aspekte des Todes. Ein Versuch über einige Beziehungen der Soziologie zur Philosophischen Anthropologie«, in: *Zeitschrift für evangelische Ethik* 7 (1963), S. 338-360.

4 Bei Todesfällen legt die Gesellschaft in der Regel »keine Pause mehr ein.« »Das Leben der Großstadt wirkt so, als ob niemand mehr stürbe«, schreibt Philippe Ariès, *Geschichte des Todes*, Stuttgart 1982, S. 716.

stanzieren (Stichworte: Lebensstile, psychologische und therapeutische Persönlichkeitsberatung, Personalisierung in den Medien, Zunahme der autobiographischen Schreib- und Sprechpraxis). Beide Überlegungen relativieren die Idee von der Garantieleistung des Todes für Individualität.

Trotz dieser Relativierung ist festzuhalten: Das Individuum kann – in Abhängigkeit von den jeweiligen kulturellen und sozialen Bedingungen – paradoxerweise sowohl durch die Verweigerung seiner gesellschaftlichen Hingabe als auch gerade durch die Opferung seines Lebens an Individualität gewinnen: in der Verweigerung, in Opposition zur Gesellschaft als Gewinnen von »Eigensinn« (individualistische Lösung), in der Selbstopferung, um soziale Anerkennung, ja um »Unsterblichkeit« (selbstverständlich nur für begrenzte soziale Raum-Zeit-Bereiche) im Gesellschaftsverband zu erringen (kollektivistische Lösung). Die Bedeutung des Todes als »Schnittstelle« zwischen Individuum und Gesellschaft kann auch in Max Webers Herrschaftssoziologie »entdeckt« werden, als mögliche Brechung der »Alltäglichkeit des Todes«; vor allem bei charismatischer Herrschaft ergibt sich eine »außeralltägliche Wertdramatisierung« und damit eine Aktualisierung des Todes.[5]

Die Soziologie des 19. Jahrhunderts war durch großflächige, die ganze Menschheitsgeschichte oder die der Kulturen umgreifende Entwicklungstheorien bestimmt: von der militärisch-theologischen zur industriell-positiven Gesellschaft (Saint-Simon, Comte), vom Urkommunismus über die Sklavenhaltergesellschaft, den Feudalismus und über den Kapitalismus hinaus zum Kommunismus (Marx, Engels), von der Gemeinschaft zur Gesellschaft (Tönnies), von der mechanischen zur organischen Solidari-

---

5 Somit könnte man von einer »alltäglichen Wert*ent*dramatisierung« des Todes (des Individuums!) im Normalfall des modernen Gesellschaftslebens sprechen, und zwar sowohl im öffentlichen als auch im privaten Bereich. Die mediatisierte »alltägliche Wertdramatisierung« des gewaltsamen oder spektakulären Todes wäre dann eine Bestätigung und könnte die segensreiche Funktion einer Gewöhnung an eine »kostengünstige« quasi-außeralltägliche Wertdramatisierung erfüllen. Hier wäre dann eine zentrale Ansatzmöglichkeit für eine soziologische Todesreflexion im Bereich des »kollektiven Bewußtseins«, der mediatisierten Wertsysteme und einer wesentlichen Schnittstelle zwischen Makro- und Mikrobereich.

tät (Durkheim), von der ständischen zur Leistungs- bzw. merito-kratischen Gesellschaft (so schon Comte). Ähnlich wie in biologischen Evolutionstheorien gelten auch in soziologischen die einzelnen Organismen, die Individuen, der Tendenz nach als Vehikel des großen Ganzen, deren Tod ein zwar notwendiges, aber letztlich peripheres Ereignis darstellt. Ja, die Evolution des Ganzen vollzieht sich geradezu durch den Tod der einzelnen. Dies evolutionstheoretische Einverständnis mit dem Tod hat gewiß stark dazu beigetragen, die Thematik in der Soziologie an den Rand zu schieben.

Viele Soziologen erklären, daß der Tod ein biologisches Faktum sei, also eine nicht-soziale oder para-soziale Tatsache.[6] Es fehlt die Reflexion, daß diese als (naturwissenschaftlich!) objektiv und implizit kulturunabhängig ausgegebene Konzeption tatsächlich der interkulturellen Sichtweise einer Gruppe im Rahmen moderner Industriegesellschaften entspricht, eine Konzeption, die sich freilich weltweit im Bereich von Wissenschaft, Technik, Ökonomie und Politik als herrschende Wirklichkeitsbeschreibung durchsetzen konnte.

Nun haben biologische Erkenntnisse ohne Zweifel auf die Soziologie einen bedeutenden Einfluß ausgeübt. Offen hat Parsons immer wieder solche Modellvorstellungen herangezogen, gerade um den Tod als positives Moment der biologischen und der kulturellen Evolution herauszustellen. Und Herbert Spencer, inspiriert durch die biologischen und ethnologischen Forschungen seiner Zeit, hatte sogenannte primitive und moderne Gesellschaften im Hinblick auf ihre »Empfindlichkeit«, das heißt auch ihre Todesgefährdetheit verglichen. Eine moderne Gesellschaft verstand er in Analogie zum menschlichen Organismus: Ein solches System benötige alle seine Teile; würde ein Organ defekt oder würde es zerstört, so wäre der gesamte Organismus lebensgefährlich bedroht.

Ist die Rede vom *Tod einer Gesellschaft* bloße Metaphorik? Während die Geschichtswissenschaft voll ist von untergehenden Reichen und sterbenden Kulturen, ist die Frage nach dem Sterben von Gesellschaften (und anderen großen Sozialformen) in der Soziologie nicht gerade prominent. Zu nahe liegt hier offenbar das

6 Dabei gilt diese Konzeption des biologischen Faktums Tod auch in den modernen Gesellschaften nicht in den expressiv bestimmten Subsystemen Kunst und Religion.

traditionelle Modell – die Gesellschaft als Organismus zu begreifen, der sterben kann –, das der modernen Soziologie als veraltet und ideologieverdächtig gilt.

Daß die eigene, die europäische Kultur einen Niedergang, ihren »Tod« erleben könnte, haben die älteren Soziologen zwar hin und wieder nebenbei überlegt (siehe unten, Comte) oder agitatorisch eingesetzt (Marx: Sozialismus oder Barbarei), nicht aber systematisch reflektiert. Autoren, die sich, wie Oswald Spengler, entsprechenden Spekulationen hingaben, wurden von der Soziologie aus anderen Gründen gemieden.

Offensichtlich wirkt die Annahme von der *»Unsterblichkeit« der Großkollektive* auch in heutigen soziologischen Theorien und prägt hintergründig soziologisches Arbeiten generell. Unausgesprochen gilt die Gesellschaft, gerade durch alle Betonung des sozialen Wandels hindurch, als ewige Substanz, in der die toten Individuen »aufgehoben« sind, wobei der Grad der »Aufgehobenheit« von ihrer gesellschaftlichen Leistung abhängt. Gesellschaftliche Institutionen sichern das Überleben der Individuen und müssen, um diese sichernde Funktion zu erfüllen, die Individuen überdauern. Sterblichkeit der Individuen und Unsterblichkeit der Institutionen sind also soziologisch verknüpft.

Gesellschafts- und kulturtranszendierende Mythen oder Ideologien waren die »Konsequenzen« von wiederkehrenden Erfahrungen der Vernichtung von Kollektiven, das heißt der Aufhebung des Unsterblichkeitsversprechens. Universalistische Religionen und »die Wissenschaft«, damit auch die soziologischen Grundlagentheorien, sind Beispiele solcher Metamythen, die implizite Unsterblichkeitsversprechen transportieren.

Aber im Grunde gilt allgemein: die Unsterblichkeit der Institutionen – mögen sie sich noch so universalistisch gerieren – ist in Wirklichkeit nicht gegeben, sondern nur strukturell beansprucht und ideologisch zugesichert. Das zeigt jeder Blick in die Geschichte der Menschheit, darauf haben aber insbesondere die neueren Katastrophendrohungen (Krieg mit Nuklearwaffen; Risiken der Atomenergie usw.) aufmerksam gemacht. Möglicherweise liegt in dieser »Erkenntnis« oder Befürchtung des modernen Menschen, daß die Institutionen und die Gesellschaften sterblich sind, eine wichtige Ursache für das, was soziologische und andere Zeitdiagnosen Sinnkrise, Anomie, Orientierungslosigkeit nennen.

Hält man die Denkhorizonte der klassischen Autoren der Soziologie, wie sie in den folgenden Beiträgen dargestellt sind, gegen das Themenspektrum der aktuellen sozialwissenschaftlichen Studien über Tod und Sterben, so müssen zunächst diejenigen Interessengebiete ausgesondert werden, von denen die älteren Autoren nicht handeln konnten, weil ihnen die Problematik unbekannt war oder weil die Problematik erst in den letzten Jahrzehnten drängende Brisanz erhalten hat.

Die Debatten über eine angemessene Sterbebegleitung und über aktive Sterbehilfe in den modernen Gesellschaften, auch über eine angemessene Institutionalisierung des Sterbens (Hospizbewegung usw.), sind erst in letzter Zeit von einschlägigen »Kampagnen« und »Bewegungen« zu sozialen Problemen gemacht worden. Daß der Todeszeitpunkt auch auf einer sozialkulturellen Definition beruht, wurde so recht erst klar, als er umdefiniert wurde, als nämlich der »Hirntod« im Zusammenhang mit der Transplantationsmedizin juristisch durchgesetzt wurde. Ältere Nachrichten über die im 18. und im 19. Jahrhundert verbreitete Angst davor, als »Scheintoter« begraben zu werden, sowie – grundsätzlicher – die Studie von R. Hertz über das zweite Begräbnis und die an Bestattung und Verwesung gebundenen Stadiendefinitionen des Totseins in vorschriftlichen Kulturen[7] hatten diese Einsicht schon vorbereitet, aber noch nicht zu einem Konzept werden lassen.

Auch die von der Gentechnologie eröffneten Möglichkeiten – reale, zu Recht befürchtete, phantasierte – des »technischen« Eingriffs in die Grundausstattung der menschlichen Gattung konnten den klassischen Autoren der Soziologie nicht bekannt sein. Schließlich konnten die älteren Soziologen die bedeutenden Veränderungen demographischer Art seit einem Jahrhundert nicht überschauen.

Anders verhält es sich mit drei anderen Themenkreisen: sozialer Tod, Krieg, Genozid, die Arbeitsfelder der gegenwärtigen Soziologie des Todes ausmachen. Offenbar hat es erst ein demokratisch radikalisiertes Verständnis von sozialer Benachteiligung (vgl. »Ausgrenzung«) in den letzten Jahrzehnten gestattet, alle möglichen Formen des Ausschlusses vom sozialen Leben, der

7 Robert Hertz, »Contribution à une étude sur la représentation collective de la mort«, in: *L'Année sociologique* 10 (1905/1906), S. 48-137.

Vorenthaltung von Lebensmöglichkeiten, der Diskriminierung oder dergleichen als Ausdrucksformen des »sozialen Todes« zu begreifen.

Doch ist schon erstaunlich, wie wenig sich Soziologen mit den Tötungspotentialen der Staaten, in denen sie gelebt haben, professionell auseinandergesetzt haben. Daß hier gewaltige Organisationen und technische Systeme zur immer effizienteren und schnelleren Tötung von Massen von Menschen aufgebaut wurden, kann ihnen ja nicht entgangen sein. Daß Durkheim den Selbstmord als wichtigeres gesellschaftliches Problem angesehen hat als das (potentielle) staatliche und kollektive Töten, daß Max Weber den Krieg als herausragendes Mittel der sozialen Integration »verherrlichte«, ist zwar aufgrund des Zeitgeistes verständlich, nährt jedoch den Verdacht, daß Soziologie zumindest auch Legitimationsfunktionen für die Nationalstaaten erfüllt hat (und vielleicht noch immer erfüllt). Theorien und Forschungen, die sich auf die Zähmung der Tötungspotentiale der modernen Staaten (Verhinderung von Kriegen, Rüstungskontrolle, thanatologische Analyse von Rechts- und Wirtschaftssystemen, Funktionen von internationalen Kontrollorganisationen etc.) beziehen, waren für die führenden Soziologen bisher offensichtlich nicht von zentraler Bedeutung.

Der Krieg ist nie ein wichtiges Arbeitsfeld der Soziologie geworden, nicht einmal »angeregt« durch die Tötungskaskaden des letzten Weltkrieges. Gut, zuerst Saint-Simon und genauer dann Comte haben unterstellt, daß die Gesellschaftsgeschichte den Weg vom Krieg zum Frieden geht, und haben in diesem Sinne den Krieg für die ersten Stadien der Menschheitsentwicklung als normale (und notwendige) Verkehrsform zwischen Familiengruppen, Stämmen und Staaten beschrieben, wenn auch im ganzen eher kursorisch. Aber wahrscheinlich gerade weil sie damit rechneten, das anbrechende Industriezeitalter werde auf den Krieg als »Interaktions-« bzw. »Produktionsform« nicht mehr angewiesen sein, weil sie auf eine absehbare Inkompatibilität von industrieller Gesellschaft und Krieg hofften, haben diese Autoren am Beginn der Soziologie nichts dazu beigetragen, damit Sterben und Töten im Krieg ein Gegenstandsbereich der Soziologie wurde. Die Vermutung sei erlaubt, daß auch die von Marx, vom amerikanischen Reformismus und von den verschiedenen Modernisierungsstrategien inspirierten soziologischen Autoren zwar Sterben und Tod im Krieg nicht übersehen, aber doch vernachlässigt haben, weil sie an einer Überwindung der gesellschaftlichen Gegenwart, zu der der Krieg gehörte, interessiert waren. Zugespitzt: Weil Soziologie, auch die gegenrevolutionär gesonnene, gewöhnlich an Reform bzw. Reorganisation der Sozialwelt insgesamt interessiert war, hat sie die schicksalhaften, die »bösen« und die »scheußlichen« Phänomenbereiche im Tableau ihrer Interessen ziemlich weit unten geführt.

Ganz ähnlich bei der absichtlichen massenhaften Tötung von Bevölkerungsgruppen und Bevölkerungen, die heute unter dem Begriff »Genozid« erörtert wird: Den älteren Soziologen konnte die Tötung von Millionen amerikanischer Ureinwohner unter spanischer und englischer, dann auch US-amerikanischer Herrschaft nicht unbekannt gewesen sein, ganz abgesehen von einschlägigen Vorgängen in der älteren Geschichte. Comte muß den Vernichtungsfeldzug der französischen Revolutionsarmeen bei der Niederschlagung des Aufstandes in der Vendée gekannt haben. Durkheim, Simmel und Max Weber mußten die Formen der britischen Kolonialherrschaft in Indien, der belgischen im Kongo, des deutschen »Krieges« gegen die Herero kennen. Das Schicksal der Armenier nach Gründung der modernen Türkei, die Metzeleien im russischen Bürgerkrieg nach 1917, die »Kriegführung« der Japaner gegen China waren keine Geheimsachen. Dennoch ist der Genozid kein wichtiges Arbeitsfeld der Soziologie geworden, nicht einmal der Massenmord an den Juden hat das »anregen« können.

Krieg wie Genozid überläßt die Soziologie bis heute also den Nachbarwissenschaften (der Geschichte vor allem, auch der Sozialpsychologie, der Volkskunde) sowie den Debatten in der Medienöffentlichkeit. Wir wissen dafür keine andere Erklärung als die oben schon skizzierte.

So fällt die Antwort auf die Frage, ob und wie Tod und Sterben Gegenstandsbereiche der Soziologie sein können, nicht ganz eindeutig aus: Als Gattungsmerkmal kann die Sterblichkeit nicht Gegenstand der Soziologie sein. Aber in dieser Abstraktheit wird die Sterblichkeit ja nur in religiösen und in vielen philosophischen Deutungen zum Problem – im Vergleich zu den Göttern, zu den ewigen Ideen, zur Materie als Lebensgrund, zum Leben oder zum Sein überhaupt. Solche Deutungen sind nun aber ihrerseits wieder Gegenstände der Soziologie, vor allem unter der Frage, wie in Gesellschaften respektive Kulturen dies Gattungsmerkmal erklärt, verklärt, legitimiert usw. wird. Insofern ist die Sterblichkeit des Menschen als immer schon durch Religion, Weltanschauung, soziokulturelles Wissenssystem gedeutet und eingeordnet sehr wohl Gegenstand der Soziologie – der Religionssoziologie, der historisch arbeitenden Wissenssoziologie, der Ideologiekritik.

Zudem rechnen alle bekannten Gesellschaften nicht nur durch Deutungen mit dem Tod ihrer Mitglieder. Sie haben Vorgaben zur Lösung der Nachfolgeproblematik in sozialen Positionen und Funktionen; sie gliedern auf die eine oder andere Weise den Lebenslauf ihrer Mitglieder und ordnen ihn mehr oder weniger in Parallele zur zunächst aufsteigenden, dann abfallenden Kurve der Lebenskräfte und prägen so durch Sozialisation, Rollenlernen, Altersnormen, Statusübergänge usw. die normale Orientierung ihrer Mitglieder im Hinblick auf einen erwartbaren Tod; sie haben Gewohnheiten und Institutionen, die über Leben und Tod ihrer Mitglieder entscheiden können, und sind alle mehr oder weniger auf den Krieg eingerichtet; schließlich haben sie alle institutionelle Vorgaben für die Behandlung von Kranken und Verletzten, für die Verarbeitung des Todes eines einzelnen durch die Nah- und die Fernstehenden sowie Regeln dafür, was mit der Leiche zu geschehen hat.

Ähnliches kann für das Sterben gesagt werden. Auf den ersten Blick wirkt es gewiß kurios, wenn das Sterben als Statusübergang aufgefaßt wird[8], wo doch ein nächster Status für den Übergang säkular-gesellschaftlich nicht mehr vorgesehen ist. Doch dies betrifft die öffentliche Sphäre in westlichen Industriegesellschaften; privat wird von vielen, in den Vereinigten Staaten von Amerika von der Mehrzahl der Menschen, ein Übergang für sich selbst und für Bezugspersonen als sicher oder wahrscheinlich angenommen und ist somit als soziale Konstruktion auch heute weit verbreitet. Außerdem richtet sich das Interesse von Soziologen auch auf frühere Gesellschaften und auf das reichhaltige einschlägige Material, das uns Volks- und Völkerkunde bereitstellen im Hinblick auf sozialkulturell geprägte Ablaufmuster des Sterbens.

In diesen Hinsichten also sind Tod und Sterben legitime Gegenstände der Soziologie. Indem die Endlichkeit des menschlichen Lebens in viele institutionelle Arrangements des Sozialsystems

8 So zum Beispiel Barney B. Glaser und Anselm L. Strauss, *Status Passage*. London 1971, S. 16 f.

eingebaut ist, stößt die Soziologie des Todes bis zu Grundstrukturen jeglicher Sozialordnung vor. Und weil Tötung, Hinrichtung und Krieg aus allen Phasen und Verästelungen der Gesellschaftsgeschichte bekannt sind, ist der Tod nicht nur ein Gattungsmerkmal, das uns die Natur mitgegeben hat, sondern auch eines des gesellschaftlichen Lebens; nicht nur die Natur bedroht die Individuen mit dem Tode.

Soziologie des Todes ist also ein Arbeitsbereich, der die Gebiete mehrerer soziologischer Teildisziplinen (Religions- und Wissenssoziologie, Soziologie des Lebenslaufs, Sozialisationsforschung usw.) durchschneidet und auch grundlegende Strukturprobleme des Sozialen (Einbau des endlichen Lebenslaufs der Individuen in die »Lebensführung« des Kollektivs einerseits, Todesdrohung nach innen sowie Krieg als Teil des Außenverhältnisses andererseits), Fragestellungen der Allgemeinen Soziologie also berührt.

Abschließend sei zugestanden, daß die Frage nach dem Status einer Soziologie des Todes leicht akademisch wirkt angesichts der Fülle der anstehenden Forschungsaufgaben. Man denke zum Beispiel an die Euthanasieproblematik, die von einem Wust von öffentlichen Stellungnahmen normativen Charakters (sowohl in den Medien wie im Wissenschaftssystem) »besprochen« wird. Dabei ist die sozialwissenschaftlich-empirische Basis dieser überbordenden »Expertenprodukte« sehr bescheiden; es gibt wenige empirische Studien, kaum Informationen über die Einstellungen verschiedener Bevölkerungsgruppen in Deutschland, keine fundierten Theorien. Bei diesem Thema tappen wir regelrecht im dunkeln, das durch die weitschweifige medizinische, rechtliche, theologische und philosophisch-ethische Diskussion kaum erhellt wird. Man denke weiter an die in absehbarer Zeit wahrscheinlich möglichen biotechnischen Eingriffe in das menschliche Leben. Man denke an die mit der Verlängerung des Lebens verbundene Paradoxie in der modernen Gesellschaft: Ihre Erfolge sind nicht zuletzt an der Steigerung der Lebenszeit ihrer Mitglieder abzulesen; eine weitere Steigerung aber könnte ihrer Erfolgsdynamik, die auf der Beschleunigung des sozialen Wandels beruht, gefährlich werden. Weil es also wünschenswert ist, daß die Soziologie den gesellschaftlichen Problemen nicht allzu weit hinterherhinkt, sollten sich einige Soziologen der »Spezialität« Tod und Sterben annehmen, um die Unkenntnis nicht übermäßig anwachsen zu lassen.

Werner Fuchs-Heinritz
Auguste Comte: Die Toten regieren die Lebenden

Wie werden Tod und Sterben in dem Werk behandelt, das am Anfang der Soziologie als Wissenschaft steht? Gut, manche bestreiten, daß Comte die Soziologie im eigentlichen Sinne begründet hat, wie er selbst es beansprucht, und wollen nur zugeben, daß er ihr Taufpate war. Solcher Streit um die Vaterschaft braucht hier nicht zu interessieren; für unsere Frage wird es hinreichen, daß die hergebrachte Dogmengeschichte der Soziologie Comte gewöhnlich zu Beginn nennt.

Zudem hat Comte, gleichgültig ob in Abhängigkeit von Montesquieu, Condorcet, Saint-Simon oder nicht, einige Gedanken ausgearbeitet, die für die Soziologie bis heute fundierend sind: Ihr Gegenstand liegt tiefer als politische und Staatsformen – deren Wechsel vom Königtum über die Stadien der Französischen Revolution, über Bonaparte bis zu neuem Königtum, erneuter Revolution usw. war ja die zeitgenössische Herausforderung für jegliche Theorie –, ist den politischen Herrschaftsformen und deren Bewegung vorgeordnet. Die Begriffe, die er für diesen Gegenstand benutzt, changieren: Mal heißt er »Zivilisation«, mal »Fortschritt« im Verlauf der Gattungsgeschichte, mal – im Blickwinkel der sozialen Statik – »Gesellschaft«, im religiösen Spätwerk schließlich »*Grand-Etre*«. Gemeint ist immer das fundamentale Merkmal der Menschen als sozialer Gattung, daß nämlich alle Fortentwicklung seit der Loslösung aus dem Tierreich auf der Transmission von Generation zu Generation beruht, daß durch Transmission (und Sozialisation) die Lebensform der Menschen konstituiert und aufrechterhalten wird. Jeglicher Stand der Zivilisation hängt ab von der vorausgegangenen Generation[1] und ist dadurch das Resultat einer langen Kooperation vieler Generationen zuvor.

1 So Auguste Comte, *Système de politique positive, ou traité de sociologie, instituant la religion de l'humanité*, Bd. IV, Paris 1854, S. 126.

Hauptsächliche Aufgabe der Soziologie ist die schrittweise Rekonstruktion dieser »horizontalen Kooperation« der Generationen – horizontal im Unterschied zur »vertikalen« mittels Arbeitsteilung unter den Zeitgenossen.[2] Weil ihm für diese kleinschrittige Rekonstruktion vorerst Zeit und Mittel fehlen – sie überläßt er seinen Nachfolgern –, schlägt Comte als vorläufigen übergreifenden Ordnungsgesichtspunkt für die lange Kette von Sozialisations- und Transmissionsprozessen, die die Geschichte der Menschheit ausmacht, das Drei-Stadien-Gesetz vor – vorläufig im Hinblick auf die detaillierte Aufdeckung der Weitergabeprozesse von jeweils einer Generation zur nächsten. Dem Drei-Stadien-Gesetz zufolge sind Weltdeutungen, Lebensverständnis und Lebenspraxis der Menschen zunächst theologisch geprägt (mit Fetischismus, Polytheismus und Monotheismus als Substadien), dann metaphysisch; schließlich werden sie in absehbarer Zukunft positiv werden.

Im Fetischismus, der ersten Stufe des theologischen Stadiums und der ersten der Menschheitsentwicklung überhaupt, haben die Menschen die Welt einschließlich der unbelebten Natur nach ihrem Bilde verstanden: als belebt und mit eigenem Willen begabt, im Prinzip auch als kommunikationsfähig. Nicht daß alle lebenspraktischen Lösungen und Erfahrungen so geprägt waren – aber dominant war doch die Annahme von einer Welt, die so ist, wie die Menschen selbst sind. Auf dem Wege über die Verehrung nur noch der Himmelskörper als derart lebendig und mit Intentionalität begabt entwickelte sich daraus der Polytheismus (mit zwei Hauptepochen, zuerst der theokratischen, dann der militärischen, das heißt griechisch-römischen). Durch Zentrierung schließlich auf eine Obergottheit und entsprechende Herabstufung der anderen Götter zu Nebenfiguren (Engel, Teufel usw.) entsteht

2 Auguste Comte, *Soziologie*, Bd. II, 2. Auflage, Jena 1923 (1. Auflage Jena 1907), S. 7; vgl. auch ders., *Système*, IV, a. a. O., S. 135 f.
Weil Comtes Hauptwerk *Cours de philosophie positive*, Paris 1830-1842, nie vollständig ins Deutsche übersetzt worden ist, sondern nur die die Soziologie betreffenden Teile, werden letztere nach der genannten, von Heinrich Waentig herausgegebenen Jenaer Ausgabe zitiert; die ersten Lektionen werden zitiert nach: Auguste Comte, *Philosophie première. Cours de philosophie positive*, Leçons 1 à 45, hg. und kommentiert von Michel Serres, François Dagognet und Allal Sinaceur, Paris 1975.

dann die letzte, die monotheistische Phase des theologischen Stadiums.

Mit dem Zerfall des Monotheismus des Mittelalters tritt eine Phase des Übergangs, der Kritik und der Suche nach Neuem ein, das metaphysische Stadium. Nunmehr werden statt der Götter bzw. statt Gott abstrakte Wesenheiten als letzte Ursachen angenommen, also vor allem »die Natur«, aber auch einzelne natürliche Kräfte (»die Wärme«, »das Licht«) sowie ideale Faktoren (»die Vernunft«). Das Grundproblem dieses Stadiums besteht darin, daß die kritischen Denkweisen, die zur Ablösung der Vorherrschaft der theologischen Philosophie tauglich und nützlich waren (vor allem das Recht auf individuelle Prüfung aller Aussagen und Sachverhalte – die Gewissens- und Meinungsfreiheit – sowie die Volkssouveränität), zu allgemeinen Bestimmungen der menschlichen Natur und zu Bedingungen jeglicher gelungener Sozialordnung verabsolutiert werden. So konnte es geschehen, daß es die Französische Revolution vergeblich und mit ungeplanten Folgen unternahm, diese kritisch-metaphysischen Lehren als Grundlage für eine neue Gesellschaftsordnung zu verwirklichen.

Der Zustand der europäischen Gesellschaften seitdem bestehe in ausweglosem Hin und Her zwischen Fortschrittlern und Rückschrittlern. Beide seien nicht in der Lage, das grundlegende Organisationsprinzip eines neuen Stadiums des Gesellschaftlichen zu erdenken und zu verwirklichen. Das aber will Comte: Gegründet auf die Durchsetzung der Industrie, die jeglichen militärischen Unternehmungen abhold sei, sieht der Bauplan der positiven Gesellschaft die weltliche Herrschaft der Industriellen und Bankiers vor, daneben gleichberechtigt die moralisch-geistige Autorität einer (Soziologen-) Priesterschaft, die ohne materielle Machtmittel, auch darin dem Modell des mittelalterlichen Papsttums nachgebildet, durch Beratung und Erziehung die friedliche Kooperation aller sicherstellen und die weltlichen Herrscher in ihre Schranken verweisen wird (dabei unterstützt von den Frauen und vom Proletariat).

Grundlage dieser industriell-moralischen Reorganisation wird die positive Wissenschaft bzw. Philosophie sein. Positiv heißt, daß sich Forschung und Denken überhaupt von allen Versuchen fernhalten, die letzten Ursachen und den eigentlichen Sinn der Phänomene zu ergründen (wie dies Theologie und Metaphysik unternahmen); statt dessen kommt es auf die Erforschung der beobachtbaren Gesetzmäßigkeiten an, denen die Phänomene folgen, also auf die Erkenntnis der Wirklichkeit, um, soweit wie möglich, ihre Entwicklungsrichtungen voraussagen und in sie eingreifen zu können. Weil die Welt nicht als Schöpfung für die Menschen gemacht ist, wird sie uns im Kern immer fremd bleiben. Wenn wir uns aber mit der kühlen Erforschung ihrer Gesetzmäßigkeiten bescheiden, statt nach Sinn und Letztursachen zu suchen, können wir sie nach und nach zu unserem Vorteil beherrschen lernen.

Um diesen positiven Geist der neuzeitlichen Wissenschaften vollständig und universell wirksam werden zu lassen, müssen jetzt auch die sozialen Phänomene entsprechend untersucht und erfaßt werden; die Begründung und Ausarbeitung der »*physique sociale*« bzw. der Soziologie[3] werde diese Vervollständigung der positiven Philosophie erbringen (und damit ihre Universalisierung ermöglichen). Die Soziologie habe sich, neben dem Verzicht auf die Forschung nach außersozialen Letztursachen, vor allem der Hoffnung auf unbeschränkte Gestaltbarkeit des sozialen Lebens zu entschlagen (wie sie in der Französischen Revolution und in Sozialutopien wirksam sei): Auch das Soziale folgt Gesetzmäßigkeiten, ist weder durch noch so durchdachte Verfassungsentwürfe noch durch gewaltsame Gestaltungsversuche unbeschränkt beeinflußbar. Aber es ist in Grenzen beeinflußbar, wenn man auf der Grundlage des Wissens über die aus der Vergangenheit kommenden Entwicklungen Prognosen erarbeitet und entsprechend handelt.

2

Vorweg zwei Einschränkungen: Erstens muß hier auf die naheliegende Interpretation von einschlägigen Motiven in Comtes Biographie verzichtet werden. Die wichtigsten seien angeführt: Während einer psychischen Krise in den Jahren 1826/27 macht Comte im April 1827 einen Selbstmordversuch.[4] – 1845 begegnet er Clotilde de Vaux, die er über alle Maßen verehrt und deren Einfluß er zentrale Einsichten seiner Moralphilosophie und seiner Wendung zur Menschheitsreligion zuschreibt. Sie stirbt ein Jahr

3 Manchmal auch »science politique« oder »science sociale«.
4 Vgl. Henri Gouhier, »La vie d'Auguste Comte. Esquisse«, in: Sybil de Acevedo u. a., *Auguste Comte. Qui êtes-vous?*, Lyon 1988, S. 66.

darauf; Comte wird nicht müde hervorzuheben, was er ihr verdankt – über ihren Tod hinaus erlebt er sie als Diskussionspartnerin und Begleiterin (»la sainte patronne qui se trouve subjectivement associée à mes travaux quelconques«[5]). Werkbiographische Erläuterungen in seinen Schriften und Briefen zeigen, wie sehr er sich unter dem Zwang sah, so sparsam wie möglich mit seinem Leben umzugehen, jede Zeitverschwendung und Ablenkung zu vermeiden, damit sein schon in der Jugend entworfenes Werk abgeschlossen werden könne. Aus diesen Gründen weigert er sich seit 1838, Zeitungen und Zeitschriften zu lesen, und nimmt nicht mehr Bücher als nötig zur Kenntnis. Er nennt dies »hygiène cérébrale«.[6] In der »persönlichen Vorbemerkung« zu Band III der *Soziologie* erklärt er, »daß ich nie jemandem je die unheilvolle Gewalt gestatten werde, durch irgendeine fruchtlose Polemik meine naturgemäß schon infolge der Kürze meines Lebens oder durch die strengen Anforderungen meiner persönlichen Lage genügend gehemmte philosophische Arbeit zu stören«.[7] – Auch als Religionsstifter sorgt er sich, ob die eigene Lebenszeit für Pläne und Aufgaben ausreichen wird, bedenkt er die Zukunft des Positivismus nach seinem Tode, weil es ihm vielleicht nicht gelingen wird, zu Lebzeiten einen geeigneten Nachfolger zu finden, was ja seiner eigenen Lehre zufolge die Aufgabe aller »chefs«, aller öffentlichen Funktionäre, ist.[8] – Im übrigen sieht er sich selbst selbstverständlich in einer Reihe mit den großen Toten der europäischen Geistesgeschichte; so spricht er von der positiven Theorie der Politik »depuis Aristote jusqu'à moi«.[9]

5 Comte, *Système de politique positive*, Bd. III, Paris 1853, S. VI; ähnlich ders., *Catéchisme positiviste ou sommaire exposition de la religion universelle en treize entretiens systématiques entre une femme et un prêtre de l'Humanité*, 3. Auflage, Paris 1890 (zuerst 1852), S. 20.
6 Comte, *Système de politique positive*, Bd. II, Paris 1852, S. XXIII. Vgl. hierzu Wolf Lepenies, *Die drei Kulturen. Soziologie zwischen Literatur und Wissenschaft*, München und Wien 1985, S. 20.
7 Comte, *Soziologie*, III, a. a. O., S. XXXIV. Gegen die Kommunisten schlägt er vor, nicht länger über die Entstehung des Eigentums zu debattieren, sondern moralische Regeln für seinen Gebrauch in Geltung zu bringen, damit wir nicht »consumerions notre courte vie en débats stériles et interminables.« Comte, *Système*, Bd. I, Paris 1851, S. 163. Ähnlich: ebd., S. 5 f., und Comte, *Soziologie*, III, a. a. O., S. 563.
8 Comte, *Système*, IV, a. a. O., S. 542.
9 Comte, *Système*, II, a. a. O., S. 299.

Zweitens braucht die Erörterung des Themas Leben und Tod in der Biologie hier nicht aufgenommen werden: Comte kritisiert den Lebensbegriff von Bichat, daß Leben diejenige Kraft sei, die dem Tode widerstehe, und setzt gegen dies Oppositionsbild die Annahme, daß das Leben auf ausgeglichen-günstigen Beziehungen zwischen Organismus und Milieu beruht, im Grunde also eine ökologische These. Fallen diese günstigen Bedingungen aus, tritt der Tod des Organismus ein.[10] Der Tod gerät so an den Rand der biologischen Theoriebildung.

3

Das soziale Leben der Menschen ist, anders als das der sozial lebenden Tiere, grundlegend durch die Wirkungen gekennzeichnet, die eine jede Generation auf die nächstfolgende ausübt. Die Menschen gebären und erziehen nicht neue Menschen wie die Ziegen neue Ziegen oder die Löwen neue Löwen. Sondern jede Generation tut dies, indem sie an die folgende die bislang durch die Vorfahren angesammelten Wissensbestände, Weltdeutungen, praktischen Erfahrungen, Artefakte, Verhaltensregeln usw. verändert, ergänzt, überarbeitet oder erweitert weitergibt.[11] So kommt der Fortschritt im Laufe der Menschheitsgeschichte zustande. Damit ist der Gegenstandsbereich dessen entdeckt (wenn auch nicht analysiert), was wir heute Sozialisation und – so schon Comte – Transmission nennen, ist der Zusammenhang dieser Weitergabeprozesse mit dem Verhältnis der Generationen zueinander herausgearbeitet, ist das Feld der »historischen Sozialisation«, der Herausbildung neuer und entwickelterer Denkweisen, Praxisformen, Sinndeutungen usw. im Übergang der Generationen skizziert.

Diese Prozesse der Weitergabe von Generation zu Generation faßt Comte als Kooperation – und das ist nicht nur eine Metapher. Der arbeitsteiligen Kooperation der Mitglieder einer Ge-

---

10 Comte, *Philosophie première*, a. a. O., S. 675 ff.; ders., *Système*, I, S. 589 f. Vgl. auch Lucien Lévy-Bruhl, *La philosophie d'Auguste Comte*, 2. Auflage Paris 1905 (zuerst 1902), S. 202 f.

11 Dieser kumulative Prozeß – von Generation zu Generation – setzt menschheitsgeschichtlich spätestens beim Übergang vom Fetischismus zum Polytheismus ein (Comte, *Système*, III, S. 185).

sellschaft (sowie der Gesellschaften miteinander) stellt er sie als zweite, wichtigere Kooperationsform an die Seite: »L'instinct de la sociabilité, ou le sentiment habituel de la liaison de chacun à tous, serait très imparfaitement dévéloppé si cette relation se bornait au présent, comme chez les animaux sociables, sans embrasser aussi le passé et même l'avenir.«[12]

Weil das menschliche Sozialleben in erster Linie durch die Kooperation der aufeinander folgenden Generationen charakterisiert ist, habe es seit langem Institutionen gegeben, die der Verehrung der Vorfahren dienten und so die Zeiten miteinander verbanden.[13] Spätestens im Polytheismus sind – ältere Vorgaben aus dem Fetischismus aufnehmend – diese Institutionen entstanden: die Verehrung der Alten (als lebender Repräsentanten der Vergangenheit) und die gemeinschaftliche Verehrung der Vorfahren.[14] Der Katholizismus hat diese Einrichtungen weitergeführt und kultiviert: An die Stelle der antiken Apotheose ließ er die Seligsprechung treten, und hat dadurch unter anderem ein Bewußtsein von der Zusammengehörigkeit aller Zeiten und aller Orte angeregt.[15]

Solche Sicherung der sozialen Kontinuität über die Generationen hinweg, solche Sicherung des »fundamentalen Bewußtseins der sozialen Fortdauer« gilt nun geradewegs als Bestandsbedingung jeder Gesellschaft.[16] In der Familie entsteht normalerweise eine erste spontane Vorstellung von dieser sozialen Kontinuität,

12 Comte, *Système*, I, S. XXXIV. Es handelt sich also nicht nur um die für jegliche individuelle Lebensführung unverzichtbare Rahmung durch die Lebensführung des Kollektivs bzw. der Gattung, um die notwendige Eingebettetheit der Lebensgeschichte in die des Kollektivs.

13 Ebd., S. XXXIV.

14 Comte, *Soziologie*, II, S. 160.

15 Ebd., S. 330.

16 Comte, *Catéchisme positiviste*, a. a. O., S. 213. Sie gilt übrigens auch, mehreren Andeutungen zufolge, als Bedingung dafür, daß sich der Philosoph denkend aus den Zuständen seiner Zeit lösen kann: »Die geringe Tragweite unserer Intelligenz und die Kürze unseres persönlichen Lebens im Vergleich zur Langsamkeit der sozialen Entwicklung halten unsere Phantasie, namentlich hinsichtlich der politischen Ideen, in Anbetracht ihrer höheren Komplikation, in strengster Abhängigkeit von der tatsächlichen Umgebung, in der wir zurzeit leben« (Comte, *Soziologie*, I, S. 28; vgl. auch ders., *Système*, IV , S. 143) – immerhin die Skizze eines Ideologiebegriffs!

weil Kinder, Eltern und Großeltern verschiedene Zeiten verkörpern und durch ihr Zusammenleben »die Zukunft an die Vergangenheit« knüpfen.[17] Diese Vorstellung, in einer langen Kette zu stehen, verallgemeinert sich normalerweise »in jene universelle Ehrfurcht vor unseren Vorgängern, die in jeder Beziehung als unentbehrlich für jedes soziale System betrachtet werden muß«.

Gewiß, bei den »modernen Völkern« sind in dieser Hinsicht Abweichungen und Besonderheiten aufgetreten: Eine geringere Wirkmacht von Tradition, die Bedeutungsverminderung der mündlichen zugunsten der schriftlichen Überlieferung, überhaupt die revolutionäre und also an im Verhältnis zur Überlieferung neuen Lösungen interessierte neue Zeit haben das Gedächtnis an und die Verehrung für die Ahnen erschüttert. Aber wie dem auch sei, auch künftig und vielleicht mehr als je zuvor wird es darauf ankommen, daß »sich der Mensch nicht für von gestern halte, und daß die Gesamtheit der Einrichtungen und Sitten beständig dahin tendiere, seine Erinnerungen der gesamten Vergangenheit mit seinen Hoffnungen auf irgend eine Zukunft durch ein entsprechendes System von intellektuellen und materiellen Zeichen zu verknüpfen«.[18] Künftig werde jedenfalls die positive Philosophie das Wissen von der sozialen Kontinuität sichern und jegliche Verachtung der oder eines Teils der Vergangenheit verhindern.

Im Grunde wird erst die positive Philosophie dazu in der Lage sein; denn sie hat »die Geschichte als wissenschaftliche Hauptgrundlage«[19] und sieht »in den Menschen aller Zeiten Mitarbeiter« an der sozialen Evolution.[20] Erst sie wird imstande sein, »das geschlossene Ganze der gesamten Menschheit in ihrer unermeßlichen, ebenso vollständigen wie unbestreitbaren Einheit tatsächlich zu umfassen« und »jedwede wahre Teilnahme an der großen Entwicklung unserer Gattung anzuerkennen und zu verherrli-

---

17 Comte, *Soziologie*, I, S. 423; vgl. auch ders., *Système*, I, S. 95; *Système*, IV, S. 35.
18 Comte, *Soziologie*, I, S. 423. Das Original läßt besser verstehen, was gemeint ist: daß der Mensch »ne se croit pas né d'hier«, daß er sich also nicht einbilde, in einer menschheitsgeschichtlich ganz neuen Situation zu stehen.
19 Ebd., S. 424.
20 Ebd., S. 334.

chen«[21], also allen Vorfahren Gerechtigkeit im sozialen Gedächtnis widerfahren zu lassen.

Übrigens rechnet Comte trotz allem Nachdruck auf der Sicherung der sozialen Kontinuität und aller Gewißheit vom weiteren Fortschritt der Menschheit kühl mit dem Tod der Gattung; auch die Entwicklung der Menschheit werde ein Ende finden.

»Obwohl diese große Evolution, die sich eben erst von einem lang-samen vorbereiteten Aufschwung loszumachen beginnt, gewiß noch während einer langen Reihe von Jahrhunderten im fortschreitenden Zustande bleiben muß, über die hinaus zu spekulieren jetzt ebenso unangebracht wie vernunftwidrig wäre, ist es doch für die weitere Entwicklung des wahren philosophischen Genies sehr wichtig, bereits im Prinzip so klar und deutlich wie möglich einzusehen, daß der zusammengefaßte Organismus ebenso wie der individuelle ... einem unvermeidlichen spontanen Verfall unterworfen ist.«[22]

Die Sterblichkeit des sozialen Systems, hier organizistisch begründet, ist also bekannt. Aber der Tod liegt noch in weiter Ferne und braucht jetzt und auf absehbare Zeit nicht weiter bedacht zu werden.[23]

4

Daß die soziale Evolution sich durch Transmission von Generation zu Generation vollzieht, kann auch als Leistung des Todes, als seine Funktion gedacht werden (und zu seiner Rechtfertigung führen):

»Im Prinzip darf man sich nicht verhehlen, daß unser sozialer Fortschritt auf dem Tode beruht; das heißt daß die successiven Schritte der Mensch-

21 Comte, *Soziologie*, II, S. 331. Eine Nebenbemerkung macht deutlich, daß dies auch geschehen muß, um den Verfall der »auf das zukünftige Leben bezüglichen theologischen Hoffnungen« auszugleichen und das natürliche Ewigkeitsbedürfnis der Menschen anders und besser zu befriedigen (ebd., S. 160 f.; ähnlich *Soziologie*, III, S. 743 f.).
22 Comte, *Soziologie*, III, S. 732; ähnlich *Système*, III, S. 73.
23 Aber selbst ein nahe bevorstehender Tod der Gesellschaft würde und dürfe an der Sozialität nichts ändern: »Quand même la terre devrait être bientôt bouleversé par un choc céleste, vivre pour autrui, subordonner la personnalité à la socialité, ne cesseraient pas de constituer jusqu'au bout le bien et le devoir suprêmes.« Comte, *Système*, I, S. 507.

heit notwendig die fortgesetzte, genügend schnelle Erneuerung der wirkenden Kräfte der allgemeinen Bewegung voraussetzen, die, im Verlaufe jedes individuellen Lebens gewöhnlich fast unbemerkbar, erst beim Übergang von einer Generation zur anderen wirklich auffallend wird. Der soziale Organismus unterliegt in dieser Hinsicht nicht weniger gebieterisch der selben Grundbedingung wie der individuelle Organismus...«[24]

Zur Plausibilisierung dieses organizistischen Arguments spielt Comte die möglichen Auswirkungen einer sehr viel längeren und einer sehr viel kürzeren Lebensdauer der Menschen durch: Würde das Leben sehr viel länger dauern, erhielte das bewahrende Element der Alten übergroßen Einfluß, würde die Weitergabe von Generation zu Generation verzögert und also der Fortschritt gehemmt werden. Bei unbegrenzter Dauer des Lebens käme der Fortschritt zum Stillstand. Wäre das Leben sehr viel kürzer, erhielte das Streben nach Neuerungen, vertreten vor allen bei den Jungen, übergroßen Einfluß, müßte der Generationsübergang übermäßig rasch gestaltet werden; die Transmission wäre dann in der Gefahr, Unvollständiges, bloße Entwürfe und angefangene Neuerungen zu transportieren. Auch das würde den Fortschritt langsamer werden lassen.[25] Die gegebene Dauer des Lebens nun, besser: der normale Generationsabstand von etwa 30 Jahren, gilt Comte in diesem Sinne als nicht besonders günstige Bedingung, die Spanne sei eher zu kurz (und wirke insofern in Richtung Verlangsamung des Fortschritts):

»Die außerordentliche Schnelligkeit eines Menschenlebens ... begründet in jeder Art ein ungenügendes Gleichgewicht zwischen dem, was der Mensch in angemessener Weise ersinnen, und dem, was er tatsächlich ausführen kann. Alle jene, die sich vor allem edelmütig der direkten Entwicklung des menschlichen Geistes gewidmet, haben ohne Zweifel immer mit tiefer Bitterkeit gefühlt, wie sehr die Zeit ... im wesentlichen für die Ausführung ihrer fest ersonnenen Ideen fehlte, von denen sie gewöhnlich nur den kleinsten Teil verwirklichen konnten.«[26]

Gerade bei den höheren Arbeiten, also philosophischen, wissenschaftlichen, künstlerischen usw., könne diese Problematik nicht ausreichend durch eine angemessene Gestaltung des Nachfolgeproblems gelöst werden: Die Nachfolger müssen sich lange Zeit

24 Comte, *Soziologie*, I, , S. 461 f.
25 Ebd., S. 462 ff.; ähnlich *Système* II, S. 467 f.
26 Comte, *Soziologie* I, S. 464 f. Zum autobiographischen Unterton (Knappheit der Lebenszeit) in dieser Überlegung siehe oben.

vorbereiten; sie können nicht einfach an der Stelle weiterarbeiten, an der der Vorgänger aufgehört hatte, weil ja Selbständigkeit ihren Wert ausmacht. »Die Kontinuität der aufeinanderfolgenden Anstrengungen kann unter verschiedenen Individuen nur bezüglich höchst einfacher und fast gänzlich materieller Operationen vollkommen hergestellt werden...; sie kann niemals in wirklich befriedigender Weise für die schwierigsten und bedeutendsten Arbeiten hergestellt werden...«[27] (Dieser Gedanke über die Nachfolgeproblematik stellt übrigens eine der wenigen genaueren Ausdeutungen des Prozesses der Transmission von Generation zu Generation dar.)

Diesem spekulativen Gedankengang zufolge bildet der Tod also eine wesentliche, wenn auch nicht ganz und gar günstige Bedingung für den Fortschritt der Gattung; er wäre unvereinbar mit der Unsterblichkeit der Individuen.[28] Der Tod, besser: die Sterblichkeit ist Garant von Entwicklung und Fortschritt. Weder denkt Comte an Sterben und Tod des einzelnen noch an sozialkulturelle Reaktionen auf die Sterblichkeit. Der Tod im allgemeinen wird als Treibmittel der Menschheitsgeschichte gefaßt, als Kraft, die Wandel, Innovation, Weiterentwicklung bewirkt.[29]

27 Ebd., S. 465.
28 Comte, *Système*, I, S. 590. Für das positive Stadium rechnet Comte wegen der dann möglichen physischen und moralischen Verbesserungen mit einer Verlängerung der normalen Lebensdauer auf »13 Siebenjahresperioden« (*Système*, IV, S. 300). – Trotz der spekulativen Form dieses Gedankens: Die Grundeinsicht in die unterschiedliche Transmissionsproblematik je nach Konstellation der Generationen und je nach Inhalten der Transmission ist angedeutet. Und das Thema von der Beschleunigung nimmt geradezu eine aktuelle jugendsoziologische Überlegung vorweg: vgl. zur schnelleren Generationenfolge Lothar Krappmann, »Wird die nächste Jugendgeneration anders?«, in: *psychosozial* 6 (1983) 17, S. 119 f.
29 Das erinnert an Charles Darwin: Die Selektion in der Entwicklung der Arten funktioniert mittels des Todes; wer stirbt und wer überlebt, das macht die Evolution aus. Auch dort die Sterblichkeit als Medium der Entwicklung.

5

Ein Hauptgedanke, der die Behandlung des Themas Tod im Zusammenhang mit dem Drei-Stadien-Gesetz leitet, ist, daß Religion bzw. sozial verbindliche Weltdeutung in erster Linie notwendige Integrationsleistungen für den sozialen Zusammenhang erbringen, indem sie ein System allen gemeinsamer Ansichten bereitstellen (dadurch kooperatives Handeln in größeren Sozialbezügen ermöglichen) sowie das Vertrauen in die »richtige« Verfaßtheit der Welt und der Dinge unterstützen. Von dieser Prämisse her sieht sich Comte in der Lage, hergebrachte Auffassungen zurückzuweisen; die Aufgabe von Religion sei es nicht in erster Linie, über die Sterblichkeit zu trösten und ein Leben nach dem Tode zu versprechen. Gewiß, die Menschen hätten immer schon und von Natur aus den Wunsch nach einer das Leben zwischen Geburt und Tod überschreitenden Existenzweise gehabt, als »natürlichen Glauben« gewissermaßen.[30] Aber erst im Monotheismus habe sich die Hoffnung auf ein ewiges Leben sozial durchgesetzt.

Die Leistungen des Polytheismus bestanden in der religiös-politischen Vereinigung von Familiengruppen, Stämmen und Völkerschaften zu einer größeren Stadt- oder Staatsordnung und in der Herausbildung einer speziellen spekulativen Klasse, der Priesterschaft. »Befürchtungen oder Hoffnungen bezüglich des zukünftigen Lebens ... [hatten, WFH] während jener Epoche erst einen sehr schwachen Einfluß.«[31] Denn die moralischen Denkformen der Menschen waren damals zu direkt am irdischen Leben orientiert, als daß die Drohung mit dem Verlust des ewigen Lebens (wie im Monotheismus dann institutionalisiert) viel hätte bewirken können. Man möge Homer als Beleg für die »moralischen Theorien des Polytheismus über die dem künftigen Leben vorbehaltenen Strafen und Belohnungen« lesen![32]

30 Comte, *Soziologie*, II, S. 126.
31 Ebd.; vgl. auch *Soziologie*, I, S. 488 ff. Allerdings haben die Vorstellungen von Seelenwanderung und ähnliches. in der theokratischen Epoche als zusätzliches Mittel der moralischen Sanktionierung gedient (*Système*, III, S. 215).
32 Comte, *Soziologie*, II, S. 127, Fußn. 1. Ähnlich ergebe sich aus den Büchern Mosis, »daß diese rohe Bevölkerung, die für die ewige Gerechtigkeit noch wenig Sinn hatte, im wesentlichen nur den zeitli-

Am christlich-mittelalterlichen Glauben ans ewige Leben hebt Comte ebenfalls die moralisch-soziale Ordnungsleistung hervor. So kann er die »Einrichtung des Fegefeuers« und die Kasuistik der Strafen nach dem Tode als sinnvolle Entlastung angesichts der Drohung der ewigen Verdammnis würdigen.[33] Betrachte man aber die Gesamtleistung des mittelalterlichen Katholizismus, so trete jene moralisch-soziale Ordnungsleistung des Glaubens an ein ewiges Leben bzw. der Furcht vor ewiger Verdammnis deutlich hinter anderen Leistungen zurück. Die Streitfrage sei,

»ob die moralische Wirkung des Katholizismus im Mittelalter vor allem von der damals ausschließlich seinen Lehren anhaftenden Eigenschaft herrührte, der regelmäßigen Bildung gewisser, von Natur gemeinsamer Anschauungen als unentbehrliche Organe zu dienen, deren Macht im öffentlichen Leben, einmal begründet, allein durch ihre Universalität notwendig mit einem unwiderstehlichen moralischen Einflusse begabt war; oder ob nach der gewöhnlichen Annahme die tatsächlichen Ergebnisse wesentlich von jenen tiefen, persönlichen Eindrücken der Hoffnung und noch mehr der Furcht hinsichtlich des zukünftigen Lebens abgehangen haben, die zu regeln und zu verstärken der Katholizismus mit mehr Sorgfalt und Geschicklichkeit als irgend eine andere frühere oder spätere Religion bestrebt war ...«[34]

chen und unmittelbaren Zorn ihrer schreckenerregenden Gottheit fürchtet« (ebd.).
33 »... denn sonst hätte diese ewige Dauer, ohne welche die religiösen Vorschriften nicht wirksam sein konnten, augenscheinlich oft entweder eine unheilvolle Erschlaffung, oder eine fürchterliche Verzweiflung veranlaßt, die beide für das Individuum und für die Gesellschaft gleich gefährlich sind, und zwischen denen der katholische Genius schließlich jenen geschickten Ausweg geschaffen hat, der die Möglichkeit bot, die tatsächliche Anwendung des religiösen Verfahrens mit gewissenhafter Genauigkeit unmittelbar den Erfordernissen jedes tatsächlichen Falles stufenweise anzupassen« (*Soziologie*, II, S. 28). Im übrigen weiß Comte natürlich von der möglichen ideologischen Wirkung der Lehre vom ewigen Leben, vgl. zum Beispiel die Anmerkungen, daß unter Verweis auf sie Verbesserungen der Lage des Volkes vertagt worden sind (Comte, *Rede über den Geist des Positivismus*, hg. von Iring Fetscher, Hamburg, 2. Auflage 1966, S. 193), und daß sie dazu beigetragen hat, »jede gegenwärtige Existenz herabzuwürdigen, die im Vergleich zur letzten Aussicht immer so nebensächlich ist« (*Soziologie*, III, S. 744).
34 Comte, *Soziologie*, II, S. 310 f.

Um diese Streitfrage entscheiden zu können, müsse man auf jene Konstellationen achten, in denen sich die Hoffnung aufs ewige Leben bzw. die Furcht vor der ewigen Verdammnis im Widerspruch zu allgemeinverbindlichen Regeln, zu »öffentlichen Vorurteilen« befunden habe. Sein »berühmter Vorläufer« Condorcet habe dafür ein signifikantes Beispiel angeführt: Viele fromme Ritter folgten der Sitte des Zweikampfes – trotz strenger religiöser Strafen und scharfer Drohungen fürs Seelenheil nach dem Tode.[35] Das stimme ganz überein mit der menschlichen Natur, »die uns in hinlänglich ernsten Fällen immer veranlassen wird, eher einer fernen Gefahr zu trotzen, möge sie noch so schwer sein, als sich sofort der unvermeidlichen Brandmarkung durch eine feststehende und ganz einstimmige öffentliche Meinung auszusetzen«.[36]

Das spätere *Système de politique positive* geht noch einen Schritt weiter: Die Moral des Mittelalters sei weniger vom Katholizismus als vom Feudalismus geprägt gewesen. Die Lebensform des Rittertums habe unter dem Wahlspruch »Fais ce que dois, advienne que pourra« gestanden, habe sich also nicht am Schicksal der eigenen Seele im Himmel oder in der Hölle ausgerichtet, sondern am ehrenhaften Handeln im Hinblick auf die »opinion publique« und an der Hoffnung, deshalb von den Nachfahren erinnert zu werden.[37] So sieht Comte seine Behauptung bestätigt, daß die sozialmoralische Bindekraft des mittelalterlichen Katholizismus nur zum geringeren Teil auf den Hoffnungen und Befürchtungen im Hinblick auf das Weiterleben nach dem Tode beruht hat, sondern weitaus mehr darauf, daß eine unabhängige Priesterschaft die religiöse Lehre zum Organ der gesamtgesellschaftlichen Anschauungen machte und also gewissermaßen eine zugleich kognitive und moralische Synthesis der Gesellschaft herstellte.[38]

Der Verfall des Glaubens an ein Weiterleben nach dem Tode seit dem Mittelalter wird nicht analysiert, wahrscheinlich erschienen Comte der Vorgang und die Resultate als hinreichend bekannt. Er gibt nur knappe Hinweise: Dieser Glaube widerspreche zum einen dem erreichten Stand unseres vernünftigen Denkens. Und

---

35 Comte, *Soziologie*, II, S. 310 ff. Ein entsprechender Verweis auf Condorcet in: *Système*, III, S. 456 f.
36 Comte, *Soziologie*, II, S. 312 f.
37 Comte, *Système*, III, S. 456 f.
38 Comte, *Soziologie*, II, S. 314; vgl. auch *Soziologie*, III, S. 403.

zum anderen habe der »industrielle Geist« der Neuzeit durch seine Grundannahmen von der Welt und den Menschen gegen die Vorherrschaft der Theologie und durch seine Tendenz auf Veränderung der Welt und Beherrschung der Natur »gegen die vorherrschende Sorge um die ewige Seligkeit« gewirkt.[39] Man sieht: Tod und Sterben sind in der Begründung des Drei-Stadien-Gesetzes interessante, aber nebensächliche Themen, sie haben keine systematische Bedeutung.

Comte bemerkt nicht, daß die Geschichte der Sterbe- und Bestattungsbräuche sich gut hätte ins Drei-Stadien-Gesetz einarbeiten lassen. Beim Fetischismus hätte es zum Beispiel nahegelegen, die verbreitete Vorstellung von der Lebendigkeit der Leiche zu erörtern[40]; die wachsende Anerkennung der Welt als von eigenen Gesetzen beherrscht und als von nicht-menschlichem Grundcharakter (das ist der Kern des Fortschritts zu wissenschaftlich-positivem Denken) hätte gut gepaßt zur zunehmenden »Verdinglichung« der Leiche im Laufe der Kulturgeschichte.[41] Entsprechend wird die Geschichte der Vorstellungen von den Agenten ausgeblendet, die den Menschen den Tod bringen.

Knapp auch nur wird erwähnt, wie sehr das Leben in den frühen Stadien der Menschheitsentwicklung in der dauernden Gefahr geführt werden mußte, gewaltsam getötet zu werden. An einer Stelle heißt es, daß die Natur der Eroberungskriege im Polytheismus »unaufhörlich jedem den Tod oder die Sklaverei als nahe bevorstehend vor Augen halten mußte, wovor in der Regel nur die völlige Hingabe an das Vaterland beschützen konnte«.[42] Knapp wird auch nur behandelt, daß die Institution der Sklaverei im Polytheismus insofern segensreich war, als sie den Sieger hinderte, den Besiegten umzubringen.[43] Diese Unterbelichtung ist immerhin aus dem Gesamtzusammenhang verständlich, weil ja der Krieg als in den frühen Stadien normale Form des Kontakts

39 Ebd., S. 108 f.
40 Er vermerkt nebenbei, daß den Toten im Fetischismus eine objektive Existenzweise zugeschrieben wurde, im Zusammenhang mit der damals allgemeinen Auffassung von der Lebendigkeit aller Wesen und Dinge (*Système*, III, S. 215).
41 Vgl. dazu Werner Fuchs, *Todesbilder in der modernen Gesellschaft*, Frankfurt am Main, 3. Auflage 1979 (zuerst 1969), S. 26 ff.
42 Comte, *Soziologie*, II, S. 160.
43 Comte, *Système*, IV, S. 101.

zwischen den Gruppen und Völkern ausführlich behandelt wird. Daß die zuerst genannten Themen ausbleiben, wird darauf zurückgehen, daß Comte die sozialmoralische Integrationsleistung der Religionen heraushebt und also Sterben, Bestattung, Weiterleben nach dem Tode usw. vernachlässigen muß.

6

Bei der Bilanz der Errungenschaften, die das katholische Mittelalter gegenüber der Antike hervorgebracht hat und die künftig im positiven Stadium bewahrt und ausgebaut werden sollen, nennt Comte die »allgemeine Verurteilung des Selbstmordes«, die »energische Verdammung« dieses »antisozialen Brauches«. Zur Begründung heißt es:

»Je mehr das zukünftige Leben von seiner moralischen Wirksamkeit notwendig verliert, um so wichtiger ist es offenbar, daß alle Individuen so viel als möglich in unwiderstehlicher Weise an das reale Leben gekettet werden, ohne seinen schmerzlichen Konsequenzen durch eine unerwartete Katastrophe ausweichen zu können, die jedem die gefährliche Möglichkeit läßt, die unumgängliche Rückwirkung, welche die Gesellschaft auf ihn auszuüben gedacht, nach seinem Belieben zu vernichten, so daß der Selbstmord eines Tages aus rein menschlichen Gründen unter dem positiven Regime, als den allgemeinen Grundlagen der menschlichen Sittlichkeit direkt zuwider, nicht minder vollkommen verworfen werden wird.«[44]

Der Selbstmord stellt die Funktionsfähigkeit der sozialen Kontrolle in Frage.[45] Eine Gesellschaft ohne den Ausgleichsmechanismus, den der Glaube ans Weiterleben nach dem Tode bietet, ist, so Comte, grundlegend darauf angewiesen, daß ihre Mitglieder sich

---

44 Comte, *Soziologie*, II, S. 323. – Im Spätwerk klingt das Argument freundlicher: »Car nous devons encore moins disposer arbitrairement de notre vie que de notre fortune ou de nos talents quelconques; puisqu'elle est plus précieuse à l'Humanité de qui nous la tenons« (*Catéchisme positiviste*, S. 282; ähnlich *Système*, III, S. 451). Allerdings werden die Selbstmörder wie die Opfer von Duellen als Mörder behandelt und zeremonienlos verscharrt werden (*Système*, IV, S. 287).

45 Vgl. Fuchs, *Todesbilder*, a. a. O., S. 209.

nicht nach Belieben davonmachen.[46] Unmißverständlich ruft er nach Ketten; die Gesellschaft soll die einzige Welt der Menschen sein. Daß die Menschen ihr Leben leben müssen bis zu einem nichtverfügbaren Tod, garantiert die Souveränität der Gesellschaft über sie.

7

In seinen Schriften ab 1848 tritt uns Comte nicht mehr in erster Linie als Philosoph bzw. Soziologe gegenüber, sondern als Stifter einer Menschheitsreligion[47], als Begründer eines religiösen Kultes, als Verfechter einer neuen Sozialmoral (»vivre pour autrui!«), gar als »Grand Prêtre« des Abendlandes, als Erneuerer des Papsttums also. Zugegeben, dies religiöse Spätwerk enthält mancherlei Wunderlichkeiten: innige Ansprachen an die verstorbene Freundin Clotilde de Vaux; genaue Überlegungen, wie die Amtstracht der künftigen Priester der positiven Religion gestaltet sein und wieviel Einkommen man ihnen zugestehen wird; einen Appell an den russischen Zaren, weltlicher Protektor des Positivismus zu werden; einen Brief an den Großwesir des türkischen Reiches mit dem Rat, seine Werke zu beachten und sich mit der erwartbaren Teilung seines Reiches abzufinden; ein (implizites) Angebot an Napoleon III. zur Zusammenarbeit bei der Herbeiführung des positiven Zeitalters; die Idee, daß eines Tages die jungfräuliche Geburt möglich sein, mindestens aber: daß diese von der Madonnenverehrung des Mittelalters übernommene Vorstellung die Funktion einer »weiblichen Utopie« haben werde.

Läßt man sich aber von diesen Wunderlichkeiten und Schrullen nicht verblüffen, so wird rasch ersichtlich, wie wenig sich die jetzt religiös-moralisch formulierten Grundgedanken von jenen unterscheiden, die Comte im *Cours de philosophie positive* schon entwickelt hatte. Sie sind jetzt zugespitzt und auch übertrieben,

46 In anderem Zusammenhang trägt er folgende Überlegung vor, die gleichfalls die notwendige Immanenz des Gesellschaftlichen heraushebt: Würde man der Notwendigkeit widersprechen, daß der Mensch auf der Erde leben muß, und behaupten, er könne sich auf anderen Planeten eine Existenz aussuchen, so wäre jede stabile Vorstellung von Gesellschaft gefährdet (*Système*, I, S. 28).

47 »Religion sociologique« nennt er sie an einer Stelle (ebd., S. 573).

werden aus moralphilosophischer Perspektive beleuchtet und in Entwürfe eines neuen Kultes übertragen – aber doch eben jene Grundgedanken, die schon sein philosophisch-soziologisches Werk entwickelt hatte.[48] Ja, einige Ideen seiner Soziologie finden sich nunmehr geradezu systematisch ausgearbeitet, wenn auch in der praktischen Absicht der Religionsstiftung.[49]

Unterstützung findet das Vorhaben, Comte auch in seinem Spätwerk als Soziologen, besser: im Hinblick auf soziologisch relevante Einsichten zu lesen, durch den offensichtlich konstruierten Charakter seiner Menschheitsreligion. Sie nimmt sich eher aus wie ein Bauplan oder wie eine Konstruktionszeichnung, ist keinem Heiligen Buch und keinem Gründungsmythos ähnlich (und dies

48 Die Frage, ob zwischen erster und zweiter Phase des Werkes, also hauptsächlich zwischen dem *Cours de philosophie positive* (1832-1842) und dem *Système de politique positive* (1851-1854) ein Bruch liegt, hat die Sekundärliteratur vielfach beschäftigt. Seine Schriften nach der Begegnung mit Clotilde de Vaux seien, so Waentig, »nur bedingungsweise oder wohl überhaupt nicht mehr als wissenschaftliche Werke zu betrachten. Sie sind eher die poetischen Phantasien eines in erotischer Psychose Befangenen...« (Waentig, in: *Soziologie*, I, S. VI f.). Den Zusammenhang und die Kontinuität des Gesamtwerkes betonen hingegen René König, *Kritik der historisch-existenzialistischen Soziologie*, München 1975 (zuerst 1937), S. 197 ff.; Jürgen von Kempski (in seiner Einleitung zu: A. Comte, *Die Soziologie. Die positive Philosophie im Auszug*, 2. Auflage, Stuttgart 1974, S. XVI) und Paul Kellermann, *Kritik einer Soziologie der Ordnung. Organismus und System bei Comte, Spencer und Parsons*, Freiburg i. Br. 1967, S. 159, Anm. 81. Comte hat darüber selbst an vielen Stellen nachgedacht, herausgefordert auch dadurch, daß ihm einige Anhänger die Gefolgschaft in die Religion verweigerten, und – leicht widersprüchlich – sowohl die Kontinuität seines Denkens seit den ersten Jugendschriften als auch die Veränderungen (»ma seconde carrière«, *Système*, I, S. 7) betont, die ihm die Begegnung mit Clotilde de Vaux ermöglicht haben. Ohne die Frage hier begründet entscheiden zu können: Es erscheint produktiver und interessanter, Comte auch dort als Soziologen zu lesen, wo er nach Meinung einiger Kommentatoren nur Verrücktheiten niedergelegt hat.

49 Ein Beispiel: Das Konzept der »subjektiven Unsterblichkeit« (siehe unten) findet sich vorbereitet in der Betonung der »sozialen Kontinuität« im *Cours* und auch in Überlegungen des *Discours*, der 1844, also Jahre vor der religiösen Wende, erschien (Comte, *Rede über den Geist des Positivismus*, a. a. O., S. 157).

unabhängig davon, wie tief Comte an die von ihm entworfene Religion geglaubt haben mag). Comte berichtet keine Erleuchtung oder Konversion, begründet seine Vorschläge nicht aus einer Offenbarung, sondern oft mit ihrer sozialmoralischen Zweckmäßigkeit und ihrer Chance, auf in früheren Epochen ausgeprägte Glaubens- und Denkmuster aufbauen zu können.[50] Aus einem anderen Zusammenhang heraus kann ebenfalls auf den überwiegend konstruierenden Anteil geschlossen werden: Comte sieht sich als Religionsstifter vor einer ähnlichen Aufgabe wie Paulus.[51] Seine Darstellung nun, wie Paulus erfolgreich den europäischen Monotheismus gegründet hat, will aufweisen, daß dieser Jesus, die Offenbarung und die Heiligen Bücher der Juden eher als charismatisches Beiwerk nutzte, um seinen Religions- und Kirchenentwurf durchsetzen zu können.[52] Zu Unrecht werde der neue Monotheismus Christentum genannt; es handele sich um eine überlegte Gründung durch Paulus. Diese Hervorhebung der überlegt konstruierten Religionsgründung durch Paulus wirft ein Licht darauf, wie Comte seine Religion durchsetzen will: ebenfalls als konstruiert-systematische Gründung (allerdings ohne Bezug auf einen vergöttlichten Propheten oder eine Offenbarung aus dem Übermenschlichen – es sei denn, man müßte die Begegnung mit Clotilde de Vaux als Offenbarung und ihre Heiligung zum Sinnbild der »Humanité« als Vergöttlichung verstehen). Unter diesen Bedingungen kann das religiöse Spätwerk als »angewandte Soziologie« aufgefaßt werden; nichts hindert daran, durch die Institutionalisierungsvorschläge und durch den Entwurf ei-

50 Als Beispiel eine Überlegung darüber, warum es im positiven Zustand möglich sein wird, auch mit den noch nicht Geborenen »Umgang« zu haben: »Une foule d'examples nous indique d'aptitude du cœur humain aux émotions dépourvues de tout fondement objectif, si ce n'est idéal. Les visions familières du polythéiste, les mystiques affections du monothéiste, signalent, dans le passé, une tendance naturelle que l'avenir doit utiliser en lui procurant une déstination plus réelle et plus noble, d'après une meilleure philosophie générale« (Système, I, S. 261 f.).

51 In einem Brief an den Senator Viellard vom 28. 2. 1852 (abgedruckt in: Système, II, S. XXXI) beschreibt er seinen Übergang vom Philosophen und Wissenschaftler des Cours zum Religionsgründer des Système so: »... à la carrière d'Aristote devait alors succéder celle de Saint-Paule...«

52 Comte, Système, III, S. 409 f.

nes Kultes hindurch den soziologischen Begründungszusammenhang zu entziffern.

Zunächst aber soll die Menschheitsreligion, die Comte begründen will, kurz beschrieben werden. Diese Religion kennt weder Gott noch Götter, sondern verehrt als »Grand-Etre«, als Höchstes Wesen, die Menschheit.[53] Diese »Humanité« ist aber weder die Summe aller lebenden Menschen noch die aller Lebenden und aller Toten, weder Ausdruck der Gattung im allgemeinen noch eine Idealisierung derselben. Sondern sie besteht nur aus Toten, jedoch nicht aus allen bisher Gestorbenen.

Am einfachsten läßt sich das anhand des kultischen Reglements erläutern[54]: Diejenigen, die ihr Leben nicht nach dem Grundsatz »vivre pour autrui!« geführt haben, die ihre Kräfte und Talente nicht für das Gedeihen der Gesellschaft in der Gegenwart eingesetzt und nicht an einer verbesserten Weitergabe an die nächste Generation und die Nachkommen insgesamt gearbeitet haben, sterben ganz. Solche »Parasiten« werden zusammen mit den Mördern, den Selbstmördern und den Opfern aus Duellen ohne jedes Ritual verscharrt; ihrer wird nicht gedacht.[55] Diejenigen (und das werden die allermeisten sein), die ihr Leben im Sinne der altruistischen Sozialmoral geführt haben – das zu beurteilen, ist Sache der neuen Priesterschaft –, werden sieben Jahre nach ihrem Ableben durch das Sakrament der »incorporation« feierlich in die »Humanité« aufgenommen[56]; ihre sterblichen Reste werden im heiligen Bezirk um den Tempel herum beigesetzt und, je nach Bedeutung der Toten, mit einer Büste, einer Grabplatte oder ähnlichem geehrt. Man wird ihrer gedenken und sie »am Leben erhalten« – durch tägliche oder wöchentliche Verehrung im Familienkult, durch öffentliche Würdigung beim alljährlichen »Fest der

53 Comte führt die Verehrung der Menschheit selbst auf die entsprechenden Versuche während der Französischen Revolution zurück (ebd., S. 601 und S. 610).

54 Vgl. hierzu auch Lévy-Bruhl, a. a. O., S. 389 ff.

55 Comte, *Catéchisme positiviste*, a. a. O., S. 122 f.

56 Das Entscheidungsrecht der Priesterschaft über das Sakrament der »incorporation« ist vor allem als Mittel der moralischen Erziehung konzipiert (vgl. *Système*, I, S. 101). Ein ähnlicher Gedanke findet sich über ein halbes Jahrhundert später in dem Vorschlag des Psychologen Hall, einen »court of the dead« einzurichten, um dadurch die moralische Kultur zu verbessern. G. Stanley Hall, »Thanatobia and immortality«, in: *American Journal of Psychology* 26 (1915), S. 583.

Toten«, bei herausragenden Toten natürlich auch durch andere Formen des sozialen Gedächtnisses. So ergibt sich, daß das »Grand-Etre« nur aus Toten besteht; die Lebenden müssen erst noch zugelassen werden, das Leben ist eine Prüfung, deren Ergebnis erst nach dem Tode festgestellt wird.[57]

8

Was im philosophisch-soziologischen Werk als Bestandsbedingung aller sozialen Systeme formuliert worden war, die Kooperation der Generationen und das Bewußtsein von dieser sozialen Kontinuität, wird nun praktischer Programmpunkt der neuen Sozialmoral: »...la véritable destination de notre existence objective, transmettre amélioré à nos successeurs l'héritage progressif que nous avons reçu de nos prédécesseurs.«[58] Die altruistische Moral, die das positive Stadium bestimmen wird, fordert natürlich auch zu hilfreicher Zusammenarbeit mit unseren Zeitgenossen auf, wird aber im Kern gerichtet sein auf die noch nicht Geborenen. »...chaque grande âme travaille toujours pour la postérité, sans se trop préoccuper du présent.«[59] Fürs Gelingen der positiven Erneuerung der Gesellschaft sei es unverzichtbar, daß sich möglichst alle (lebenden) Menschen der Verbindungen zu den Vorfahren und zu den Nachfahren bewußt werden, damit sie sich als Übergang zwischen den Vorfahren auf der einen und den Nachfahren auf der anderen Seite erleben.[60] So werde sich die

57 Das Leben als Prüfung – hier sehe man, wie stark Comtes Denken der religiösen Überlieferung verbunden ist, merkt Lévy-Bruhl an (a.a.O., S. 393).
58 Comte, *Système*, II, S. 71. Mit »existence objective« ist übrigens das Leben zwischen Geburt und Tod gemeint, im Unterschied zur »subjektiven« Existenzweise der Toten (siehe unten).
59 Comte, *Système*, III, S. 190.
60 »Il faut que la population actuelle s'y sente toujours placée entre l'ensemble de ses prédécesseurs et celui de ses successeurs, afin de développer la continuité fondamentale qui la domine par les uns pour les autres.« *Système*, IV, S. 24; ähnlich ebd., S. 35, und *Catéchisme positiviste*, S. 70. Ganz ohne Rat und Autorität der neuen Priesterschaft werde das jedoch nicht zustande kommen; denn das soziale Gefühl bliebe ohne diese Anleitung auf der Ebene der Solidarität der Zeitgenossen (*Système*, I, S. 364).

Kontinuität, die Zusammenarbeit der Generationen verwirklichen, die die Lebensform der Menschen stärker charakterisiere als die Solidarität, die Zusammenarbeit der Zeitgenossen.

Die schon im philosophisch-soziologischen Werk überdeutliche Parteinahme für die Menschheit und gegen die Individuen gelangt jetzt im Spätwerk zu prägnanten Formulierungen: »l'homme, proprement dit, n'existe que dans le cerveau trop abstrait de nos métaphysiciens. Il n'y a, au fond, de réel que l'humanité.«[61] Das Individuum führt nur die sozialen Funktionen aus, die ihrer Natur nach übergeordnet und kollektiv sind.[62] Es ist offensichtlich, wogegen sich das richtet: gegen die Verherrlichung des Individuums bei Rousseau (Gesellschaftsvertrag) und in den englischen Theorien vom Eigennutzen. Nun braucht hier nicht vertieft zu werden, daß Comtes Lösung sozialtheoretisch nicht befriedigt: Sie umgeht die eigentlich interessante Frage, wie es nämlich kommt, daß die moderne Gesellschaft zusammenhält, obwohl sich die Einzelnen darin für etwas Eigenes und Besonderes halten und sich auch handelnd nicht dauernd am Kollektiv orientieren, auf keinen Fall bloße Gesellschaftsmitglieder sein wollen. Der Kerngedanke von Comte allerdings, daß nämlich die Individuen ohne das Soziale nicht denkbar sind, formuliert die selbstverständliche Ausgangsbedingung jeglicher Sozialwissenschaft.

9

Entschiedener als im philosophisch-soziologischen Werk ordnet Comte jetzt kultur- und religionsgeschichtlich frühere Formen der Ahnenverehrung und des sozialen Gedächtnisses an die Toten im weiteren Sinne als Vorformen und Entwicklungsvoraussetzungen für das ein, was er institutionalisieren will. Bereits der Ahnenkult im Fetischismus habe die Vorstellung von einem Weiterleben nach dem Tode vorbereitet, und zwar mit Hilfe des

---

61 Comte, *Système*, I, S. 334. Oder in religiöser Variante: »Tous en nous appartient donc à l'Humanité; car tout nous vient d'elle, vie, fortune, talent, instruction, tendresse, énergie, etc.« *Catéchisme positiviste*, S. 277. Zum Thema Individuum als Abstraktion und Menschheit als eigentliche Wirklichkeit vgl. Lévy-Bruhl, a. a. O., S. 271 und passim.
62 Comte, *Système*, II, S. 266.

»principe fétichique, où, la vie étant supposée universelle, la mort se présente comme prolongeant, sous un nouveau mode, une existence que chacun accorde aux moindres corps«.[63] Die theokratische Epoche des Polytheismus dann habe den Ahnenkult weiterentwickelt, um die Kontinuität in der Kette der Generationen zu stabilisieren; nebenbei sei dies auch der Stellung der Alten im Sozialverband zugute gekommen, den »vivantes personnifications du passé«.[64] Durch die Seligsprechung, durch die Würdigung der Heiligen und der Märtyrer hat der Katholizismus die Verehrung der Vorfahren vertieft und gleichzeitig erweitert und umgearbeitet, weil ja die Heiligen und Märtyrer nicht (notwendigerweise) als Vorfahren im Sinne der Abstammungszurechnung, als wirkliche Ahnen aufgefaßt werden konnten. Diese Universalisierungsbewegung des Katholizismus habe ihre Grenzen allerdings an den Grenzen des Glaubens gefunden. Weil der Katholizismus keine Theorie der Entwicklung der ganzen Menschheit hatte, konnte er die »commémoration« nicht auf alle Epochen und auf alle Räume ausdehnen, konnte er nicht alle herausragenden Toten würdigen.[65] Ja, er hat geradezu zu einem Kontinuitätsbruch beigetragen, indem er so tat, als ob es die griechisch-römische Vergangenheit nicht gegeben hätte, indem er von seinen Anhängern im Römischen Reich verlangte, sich von ihren wirklichen Vorfahren loszusagen.[66]

Der revolutionär-anarchische Zustand des modernen Denkens und des modernen Gesellschaftslebens gilt als hauptsächlich verursacht durch Kontinuitätsbrüche dieser Art, durch absichtliche Angriffe auf die Tradition, durch gezielte Rebellionen gegen die Toten. »En effet, l'anarchie occidentale consiste principalement

---

63 Comte, *Système*, III, S. 111. Hier nähert sich Comte dem Zusammenhang von Fetischismus und der Vorstellung von der Lebendigkeit der Toten, dessen Thematisierung wir oben vermißt hatten. Ganz klar aber ist die Sache nicht: Wer oder was lebt weiter, der Körper oder etwas Körperloses?

64 Comte, *Système*, III, S. 234 f.

65 Vgl. *Système*, I, S. 102.

66 Dadurch habe er den antihistorischen Geist der Moderne vorbereitet (vgl. *Catéchisme positiviste*, S. 360 f.; *Système*, III, S. 411 f.). Auch daß der Christ angeregt wurde, sich vor allem um sein persönliches ewiges Heil zu bemühen, hat zur Unterbrechung der Erinnerung an die Vorfahren und zur Schwächung der Institutionen der Ahnenverehrung beigetragen (ebd., S. 453).

dans l'altération de la continuité humaine, successivement violée par le catholicisme maudissant l'antiquité, le protestantisme réprouvant le moyen âge, et le déisme niant toute filiation.«[67] Aus dieser Diagnose ergibt sich die Notwendigkeit, die Einheit der Menschheitsgeschichte wieder sichtbar zu machen und alle Vorfahren in ihr Recht einzusetzen.

Folgende Bräuche bzw. Einrichtungen der neuen Religion sollen (hauptsächlich oder teilweise) der »commémoration« dienen: Im Privat- und Familienleben der private und der familiäre Kult, im öffentlichen Leben der festliche Jahreszyklus und, damit zusammenhängend, der »Calendrier positiviste«.

Der private Kult (der nur für die Männer detailliert entworfen wird) besteht in der Verehrung der Frau – eine Frau ist Sinnbild der »Humanité«, die Frau gilt als dem Manne in emotionaler und moralischer Hinsicht überlegen –, und zwar, indem die Gattin, die Mutter und die Tochter jeden Tag in Gebeten gepriesen werden.[68] Der familiäre bzw. häusliche Kult besteht aus der täglichen Anrufung der Vorfahren der Familie, als der Hausgötter gewissermaßen.[69] Der Ahnenkult des Adels ist hier Vorbild: »Les esprits cultivés sont déjà habitués à vivre avec leurs éminents prédécesseurs du moyen âge, et même de l'antiquité, presque comme ils le feraient envers des amis absents.«[70]

---

67 Comte, *Système*, III, S. 2. Der von der Metaphysik vertretene absolute Individualismus sei ein Aufstand gegen die Vorfahren (*Catéchisme positiviste*, S. 369). Unter Comtes Einwänden gegen den Kommunismus findet sich auch der, dieser gelange nicht zu einem Verständnis der historischen Kontinuität als Inbegriff der Menschheit und wolle »une société sans ancêtres«. *Système*, I, S. 160.

68 Comte, *Catéchisme positiviste*, S. 108 f. Wenn die Mutter oder die Gattin stirbt, so sei dies für den privaten Kult des Mannes kein Nachteil: »La mort qui semble devoir détruire ce culte individuel, doit, au contraire, le consolider en l'épurant davantage, quand il est bien institué.« *Système*, I, S. 261; zu dieser reinigenden Wirkung des Todes siehe unten.

69 Comte, *Système*, IV, S. 121. Daneben werden hier neun Sakramente vorgesehen, die den Menschen, ähnlich wie im Katholizismus, von der Geburt bis zum Tode (und mittels der »incorporation« auch darüber hinaus) begleiten, um seine persönliche Lebensführung mit den Aufgaben des Sozialverbandes sinnhaft zu verbinden. Vgl. dazu *Catéchisme positiviste*, S. 116 ff.

70 Comte, *Système*, I, S. 261.

Der öffentliche Kult wird aus Festen und Feiern im Jahreszyklus bestehen.[71] Jedes Jahr wird im ganzen Abendland durch das Fest der »Humanité« eröffnet werden. Monate, Wochen und Tage sind der Feier grundlegender sozialer Beziehungsformen (Gemeinwesen, Familie, Vaterschaft usw.) gewidmet sowie den großen Epochen der Menschheitsentwicklung (Fetischismus usw.) und herausragenden Menschen.[72] Höhepunkte des festlichen Jahres werden die Erinnerungsfeiern für Cäsar, Paulus und Karl den Großen sein, die gleichzeitig im ganzen Abendland stattfinden werden. Diese drei haben die menschliche Entwicklung durch ihre Taten und durch ihre Gedanken am meisten gefördert. Andere Männer der Geschichte sollen öffentlich verdammt werden; von daher der Vorschlag einer »solennelle réprobation simultanée des deux principaux rétrogradateurs que nous offre l'ensemble de l'histoire, Julien et Bonaparte.«[73] Der letzte Tag des Jahres wird den Toten gewidmet sein, alle Einwohner der dann bestehenden abendländischen Republik auf die Friedhöfe führen und in der Erinnerung an ihre Verstorbenen vereinen[74] – eine Nachbildung der entsprechenden christlichen Festtage also.

10

Eine Zuspitzung, ja Radikalisierung früherer Gedanken Comtes ist das Konzept der »subjektiven Unsterblichkeit«: Die christliche Vorstellung von einem objektiven, das heißt »wirklichen« Weiterleben nach dem Tode weist er als Schimäre zurück.[75] Das aber

---

71 Vgl. das Tableau der 13 Monate des »Calendrier positiviste« und ihrer Feste in: *Catéchisme positiviste*, S. 131 ff.

72 Eine Nachbildung des katholischen Brauchs, Namenspatrone und Heilige den Tagen des Jahres zuzuordnen, stellt der »Calendrier positiviste« dar.

73 Comte, *Système*, I, S. 103. Im vierten Band des Système nimmt Comte diese Idee von der öffentlichen Verdammung zurück: Weil Haßgefühle nicht kultiviert werden sollen, sei es besser, über die Betreffenden zu schweigen (*Système*, IV, S. 404 f.).

74 Comte, *Système*, I, S. 345.

75 So *Système*, II, S. 362. Sie habe übrigens auch moralisch schädliche Wirkungen gehabt, weil sie nur ein persönliches Heil im anderen Leben (ohne Beziehung zum Heil anderer) in Aussicht gestellt und

bedeute nicht, daß die Toten nicht weiterleben: sie leben »subjektiv« weiter, das heißt nicht aus eigener Kraft, sondern vermittels der Lebenden, die ihrer gedenken, die sich von ihren Werken inspirieren lassen, ihre Gedanken und Gefühle in sich aufnehmen, sich mit ihnen identifizieren und ihre wertvollen Leistungen weitertragen.

»Vivre dignement dans la mémoire des autres, fut toujours le vœu principal de chacun, même sous le régime théologique. Dans l'état positif, cette noble ambition acquiert encore plus d'importance, comme seule satisfaction que comporte désormais notre intime besoin d'éterniser l'existence.«[76]

Durch diese Neufassung des Problems der Weiterexistenz nach dem Tode, so Comte, gewinnen die Toten geradezu an Wirklichkeit und Lebendigkeit, verglichen mit ihrer Existenzweise zufolge der christlichen Überlieferung[77] – schließlich treten sie dadurch aus dem Schattenreich und werden uns sogar in ihrer Persönlichkeit vertraut und erfahrbar, wenn wir Lebenden sie erinnern und vergegenwärtigen. Und weil wir, wollen wir uns nicht Illusionen und blinden Hoffnungen hingeben, keine andere Möglichkeit haben, unsere Existenz zu verewigen (»éterniser«)[78], ist somit ja möglicherweise eine realistische und zugleich sozialmoralisch wertvolle Passung von Ewigkeitsbedürfnis und sozialer Deutung erreichbar.

Allerdings: In der Erfahrung kollektiver Existenzformen, die das einzelne Leben überdauern (Familie, Gemeinwesen, Vater-

insofern die Vorstellung von der Angewiesenheit aller aufeinander behindert hat (*Système*, I, S. XXXVI).

76 *Système*, I, S. 140. Oder: »...l'âme qui laissa de dignes résultats acquiert en autrui l'immortalité subjective qui perpétue, et même développe, ses services objectives.« *Système*, IV, S. 102. Der Tod betreffe, so heißt es einmal sehr weitgehend, direkt nur die körperliche Existenzweise, die Funktionen des Gehirns also nur wegen ihrer »fatale dépendance« vom Körper (*Système*, III, S. 73). – Die Vorstellung vom Fortleben in der Menschheit (bei Comte und bei den Saint-Simonisten) überbetone das Kollektive, so Paul Ludwig Landsberg, *Einführung in die philosophische Anthropologie*, 2. Auflage, Frankfurt am Main 1960, S. 66 ff.

77 Solange der theologische Glaube an übernatürliche Wesen vorherrschte, war es unmöglich »de nous représenter nos morts autrement que dans une situation mystérieuse, et communément indéterminée.« *Catéchisme positiviste*, S. 87.

78 Comte, *Système*, I, S. 346.

land, Menschheit), bieten sich diesem neuen Glauben Anhalts-
punkte und unterstützende Bedingungen, stellen diese Kollektive doch neben der Solidarität der Zeitgenossen auch die Kontinuität der Generationen her und symbolisieren sie. Ohne solche
unterstützende Erfahrung würde es schwierig sein, »d'éterniser
une vie passagère en la liant à des destinées impérissables«.[79] Auch
wird es der Vorbereitung und der Hilfe durch die positive Erziehung bedürfen, um die neue Unsterblichkeitslehre sozial verbindlich werden zu lassen.[80]

Zufolge dieser neuen Unsterblichkeitslehre ist die Existenzform
der Toten frei von allen materiellen und vitalen Notwendigkeiten,
ist natürlich auch ohne Intentionalität.

»Mais ils ne cessent pas d'aimer, et même de penser, en nous et par nous.
Le doux échange de sentiments et d'idées que nous entrenions avec eux,
pendant leur objectivité, devient à la fois plus intime et plus continu quand
ils sont dégagés de l'existence corporelle.«[81]

Zu diesem Konzept des Weiterlebens der Toten in und durch die
Lebenden stellen sich mehrere Fragen, soll nicht alles als Spintisie-
rerei oder als unbewältigte Trauer um Clotilde de Vaux abgewie-
sen werden: Wie gelangen die Toten in die Lebenden bzw. wie
werden sie durch diese zum Weiterleben gebracht? Wie erhalten
die Toten, sind sie in Seele und Leben der Lebenden aufgenommen, ihre Eigenart, ihre Persönlichkeit? Wie wirken sie in Seele
und Leben der Lebenden? Inwiefern hat die Interaktion mit einem
gewissermaßen internalisierten Toten Vorzüge (»plus intime
et plus continu«) gegenüber der Interaktion, die man zu seinen Lebzeiten mit ihm gepflegt hatte? Schließlich: Auf die ganze
Menschheitsgeschichte bezogen kennen die Lebenden nur wenige
Tote beim Namen bzw. wissen eine kulturelle usw. Leistung mit
einem bestimmten Toten zu verbinden; was geschieht mit den
vielen anderen Toten, die den Fortschritt von Generation zu Generation durch ihre Arbeit, ihre Erfindungen oder ihre Gedanken
befördert haben?

79 Comte, *Système*, IV, S. 24 f., S. 32.
80 »La nouvelle éducation générale aura bientôt disposé tous les positi-
vistes à sentir, dans une telle récompense de toute conduite honorable,
un plein équivalent des vaines espérances qui animaient leurs précur-
seurs.« *Système*, I, S. 346.
81 Comte, *Catéchisme positiviste*, S. 94; vgl. auch *Système*, IV, S. 102 ff.

Comte verwendet für die »Vergegenwärtigung« eines Toten durch einen Lebenden mehrere Begriffe, ohne sie scharf voneinander abzugrenzen: »absorption«, »identification«, »conservation«, »incorporation«. Hiervon bezeichnet »conservation« den Vorgang der Erhaltung des Toten durch den Lebenden, während die anderen die Aufnahme in den Lebenden meinen. Daraus geht mindestens hervor, daß der Tote absichtlich und in Kenntnis seiner Persönlichkeit und Leistungen vom Lebenden aufgenommen wird – er fährt also nicht in ihn hinein, wie im Teufels- oder Besessenheitsglauben. Es ist der Lebende, der die Aufnahme bewirkt und erhält, der Tote ist nur vermittels dieser Leistung wirksam.[82]

An einigen Stellen finden sich Hinweise, daß solche Aufnahme durch vermutlich meditationsähnliche Übungen und Haltungen zustandegebracht wird: »L'objet du culte subjectif se réduit donc à une sorte d'évocation intérieure, résultée graduellement d'une exercice cérébral dirigé suivant les lois correspondantes.« Eine einigermaßen genaue Anweisung, wie die Vergegenwärtigung eines Toten vor sich geht, gibt an, man solle die Vorstellung vom Äußeren her (der damaligen Umgebung her) zum Persönlichen des Toten hin entwickeln.[83] Und weil Comte wohl kaum an die wörtliche Bedeutung von »évocation« (Beschwörung) denkt, weiß er, daß dieser Vorgang nicht den Geist und die Persönlichkeit des Toten als Wirkungs- und Funktionszusammenhang »verlebendigen« kann, als Kreis von Fähigkeiten, sondern allein gewissermaßen den seelischen und geistigen Ertrag, die Ergebnisse eines Lebens.[84]

Spontan und ganz selbstverständlich geschehe bei der »incorporation« eine Idealisierung des Toten – seine wichtigen Erträge

82 Diese Angewiesenheit der Toten auf die Lebenden wird an einer Stelle so formuliert, als ob die Lebenden der Toten wegen da seien: »...le Grand-Etre ne peut jamais agir que par des organes individuels. C'est pourquoi la population objective, malgré sa subordination croissante envers la population subjective, reste nécessairement indispensable à toute influence de celle-ci.« Comte, *Catéchisme positivste*, S. 71.

83 Ebd., S. 88 ff. Gewiß sei das so erreichte Bild vom Toten blasser als das von einem wirklichen Interaktionspartner. Aber vielleicht wird eine Kultivierung solcher Evokationen in späterer Zeit zu besseren Ergebnissen führen – schließlich seien bei Gehirnkranken Bilder oft deutlicher als wirkliche Interaktionspartner; das gilt Comte als Hinweis auf unausgeschöpfte Möglichkeiten des Gehirns.

werden aufgenommen, die abweichenden Leistungen und die nebensächlichen Persönlichkeitszüge werden übergangen und vergessen.[85] Man möge, so der Rat, diese sowieso ablaufende Idealisierung verstärken und kultivieren, indem man sich vornimmt, nur an die guten Eigenschaften, die hauptsächlichen Charakterzüge usw. des Toten zu denken.[86]

Bedingung dafür, daß die Ergebnisse des Denkens und Fühlens eines Toten von einem Lebenden aufgenommen werden können, ist ein angemessenes Passungsverhältnis beider, besser: eine passende Aufnahmebereitschaft auf seiten des Lebenden. Übrigens kann ein Lebender mehr als eine »subjektive Existenz« in sich aufnehmen und so »leur commun organe« werden, wenn Kompatibilität gegeben ist und er ausreichend synthetische Kraft hat. Umgekehrt können sich die »subjektiven Existenzen« in mehr als einem Lebenden niederlassen.[87] Das klingt absonderlicher, als es ist: Jemand kann zum Beispiel nicht nur Homer verehren und sein Werk in sich aufnehmen, sondern dies auch mit Dante tun. Und Homer wie Dante werden jeweils nicht nur von einem Lebenden aufgenommen, sondern leben in vielen fort. »Homère, Aristote, Dante, Descartes, etc., ne cesseront jamais de revivre ainsi dans chaque cerveau capable de les absorber, pour y produire des résultats souvent supérieurs à ceux de leur vie objective.«[88] Das Weiterleben herausragender Toter breitet sich so im Laufe der Menschheitsgeschichte aus auf immer mehr Lebende, wobei durch den Fortgang der Idealisierung die individuell-persönlichen Züge immer blasser, die Leistungen für die Menschheit immer ausgepräger werden.

Der in einen Lebenden aufgenommene Tote bewahrt seine Eigenständigkeit als Persönlichkeit, obwohl er ja jetzt ganz mit Geist und Leben des Lebenden verschmolzen ist, wenn er einen klar umrissenen Charakter hatte.[89] Komplizierter wird die Er-

84 Comte, *Système*, IV, S. 101 f.
85 Ebd., S. 103, auch S. 107. Deshalb kann es auch heißen: »Subsister en autrui constitue un mode très-réel d'existence, puisque c'est ainsi que s'accomplit, au fond, la meilleure partie de la nôtre.« *Système*, I, S. 346.
86 Comte, *Catéchisme positiviste*, S. 93 f.
87 Comte, *Système*, IV, S. 101 f.
88 Ebd., S. 105 f.
89 Comte, *Catéchisme positiviste*, S. 94. An anderer Stelle überlegt Comte,

kennbarkeit der Eigenart eines inkorporierten Toten jedoch in dem Falle, in dem ein Lebender mehrere »subjektive Existenzen« in sich aufnimmt.[90]

Weshalb hat die Interaktion mit dem internalisierten Toten Vorzüge gegenüber der, die man zu seinen Lebzeiten mit ihm hatte? Comte deutet hierzu an, daß generell das »subjektive Leben« dem »objektiven« gegenüber Vorzüge hat, vor allem den der größeren Reinheit, den der Unabhängigkeit von den rohen körperlichen Notwendigkeiten. »Notre nature a besoin d'être épuré par la mort, pour que ses meulleurs attributs puissent assez ressortir, en surmontant les grossières nécessités qui d'abord les dominent.«[91] Ist das mehr als eine Bekräftigung der hergebrachten Regel *De mortuis nihil nisi bene* und also eine Aufforderung zur Idealisierung des Gedächtnisses an die Toten? Offenbar ja, denn Comte deutet an, daß die soziale Natur des Menschen nicht im Leben, sondern im Grunde erst nach dem Tode ganz wirklich werden könne, anders und zugespitzt gesagt: daß Vergesellschaftung erst unter den Toten bzw. zwischen Lebenden und Toten gelingt. Die höheren Eigenschaften unserer Natur tendierten zur Loslösung vom Individuellen und hin zum Kollektiven. Und weil der Körper als der Hauptsitz des Individuellen, das Gehirn aber vor allem mit seinen emotionalen und moralischen Funktionen als der des Sozialen gilt, führe jede höhere Stufe der Sozialität zur Minderung der Bedeutung des Körperlichen. »La socialité tend ainsi vers une constitution où le corps devient le simple soutien du cerveau, dont l'essor direct caractérise la nature humaine. Mais cette transformation ne se réalise que dans notre existence subjective...«[92] Hier

ob die in den Lebenden aufgenommene Seele nicht von dessen Körper abhängig sei: Nein, ist die Antwort, weil ja Identifikation und Erhaltung (»conservation«) nicht die seelischen Funktionen der Toten betreffen, sondern allein »leurs produits communiqués«. *Système*, IV, S. 105.

90 Ebd., S. 101 f.

91 Ebd., S. 35. Deshalb kann er einen Vergleich zur christlichen Überlieferung ziehen und anmerken, daß sich im subjektiven Zustande »le rêve théologique des âmes dépourvues de corps« rein und vollständig verwirkliche. Ebd., S. 105.

92 Ebd., S. 36. Und weiter: »L'âme ne peut prévaloir que dans l'existence subjective, qui ... appartient uniquement aux fonctions associables, quand les phénomènes purement personnels ont irrévocablement cessé.« Ähnlich an anderer Stelle: »...les lois propres à l'ordre humain,

wird offenbar, daß Comte keineswegs nur biologistisch bzw. organizistisch denkt, sondern geradezu im Gegenteil das Medium der Vergesellschaftung im Geistig-Seelischen sieht (und demgegenüber die körperliche Existenzgebundenheit des Menschen als lästige und zu überwindende Vergröberung). Wie auch immer – unser Austausch mit den Toten werde in mancher Hinsicht wichtiger sein als der mit unseren Zeitgenossen.[93]

Auf die letzte Frage hin, wie die vielen Toten vergegenwärtigt werden können, deren Namen wir nicht kennen und deren Arbeit, Erfindung oder Gedanken in Grundlagen oder Voraussetzungen unserer Lebensführung und unseres Denkens, in Artefakten und praktischen Lösungen wirksam sind (weil das soziale Gedächtnis sie nicht aufbewahrt hat, weil zum Beispiel ihre Kultur als Träger dieses Gedächtnisses untergegangen ist), weiß Comte nicht viel zu sagen. Er bedauert, daß wir aus der Epoche des Fetischismus keine Toten namentlich und mit Hinweis auf ihre Leistung überliefert bekommen haben, und verweist als ersatzweise und summarische Würdigung dieser Leistungen auf die Feier des Fetischismus im festlichen Jahreszyklus u. ä. Nur für die Zukunft also kann diese Frage nach dem Umfang und der Gründlichkeit des sozialen Gedächtnisses gelöst werden (wenn ein jedes Leben durch die Priesterschaft beurteilt werden wird), für die Vergangenheit, vor allem die weit zurückliegende, muß man sich wohl mit der lückenhaften Überlieferung und entsprechend exemplarischer Würdigung der Vorfahren abfinden.

surtout moral, mais aussi social, régissent, mieux que pendant la vie, l'existence que chacun d'eux conserve dans nos cerveaux.« *Catéchisme positiviste*, S. 88. Hierher gehört auch das Verbot der Wiederverheiratung nach dem Tode des Ehegatten im positiven Stadium, »la loi du veuvage éternel«. Die Gattenbeziehung, die in der objektiven Existenzweise vor allem durch die Sexualität gestört und vergröbert werde, werde durch den Tod des einen an Reinheit und Wirksamkeit gewinnen. *Système*, I, S. 239; *Catéchisme positiviste*, S. 3, S. 292 f.

93 »Nous devrons … entretenir avec les morts, et même avec les non-nés, un commerce plus suivi, quoique moins spécial, qu'avec nos propres contemporains.« Dies sei durch das theologische Stadium vorbereitet worden; es habe die Menschen daran gewöhnt, ganz und gar ideale Wesen zu denken, die mit unserem Schicksal verbunden sind. *Système*, IV, S. 24; vgl. auch Comte, *Synthèse subjective, ou système universel des conceptions propres à l'état normal de l'humanité*, Bd. I, Paris 1856, S. 51.

Folgt man dem oben gegebenen Rat, die absonderlichen Wendungen und Übertreibungen im Spätwerk zu überlesen und durch die Institutionalisierungsversuche der neuen Religion hindurch die soziologischen Einsichten zu suchen, so ergibt sich zum Konzept der »subjektiven Unsterblichkeit« folgendes: Gewiß ohne große Genauigkeit, aber doch hinreichend klar faßt Comte hier ein Feld von Beziehungen und Handlungen zu Vorfahren und Toten überhaupt, das in der Soziologie nach ihm selten wieder in dieser Breite und in dieser Allgemeinheit gesehen worden ist. Der Ahnenkult von alters her, das familiäre Gedächtnis an die Vorfahren, die persönliche Verehrung für einzelne Vorfahren, die für herausragende Tote in der Geschichte der Menschheit, die kollektive Erinnerung an die berühmten und verdienten Vorfahren, die Fortsetzung der Arbeit bzw. der Gedanken eines Früheren, allgemein das Fortleben durchs Werk, die Wirkung dieser vielfachen Identifikationen, Anknüpfungen und Transmissionen für den Kulturprozeß – diese und andere Formen, wie die Lebenden die Toten erinnern und »verlebendigen«, sind kaum je wieder so umfassend zusammengesehen worden. Es kann kein Zweifel sein, daß diese innerweltlichen Formen des »Wirkens« und »Lebens« über den Tod hinaus in den modernen Gesellschaften zu einem Teil die religiöse Hoffnung aufs ewige Leben ersetzt haben (aber zu welchem und in welcher Konstellation?). Auch wird man die anregende Kraft der Frage nicht unterschätzen, wie sich die Interaktion mit Toten von der mit wirklichen gegenwärtigen Interaktionspartnern (sowie mit Abwesenden) unterscheidet, und wie die »Verlebendigung« durch die Lebenden im einzelnen zugeht. Also: ein großer Gedanke, allerdings kaum ausgedeutet, gar untersucht.

I I

Das Spätwerk enthält noch eine weitere verblüffende These: Comte behauptet, daß die Toten die Lebenden regieren, und zwar mit Fortschreiten der Geschichte immer mehr. Natürlich, sie dominieren nicht von sich aus und aus eigener Kraft, sondern vermittels der Lebenden.[94] Dennoch – wie geht das zu?

94 Comte, *Système* IV, S. 36.

»...les vivants sont toujours et de plus en plus gouvernés essentiellement par les morts. Cette irréstisible domination subjective représente la partie pleinement immodifiable de toute existence sociale. Son empire, déjà sensible dans la plus haute antiquité, dût naturellement augmenter sans cesse.«[95]

Um eine Metapher für Überlieferung, Tradition oder ähnliches also handelt es sich nicht, die Verwendung so prägnanter Formeln (»la partie pleinement immodifiable de toute existence sociale«) spricht dagegen. An anderer Stelle wird die lenkende Kraft der Vorfahren, die die Lebenden nicht abschütteln können, gar als Anlaß und Ausgangspunkt für die ursprünglichen Gottesvorstellungen bezeichnet: Weil die Herrschaft der Toten lange unerkannt blieb (warum das so war, wird nicht überlegt), hätten die Menschen deren Kraft auf fiktive äußere Wesen übertragen[96] und somit die Götter oder Gott »erfunden«, um eine Ersatzerklärung für die wirkliche Macht der Vorfahren zu gewinnen. Der Gedanke von der Herrschaft der Toten ist also wörtlich zu nehmen. Was ist gemeint? Daß die Toten ihrer Zahl, der Dauer und der Vervielfältigung ihrer Wirkung auf die nachfolgenden Generationen nach überwiegen?[97] Daß durch das Leben und die Taten der Generationen von Vorfahren so viel vorgeleistet, so viel vorgezeichnet ist in unserer Gegenwart, daß wir Heutigen gebunden sind an eine vorentschiedene Entwicklung und ihre Richtung?[98] Oder

95 Comte, *Système*, II, 363. Zuerst habe die Theokratie implizit erkannt, daß die Toten die Lebenden regieren: das Regime der Kasten (das ja darin besteht, daß die Lebenden den Status und die Aufgaben der Vorfahren innehaben) und der aufwendige Begräbniskult seien dafür Belege (*Système*, II, 465).

96 Comte, *Système*, III, S. 621.

97 So *Système*, II, S. 61.

98 Im Zusammenhang mit der höheren Wichtigkeit der Zusammenarbeit aller Generationen als der Solidarität der jeweils Lebenden heißt es: »Dans chaque phénomène social, surtout moderne, les prédécesseurs participent davantage que les contemporains. Les travaux matériels, depandant d'un plus vaste concert, sont encore plus propres à confirmer l'intime réalité d'une telle appréciation« (*Système*, I, S. 364). Bei Condorcet bereits findet sich eine Veranschaulichung: »Der Matrose, den die genaue Feststellung des Längengrades vor dem Schiffbruch rettet, verdankt sein Leben einer Theorie, die durch eine ganze Kette von Wahrheiten mit jenen Entdeckungen verknüpft ist, welche man in der Schule Platons machte und die zwanzig Jahrhunderte hindurch

daß nahezu alle Einrichtungen und Prozesse der Gegenwart ihre Wurzeln und Bedingungen in der Vergangenheit haben, auf die die Lebenden, weil sie vergangen ist, auf keine Weise Einfluß nehmen können?[99] Oder ist daran gedacht, daß die hervorragenden Toten vieler Epochen, Kulturen und Religionen als Vorbilder und Beispiele, als Autoren von Werken und Gedanken und als Quelle von Taten in uns leben?

Offenbar sind alle Aspekte zugleich gemeint: Die dingliche, die gedankliche und die soziale Welt der Heutigen ist hauptsächlich das Werk der Vorfahren. Das Handeln, das Machen und das Denken der Heutigen folgen weithin vorgebahnten Wegen.[100] Und die Wege sind um so stärker vorgebahnt, je mehr Generationen von Vorfahren daran gearbeitet haben. Anders gesagt: Die später Lebenden können weniger Einfluß nehmen als die Früheren das gekonnt haben. Auch das ist wörtlich gemeint: Napoleons Wirkung war geringer als die Attilas, Friedrichs des Großen Wirkung war geringer als die Alexanders, Cäsars oder Karls des Großen.[101] Je länger also Geschichte geschehen ist, um so weniger läßt sich Neues bewirken. Die Bewegungsform der sozialen Entwicklung bzw. der Zivilisation hat inzwischen eine Festigkeit und Beständigkeit erreicht, die geradezu als Eigengesetzlichkeit[102] verstanden werden muß, jedenfalls willkürlichen Eingriffen in die weitere Entwicklung keine Realisierungschance läßt.

Die im Laufe der Geschichte abnehmende Wirkungschance der jeweils lebenden Generation ist also für Comte eine Garantie

gänzlich ungenutzt vergraben lagen.« Jean Antoine Nicolas de Condorcet, *Entwurf einer historischen Darstellung der Fortschritte des menschlichen Geistes*, Frankfurt am Main 1976, S. 192.

99 Im Brief an den Senator Viellard schreibt Comte, daß auch die sozialen Gegebenheiten Gesetzmäßigkeiten unterliegen, »puisque l'avenir que nous voulons préparer résulte essentiellement d'un passé que nous ne pouvons jamais changer.« Abgedruckt in: *Système*, II, S. XXXI.

100 Das mache sich in jeder wirklichen Tätigkeit bemerkbar: »Si l'action et le résultat dépendent surtout de l'élément objectif, l'impulsion et la règle émanent principalement de l'élément subjectif.« Comte, *Catéchisme positiviste*, S. 71.

101 Comte, *Système*, II, S. 464.

102 Zur unterm Eindruck der industriellen Revolution entstehenden Vorstellung von der »sozialen Eigengesetzlichkeit« vgl. Helmut Klages, *Geschichte der Soziologie*, München, 2. Aufl. 1972, S. 68 f.

dafür, daß der weitere Gang der Gesellschaftsentwicklung durch nichts und niemanden behindert oder umgekehrt werden kann. Die anwachsende Dominanz der Toten über die Lebenden wird, und das ist seine Zuversicht, alle Versuche zunichte machen, die Bewegung der Menschheit aus dem von den Vorfahren bestimmten Kurs zu bringen: Die heutige Anmaßung, sich aus der Herrschaft der Toten zu lösen, begründe

»...le principale symptôme de l'aliénation chronique vers laquelle tend de plus en plus la raison occidentale depuis la fin du moyen âge. Mais cette salutaire prépondérance empêche hereusement les subversions objectives d'obtenir jamais le fatal essor qu'elles semblent annoncer. Elle régularise de plus en plus l'ensemble du mouvement humain, en y rendre mieux appréciable bientôt que le cours de beaucoup d'astres«.[103]

Den Tyrannen, die an die unbegrenzte Gestaltbarkeit der sozialen Verhältnisse glauben und entsprechende Maßnahmen ergreifen, wird die Priesterschaft des positiven Stadiums entgegenhalten können: »L'homme s'agite, et l'Humanité le mène.«[104]

Die These, daß die Lebenden im Vergleich zu den Toten wenig bewirken können, daß die soziale Entwicklung inzwischen unbeirrbar ihrem eigenen Kurs folgt, muß auf dem Hintergrund von Comtes zeitgeschichtlicher Erfahrung gelesen werden: Er war ja fast noch Zeitgenosse der Französischen Revolution und der Napoleonischen Herrschaft, und natürlich ist sein Werk durch und durch von diesem weltgeschichtlich bedeutsamen Ereigniszusammenhang und seinen Folgen bestimmt. Im Gedanken von der Herrschaft der Toten spricht er eine fundamentale Relativierung dieser revolutionären Epoche aus: Wie radikal, lautstark, entschieden, massenhaft, gewaltsam und gewalttätig die Versuche der Revolutionäre zur Neuordnung und die Napoleons zum Rückschritt auch immer waren – sie haben den Gang der sozialen Entwicklung in der Tiefe nicht ändern können. Unterhalb dieses Ereigniszusammenhangs folgte das Soziale bzw. die Zivilisation ihrer eigenen Bewegungsform.

Die Gewißheit, daß der Gang der gesellschaftlichen Entwicklung von den Lebenden auf keine Weise entscheidend verändert

103 Comte, *Système*, II, S. 363; ähnlich S. 61. Keine Anstrengung und keine Erschütterung werden dies »poids croissant du passé« daran hindern, die Zukunft vorzubereiten (ebd., S. 465).
104 Ebd., S. 455.

oder gar umgekehrt werden kann, weil die Vorfahren »regieren«, läßt so auch den Soziologen zuversichtlich werden im Hinblick auf die Gültigkeit seiner Erklärungen und Prognosen: Mit großen Überraschungen, vollständigem Kurswechsel, Tabula-rasa-Situationen und grundstürzenden Neuanfängen muß dann für den Prozeß der Zivilisation nicht gerechnet werden.[105] Hat der Soziologe die Vergangenheit gründlich genug untersucht und darin die Bewegungsgesetze identifiziert, die durch die Gegenwart hindurch in die Zukunft wirken, so kann er seiner Erklärungen und Voraussagen sicher sein. Weil sie die relative (und zunehmende) Stabilität des Gegenstandes der Soziologie und seiner Gesetzmäßigkeiten garantiert, ermöglicht die Herrschaft der Toten über die Lebenden die Soziologie als positive Wissenschaft.

12

Für die wissenschaftsgeschichtliche Identität der Soziologie ist es gewiß irritierend, daß sie gleich zu Beginn in Religion bzw. in einen moralphilosophisch konstruierten Bauplan für eine neue Gesellschaft umgeschlagen ist. Und man geht kaum fehl in der Annahme, daß dies der wichtigste Grund für die relative Mißachtung ist, die Comtes Werk (am deutlichsten sein Spätwerk) heute erfährt. Aber der letzte Versuch, die soziale Welt mit Hilfe der Soziologie oder von ihr ausgehend von Grund auf zu heilen, ist der von Comte ja wahrlich nicht geblieben, wenn auch der bei ihm so ausgeprägte Totenkult von den späteren Versuchen nicht aufgenommen worden ist. Insofern dürfte es auch heute nicht nutzlos sein, an den Größenwahn zu erinnern, der gewiß weniger durch Comtes Persönlichkeitszüge als durch die überspannten Horizonte seines Werkes in die Soziologie gekommen ist.[106]

Erinnert werden muß auch daran, daß sich dieser Größenwahn im Hinblick auf die fundamentale Reorganisation des Sozialen mit

105 »...la prépondérance croissante des morts sur les vivants, principale source des saines explications sociologiques...« Ebd., S. 464; ähnlich *Système*, III, S. 623.

106 Vgl. neuerdings Johannes Weiß, »Nichtreflexive Aufklärung«, in: *Soziologie* 4 (1994), S. 64 ff. Bereits König hatte das »außerordentliche Selbstbewußtsein« herausgehoben, mit dem die Soziologie bei Saint-Simon und Comte beginnt; a. a. O., S. 43.

ausgesprochen rigiden Motiven verbindet. Es mag offen bleiben, ob das Système Orwells *1984* nahesteht[107] – die darin entworfene Moralität tritt öfter reichlich bösartig auf: Der Selbstmord muß geächtet werden, weil anders die Individuen nicht an die Gesellschaft gekettet werden können; die Weltlichkeit des neuen Lebens muß geradezu erzwungen werden. Den Selbstmördern und den anderen »Parasiten« wird die Bestattung verweigert, ihre Leichen werden (und nur ihre) der Autopsie zum Zwecke der medizinischen Forschung überlassen. Allen Ernstes erwägt Comte, die leer bleibenden Plätze dieser Unwürdigen im Kollektiv der Toten (»Humanité«) durch Haus- und Nutztiere zu besetzen, die solche »incorporation« oft weitaus mehr verdient hätten.[108] Diese geplanten Regelungen bedeuten, daß auch die positive Religion nicht allen Toten Würdigung und Gedächtnis widerfahren lassen will, daß sie unbarmherzig sein wird gegenüber allen, die das Leben als Prüfung nicht bestehen. Und am meisten erschreckt diese Unbarmherzigkeit deshalb, weil sie nicht auf dunklen Glauben oder hergebrachten Brauch zurückgeht, sondern sozialtechnologisch konstruiert ist.

Abschließend zurück zum Versuch, Comte auch dort als Soziologen zu lesen, wo er »angewandte Soziologie« als Religionsstifter betreibt: Bei aller Anknüpfung an die christliche, vor allem die katholische Tradition geht Comte davon aus, daß die Menschen allein auf der Welt sind, daß über ihnen kein wohlwollender oder zürnender Herr wacht, daß die Welt nicht für die Menschen gemacht ist; sein Positivismus ist radikal weltlich.[109] Für die Zuversicht, die die Religionen möglich machten, für die Gefühle, beschützt, begleitet und geleitet zu werden, für die Begegnung mit einem Höchsten sucht Comte jedoch nach Ersatz in der Liebe zur Menschheit, in der Arbeit für die Nachkommen, in der Hoffnung auf Weiterleben in den anderen. »Forcés désormais de concentrer sur l'existence réelle tous nos vœux et tous nos efforts, nous

---

107 So Kellermann, a. a. O., S. 159, Anm. 81.

108 Comte, *Système*, I, S. 614.

109 Man lese seine Deutung von den Wirkungen der Entdeckung, daß die Erde nicht im Zentrum der Himmelskörper ist: *Philosophie première*, a. a. O., S. 360 ff. Zur »Diesseitigkeit« seines Denkens vgl. auch Nicolaus Sombart, »Henri de Saint-Simon und Auguste Comte«, in: Alfred Weber, *Einführung in die Soziologie*, München 1955, S. 100 f.

sentirons de plus en plus combien il nous importe d'y appliquer autant que possible toutes les ressources de l'imagination comme celles de la raison, du sentiment, et de l'activité.«[110] Dieser Gedanke vom Substitutcharakter weltlich-gesellschaftlicher Kräfte und Formen für die der älteren Religion, von ihrer Abgeleitetheit, hat die Soziologie seitdem nicht verlassen (und ist auch in den komplizierteren Konzepten wie Webers Protestantismusthese erkennbar). Comte hat hier, wenn auch sozialtechnologisch vereinfacht, eine wichtige Spur gelegt.

Ob in diesem Zusammenhang seine Annahme richtig war, daß die Sorge der Lebenden um ihren Nachruf eine ähnlich starke Motivkraft entfalten kann wie im Christentum die Sorge um das ewige Heil (und darauf setzen ja das Konzept vom Leben als Prüfung und insgesamt der Versuch, altruistisches Handeln sozial verbindlich durchzusetzen), muß allerdings offen bleiben.

Seine Fassung der Geschichte der Menschheit als fortdauernder Prozeß der Transmission, als Kooperation in der Kette der Generationen war dem etwa gleichzeitigen Beginn der Geschichtswissenschaft weit voraus und hat schließlich in der Soziologie des 20. Jahrhunderts die Detaillierung gefunden, die er seinen Nachfolgern überlassen hatte, nämlich in der Sozialisationsforschung (wenn auch gewöhnlich auf Kosten der geschichtlichen Perspektive) und als Generationsansatz.

Die Gesellschaft als das Werk der Vorfahren anzusehen, die Eigengesetzlichkeit ihrer Bewegungsform in die Zukunft hinein an die Herrschaft der Toten über die Lebenden zu binden, das klingt heute merkwürdig (und hatte bei Comte in der Tat merkwürdige Züge, insofern als die Eigengesetzlichkeit des Sozialen dunkel an die Verehrung für die Vorfahren geknüpft ist). Frei übersetzt aber verliert sich die Befremdetheit rasch: Die Verfaßtheit der jeweils gegenwärtigen Sozialwelt geht hauptsächlich auf vor der Geburt der jetzt Lebenden zustande gekommene Wirkfaktoren zurück, die eine mehr oder weniger verselbständigte Prozeßform konstituieren. Beispiele dafür, wie das in der Soziologie sonst bezeichnet wird, sind: Produktivkräfte und Produktionsverhältnisse, Kapitalismus, Industrialisierung, Modernisierung, Zivilisationsprozeß, gesellschaftliche Strukturen. Gegenüber der Herrschaft der Vorfahren haben die Lebenden weniger

---

110 Comte, *Système*, I, S. 347 f.

(und immer weniger) Gestaltungs- und Eingriffschancen; groß-zügig interpretiert kann man darin eine frühe Fassung des not-wendig schiefen Verhältnisses von Handeln und Struktur sehen.

Das Nachfolgeproblem, das im Übergang der Generationen auftritt, spricht Comte immerhin an und betont, daß es für die »höheren«, also wissenschaftlichen, künstlerischen usw. Arbeiten im Grunde nur unvollständig lösbar ist; kulturelle Normen treten dazwischen (von den Nachfolgern wird in diesen Arbeitsberei-chen gerade nicht erwartet, daß sie sich in die Arbeiten der Vor-gänger einfügen und sie fortsetzen).

Im Konzept von der »subjektiven Unsterblichkeit« verbirgt sich, das ist oben herausgestellt worden, ein unbefangen-breites Verständnis von den Beziehungen zwischen Lebenden und Toten. Es macht aufmerksam auf die Verantwortung der Lebenden für die Übernahme und Weiterführung des kulturellen und sozialen Erbes der Vorfahren und für das soziale Gedächtnis an sie. Es weist auf eine vom Interaktionismus oft übersehene »Interakti-onsform« hin, nämlich auf die mit Toten. Der Umgang mit Toten und ihren Werken ist für den Philosophen, den Historiker, den Literaturwissenschaftler, den Kunstgeschichtler usw., aber auch für den Leser von Büchern, die nicht von in seiner Zeit lebenden Autoren stammen, charakteristisch.[111] Daneben gibt es das Feld der Verehrung, Idealisierung, Heroisierung oder auch Ablehnung der Persönlichkeit oder der Taten und Werke von herausragenden Toten der Menschheitsgeschichte, das in Kindheit und Jugend stark wirksam wird und auch das Erwachsenenleben begleitet, gar prägen kann.

Rebellionen gegen die Toten, besser: Brüche in der sozialen Kontinuität, in der Zurechnung von Überlieferung und Vorfahren sind nach Auffassung der heutigen Soziologie eher nicht, wie Comte dachte, die Ursachen für Störungen und Umbrüche in sozialen Kollektiven, aber doch gewiß häufig als Begleiterschei-nungen mit ihnen verbunden. Das 20. Jahrhundert bietet genü-

---

111 Hierzu und allgemein zum »imaginären Umgang« mit Toten hat Cooley viele Ideen entwickelt. »Every lover of books has authors whom he reads over and over again, whom he cares for as persons and not as sources of information, who are more to him, possibly, than any person he sees.« Charles Horton Cooley, *Human Nature and the Social Order*, New Brunswick und London 1983 (zuerst 1902), S. 110.

gend Beispiele: Man denke an die Überarbeitungen der sowjetischen Geschichte im Hinblick auch auf die herausragenden Toten nach jeder größeren Säuberung; an den Versuch mancher Theoretiker der *re-education*, die deutsche Geschichte weit über Hitler und Wilhelm II. bis Luther zurück für einen Irrweg zu erklären und also allen bisherigen Vorfahren das ehrende Gedächtnis und die Möglichkeit der ideellen Weiterwirkung zu nehmen. So hat Comte auch in diesem Gedanken – wenn auch einseitig – einen Zusammenhang formuliert, der für Gegenwart und Zukunftschancen sozialer Kollektive von großer Bedeutung ist. Generell: Daß Kollektive und Gesellschaften eine Geschichte vorweisen können und also Vorfahren, das dürfte in der Tat eine ihrer Bestandsbedingungen sein, mindestens eine Voraussetzung für eine lebendige Identität.

Der Tod und die Toten, das sind in Comtes Soziologie zentrale Themen. Die Kooperation der Generationen über den Tod hinweg macht die Geschichtlichkeit der menschlichen Lebensform aus und verweist die Soziologie darauf, entsprechend zu arbeiten. Die Weiterwirkung der Toten, insofern sie sich zur eigengesetzlichen Bewegungsform des Sozialen verdichtet, dient gar dazu, die Möglichkeit der Soziologie als Disziplin prinzipiell zu begründen. Hingegen werden Sterblichkeit und Tod als Erfahrungsdimensionen der Individuen, das Sterben als sozialkulturell präformierte »Statuspassage«, die Trauer als Rücknahme von Interaktionsbindungen nicht thematisch. Sie liegen nicht gerade nahe, wenn man die Vorfahren anruft, um die revolutionäre Epoche Europas zu beenden.

Dénes Némedi
Das Problem des Todes in der Durkheimschen Soziologie

Es erscheint als selbstverständlich, daß – wenn es eine Soziologie des Todes überhaupt gibt – Durkheim in deren Theoriegeschichte einen privilegierten Platz haben sollte. Ist er doch der einzige Klassiker in der Soziologie, der ein ganzes – und auch heute noch viel gelesenes – Buch über Selbstmord, den Tod also, geschrieben hat. Wie und in welchem Sinne kann der Tod aber soziologisches Forschungsobjekt werden?

Intuitiv wissen wir, daß der Tod (auch) ein gesellschaftliches Ereignis ist, denn der Prozeß des Sterbens, die Begräbnisriten, die Erinnerung an die Toten bzw. der Totenkult stellen ein dichtes Gewebe von sozialen Handlungen, Sinnelementen und Institutionen dar. Die theoretische Explikation dieses intuitiven Wissens stößt aber auf Schwierigkeiten.

Die Soziologie beschäftigt sich entsprechend ihrer Lehrbuchdefinition mit gesellschaftlichen Beziehungen und Interaktionen. Der Gestorbene kann mit anderen nicht interagieren. Der Tod erscheint in diesem Zusammenhang als ein Grenzphänomen, als das, was dem gesellschaftlichen Verkehr ein Ende setzt. Es kann eine Soziologie des Sterbens und eine Soziologie der Trauer geben, nicht aber eine Soziologie des Todes. Der Tod bleibt eine absurde soziale Tatsache – ein Ereignis, das nur physiologisch, also naturwissenschaftlich erklärbar ist. Der Tod bleibt außerhalb des dominanten handlungstheoretischen soziologischen Paradigmas.

Freilich gibt es eine andere, besonders in der älteren Soziologie populäre Auffassung, die die Gesellschaft als ein supraindividuelles Wesen auffaßt, als einen Organismus oder ein selbsterhaltendes System. In dieser Vorstellung kann vom »Tod der Gesellschaft« gesprochen werden – mehr oder weniger in einem metaphorischen Sinne. Die Schwierigkeiten ergeben sich erst dann, wenn man sich klarmacht, daß die Gesellschaft – im Gegensatz zu den Individuen – im engeren Sinne des Wortes nicht »sterben« kann, obwohl die Organismus-Analogie als erste Annäherung plausibel erschien. Das hängt damit zusammen, daß die Bestandsvoraussetzungen jeder konkret existierenden Gesellschaft nicht eindeutig angegeben werden können, daß also nicht festgestellt werden kann, wann eine bestimmte Gesellschaft »gestorben« ist, wann sie aufgehört hat, mit sich selbst identisch zu sein.

Wenn also Durkheim als »Soziologe des Todes« untersucht wird, muß man nicht nur sein bekanntes Interesse für das Selbstmordphänomen oder andere, weniger bekannte Bemerkungen zum Todesphänomen registrieren, sondern auch fragen, in welchem Sinne er diese banale Gegebenheit konzeptualisiert hat. Die Frage ist, ob nicht vielleicht andere, die handlungs- und systemtheoretische Auffassung gleichermaßen ausschließende Betrachtungsweisen möglich sind.

Daß von Durkheim der Selbstmord als Forschungsobjekt gewählt wurde, kann damit begründet werden, daß er hier ein großes Material vorfand, das von relativ guter Qualität war und auch Vergleiche zuließ. Hier konnte er die Leistungsfähigkeit der Soziologie und die Richtigkeit der eigenen methodologischen Prinzipien demonstrieren.[1] Wir wissen aber, daß auch andere Motive dabei eine Rolle spielten. Durkheim hatte sich schon sehr früh mit dem Selbstmord beschäftigt, noch ehe er diese Prinzipien formuliert hatte. Sein erster über dieses Thema geschriebener Aufsatz[2] zeigt schon eine weitgehende Literatur- und Materialkenntnis. Bei diesem frühen Interesse konnte wohl ein persönliches Motiv mitspielen: sein naher Freund Victor Hommay starb an den Folgen eines nicht geklärten Unfalls, der auch Selbstmord gewesen sein konnte.[3] Der Selbstmord interessierte ihn aber auch, weil er darin einen Indikator der gesellschaftlichen Krise, einer sozialen Krankheit, sah.

1 Vgl. Jack D. Douglas, *The Social Meanings of Suicide*, Princeton 1967, S. 3 ff., und Steven Lukes, *Émile Durkheim. His Life and Work. A Historical and Critical Study*, London 1973, S. 191 ff.
2 Émile Durkheim, »Suicide et natalité. Étude de statistique morale«, in: *Revue philosophique* 26 (1888), S. 443 ff. (Neuausgabe: Émile Durkheim, *Textes 2. Religion, morale, anomie*, Paris 1975, S. 216-236).
3 Émile Durkheim, »Victor Hommay. Notice biographique«, in: *Annuaire de l'Association amicale des anciens élèves de l'Ecole normale supérieure* (1887), S. 51-55 (Neuausgabe: Émile Durkheim, *Textes 1. Eléments d'une théorie sociale*, Paris 1975, S. 418-424).

»Sans insister ici sur la psychologie de ce phénomène, il est bien certaine, que l'accroissement régulier des suicides atteste toujours une grave perturbation dans les conditions organiques de la société. Pour que ces actes anormaux se multiplient, il faut que les occasions de souffrir se soient multipliées, elles aussi, et qu'en même temps la force de résistance de l'organisme se soit abaissée. On peut donc être assuré que les sociétés où les suicides sont le plus fréquents sont moins bien portantes que celles où ils sont plus rares.«[4]

Dieser Text verbindet die beiden im 19. Jahrhundert üblichen Ebenen der soziologischen Deutung von Krankheit und Tod: die individuelle und die gesamtgesellschaftliche. Das individuelle Leiden wird Indikator der gesellschaftlichen Krankheit. Es ist bekannt, daß Durkheim sich intensiv mit der Problematik der sozialen Krise beschäftigte – damals war das ein beliebtes Thema unter Intellektuellen.[5] Aus der Durkheimschen Auffassung der Rolle der Soziologie ergab sich, daß diese sich vor allem für die moralische Integration des Gemeinwesens interessieren sollte. Der Selbstmord konnte nur deshalb der Indikator des *malaise social* werden, weil er selber »Leiden« war. Die Problematik, die sich Durkheim stellte, war, daß eine rein metaphorische Verbindung der beiden Ebenen vorlag. Auch der *Selbstmord*[6] konnte diesen Widerspruch nicht lösen.

Der *Selbstmord* ist in der heutigen Soziologie so bekannt, er ist so oft analysiert und interpretiert worden[7], daß es nicht nötig ist, die wichtigsten Gedanken und Ausführungen noch einmal zusammenzufassen. Was ich zeigen möchte, kann provokativ so formuliert werden: In theoretischem Sinne behandelt der *Selbstmord* nicht den Selbstmord.

Für Durkheim hatte die schon erwähnte metaphorische Verbindung von sozialem und individuellem Leiden den Ausgangspunkt

4 Durkheim, »Suicide et natalité«, a. a. O., S. 217
5 Vgl. Lukes, Émile Durkheim, a. a. O., S. 195 ff., sowie Bernard Lacroix, *Durkheim et la politique*, Paris 1981.
6 Émile Durkheim, *Der Selbstmord*, Frankfurt am Main 1983.
7 Siehe neben den allgemeinen Durkheim-Monographien die wichtigsten Bücher, die eigens dem »Selbstmord« gewidmet sind: Douglas, a. a. O.; Whitney Pope, *Durkheim's Suicide. A Classic Analyzed*, Chicago 1976; Steve Taylor, *Durkheim and the Study of Suicide*, London 1982; Philippe Besnard, *L'anomie, ses usages et ses fonctions dans la discipline sociologique depuis Durkheim*, Paris 1987.

der Untersuchungen gebildet. Um die Metapher glaubhaft zu machen, hätte er den Zusammenhang zwischen den individuellen Selbstmordhandlungen und den Indikatoren der sozialen Krise zeigen müssen. Das konnte er aus schwerwiegenden methodologischen und forschungslogischen Gründen nicht tun. Da er sich mehr für die Makroaspekte der Integration und Regulierung interessierte, ist der Selbstmord als solcher aus der Analyse verschwunden.

In den einführenden Bemerkungen des *Selbstmords* werden die innere Logik und die Paradoxien dieses Vorgehens sichtbar. Zuerst hat man den Eindruck, daß Durkheim nicht konsequent genug ist. Man täuscht sich aber: Durkheim weiß ganz genau, was er tun will.

Der Text ist schwierig, weil Durkheim die beiden methodologischen Prinzipien, die seiner Meinung nach die wichtigsten sind, nämlich das Prinzip der vorherigen Definition *(définition préalable)* des Objektes der Untersuchung und das Prinzip des *Sui-generis*-Charakters der sozialen Tatsachen in zwei Schritten einführt, wobei er im zweiten Schritt das Ergebnis des ersten noch einmal modifiziert. Wie bekannt, lehnt Durkheim die unmittelbare Übernahme der umgangssprachlichen Ausdrücke ab.

»...kann der Wissenschaftler nicht vorgegebene Tatsachengruppen, denen die Wörter der Umgangssprache entsprechen, zum Gegenstand seiner Forschung machen. Er muß vielmehr selbst die Gruppen bilden, die er studieren will, um ihnen auf diese Weise die Homogenität und die Eigentümlichkeit zu geben, ohne die sie nicht wissenschaftlich behandelt werden können.«[8]

Im Sinne dieser Vorschriften gibt er zuerst eine wissenschaftliche Definition des Selbstmords. Dabei stellt er im heutigen Sinne handlungstheoretische Überlegungen an. Ihm geht es darum, wie nach einigen Zeilen klar wird, zuerst eine wissenschaftliche *psychologische* Definition zu entwickeln und später die *soziologische* davon abzuheben.

Um den Selbstmord wissenschaftlich definieren zu können, geht er von der Unterscheidung der willensmäßigen (Ziel und Absicht) und der kognitiven Elemente des Handelns aus. Die Willenselemente können in der Definition keine Rolle spielen, da das Motiv

8 Durkheim, *Der Selbstmord*, a. a. O., S. 23 f.

und die Absicht der äußeren Beobachtung unzugänglich sind, und auch die innere, die Selbstbeobachtung, unzuverlässig ist.[9] Auch die Einbeziehung der Ziele[10] führt zu keinem Ergebnis, da die gleiche Handlung (das heißt eine Klasse von Handlungen, die identische äußere beobachtbare Merkmale haben) sehr unterschiedlichen Zielen dienen kann, und so würden wir Handlungen voneinander unterscheiden, die eigentlich einander sehr ähnlich sind.[11]

Der Begriff des Selbstmords kann also nur mit den in ihm enthaltenen kognitiven Elementen definiert werden: der Handelnde weiß, wozu seine Handlung führen wird – und dabei können Ziele und Absichten vernachlässigt werden.

»Man nennt Selbstmord jeden Todesfall, der direkt oder indirekt auf eine Handlung oder Unterlassung zurückzuführen ist, die vom Opfer selbst begangen wurde, wobei es das Ergebnis seines Verhaltens im voraus kannte.«[12]

Diese Begriffsbestimmung wird von Durkheim aufgrund zweier ausgesprochen positivistischer Überlegungen gewählt. Er glaubt, daß Zustände, in denen der Handelnde weiß, was er tut, klar von Zuständen unterschieden werden können, in denen jemand unbewußt handelt. Zweitens glaubt er auch, daß der Beobachter wissen *kann*, was der Handelnde weiß. Selbstverständlich glaubt er auch, daß der Zusammenhang zwischen der Handlung und dem eingetretenen Tod eindeutig festgestellt werden kann.

Es ist nicht nötig, die Mängel dieser positivistischen Argumentation darzustellen. Für uns ist nur interessant, daß in dieser Definition ein handlungstheoretisches Forschungsprogramm enthalten ist. Auf den ersten Blick ist das ziemlich überraschend, denn Durkheim war im allgemeinen gar nicht handlungstheoretisch eingestellt. Freilich wäre diese handlungstheoretische

9 Ebd., S. 26 f. Das Argument ist typisch positivistisch und entspricht der Vorschrift, daß die gesellschaftlichen Tatsachen als Dinge (*comme des choses*) betrachtet werden sollten. Émile Durkheim, *Die Regeln der soziologischen Methode*, Neuwied 1961, S. 115 ff.

10 Es ist nicht klar, wie Durkheim Motiv, Absicht und Ziel voneinander unterscheidet – aber diese Unklarheit spielt in der Argumentation keine Rolle.

11 Durkheim, *Der Selbstmord*, a. a. O., S. 27.

12 Ebd.

Untersuchung des Selbstmords etwas anderes als die des phänomenologischen Soziologen, der »die soziale Bedeutung« (*social meaning*) des Selbstmords untersucht.[13] Dieses Forschungsprogramm wird von Durkheim entwickelt, wenn auch nur in groben Umrissen. Die Selbstmordhandlungen sind – laut Durkheim – in den Gesamtzusammenhang des sozialen Lebens verwoben, auch wenn sie Extremfälle sind.

»Sie [die Definition] zeigt uns aber auch, daß sie [die Selbstmorde] nicht, wie man vielleicht glauben könnte, eine ganz abseitige Gruppe darstellen, oder sagen wir, eine isolierte Klasse von monströsen Erscheinungen ohne Beziehung zu den anderen Verhaltensweisen, sondern daß sie im Gegenteil mit diesen durch eine Reihe von Zwischenformen verbunden sind. Sie stellen nur eine überspitzte Form von sonst durchaus üblichen Praktiken dar.«[14]

Auf den ersten Blick scheint es so, als wäre der Text von Durkheim widersprüchlich: Er sagt nämlich, daß der Selbstmord von anderen Handlungen klar unterschieden werden kann (Wissenskriterium) und daß er mit anderen Handlungsweisen in einer bruchlosen Kette (*sans solution de continuité*) zusammenhängt, daß eine Ähnlichkeit zwischen den Handlungen mit dem dem Handelnden klar bewußten tödlichen Ausgang und den anderen, vielleicht auch zu einem Unfalltod führenden Handlungen besteht. Jedoch ist Durkheims Idee klar, auch wenn sie unentwickelt bleibt: Neben dem klaren und eindeutigen Wissen gibt es eine ganze Stufenfolge von Vermutungen, Meinungen und Fürwahrhalten. Der Selbstmord hebt sich durch das klare Wissen von den anderen Handlungen ab. Was aber diese Handlungen untereinander verbindet, ist nicht das Wissen um den Ausgang, sondern die spezifische Praxisform.[15]

Damit ist die Möglichkeit einer Untersuchung gegeben, die den Suizid in den Zusammenhang von Handlungen reintegriert und ihn als organischen Bestandteil des moralischen Lebens betrachtet.[16] Da diese Richtung bei Durkheim unentwickelt blieb, sind auch ihre Implikationen nicht klar ausgearbeitet. Eine Analyse des

13 Douglas zum Beispiel betrachtet die bekannten Durkheimschen Typen (Altruismus, Egoismus, Anomie, Fatalismus) als verallgemeinerte Bedeutungsstrukturen. Vgl. Douglas, a. a. O., S. 13-76.
14 Durkheim, *Der Selbstmord*, a. a. O., S. 28 f.
15 Vgl. ebd., S. 29.
16 Vgl. ebd., S. 28.

Selbstmordes, die die Ähnlichkeit des Selbstmordes mit anderen Praxisformen betont, muß den Tod selbst als ein in dem gegebenen Zusammenhang nicht analysierbares Grenzereignis betrachten. Diese Konzeptualisierung hätte also dazu geführt, daß die Untersuchung letztlich nicht den »Selbstmord« behandelt hätte. Diese Paradoxie ergibt sich notwendigerweise aus der handlungstheoretischen Perspektive: Da der Tod jenseits aller dem Individuum zurechenbaren Praktiken liegt, muß sich die Analyse der Praxisformen mit der Feststellung begnügen, daß der Selbstmord Elemente enthält, die auch in anderen Handlungsformen aufzufinden sind und in einem gemeinsamen Kontext behandelt werden können.[17]

Wie bekannt, ist Durkheim nicht diesen handlungstheoretischen Weg gegangen. Die ausgearbeitete Definition des Selbstmordes wird aufgegeben, eine andere, viel weniger klare eingeführt. In methodologischer Hinsicht spielte dabei seine Überzeugung die wichtigste Rolle, daß die gesellschaftlichen Tatsachen Tatsachen *sui generis* sind, daß keine Kontinuität zwischen den psychischen und sozialen Prozessen gegeben ist.[18] Deshalb soll sich der Sozio-

17 Douglas, a. a. O., verfährt in dieser Weise – allerdings in einem von dem von Durkheim verschiedenen theoretischen Rahmen.
18 Diese methodologische Überzeugung hängt mit seinen von Comte und Boutroux beeinflußten philosophischen Ansichten zusammen.
19 Es gibt eine Stelle in dem Buche, an der Durkheim eigentlich zu den handlungstheoretischen Überlegungen zurückkehren sollte. Er zeigt nämlich, daß die beobachtete Varianz der Häufigkeit des Selbstmordes nach der Tageszeit, nach den Tagen der Woche und der Jahreszeit nicht von physischen oder klimatischen (also außergesellschaftlichen) Faktoren abhängt. Selbstmord wird am häufigsten verübt, wenn »das Leben der Gesellschaft am lebhaftesten pulsiert« (Durkheim, *Der Selbstmord*, a. a. O., S. 117), und diese Intensität variiert mit der Tageszeit, ist nicht auf gleichem Niveau an den verschiedenen Tagen der Woche und in den verschiedenen Jahreszeiten. Das Argument impliziert, daß die Intensität des sozialen Verkehrs die Neigung zum Selbstmord vergrößert. Das wäre um so interessanter, als Durkheim später die umgekehrte Hypothese aufstellt, die nämlich, daß die intensive Kommunikation die Integration der Gruppe festigt und damit die Selbstmordrate senkt. Es ist nicht plausibel, daß die Integration der Gruppe sich beim Wechsel vom Tag zur Nacht verändert – hier sollte also gezeigt werden, wie das intensivere soziale Leben die Individuen dazu bringt, sich eben in dieser intensiven Periode zu

loge nicht für den Selbstmord als eine individuelle Handlung interessieren[19], sondern die entsprechende gesellschaftliche Tatsache beobachten bzw. konstruieren. Durkheims Entscheidung war aber nicht rein methodologischer Natur. Eng verbunden mit den methodologischen Überlegungen waren seine Bestrebungen, eine selbständige, von der Philosophie und der Psychologie gleichermaßen unabhängige Wissenschaft zu konstruieren.[20] Der *Selbstmord* sollte ein Musterbeispiel der neuen Wissenschaft werden, deshalb konnte Durkheim nicht bei einer handlungstheoretischen (wie er glaubte: psychologischen) Definition des Selbstmordes bleiben.[21]

Die Definition der neuen sozialen Tatsache, der Selbstmord*rate*, ist allgemein bekannt. Durkheim sagt, daß in einer bestimmten Gesellschaft die Gesamtheit der Selbstmordfälle

»...nicht einfach die Summe voneinander unabhängiger Einzelfälle darstellt, eben eine Ansammlung, sondern daß dieses Ergebnis eine neue Tatsache *sui generis* schafft, die Einheitlichkeit und Besonderheit besitzt, also ihre eigene Natur hat, die überdies von eminent sozialer Bedeutung ist.«[22]

Bekanntlich haben die einzelnen Gesellschaften eine bestimmte Neigung zum Selbstmord (*aptitude définie pour le suicide*), und

töten. Eine handlungstheoretische Erklärung wäre also am Platze. Durkheim hat aber die Frage nicht weiter verfolgt.

20 Vgl. Victor Karady, »Durkheim, les sciences sociales et l'Université: bilan d'un semi-échec«, in: *Revue française de Sociologie* 17 (1976), S. 267-311; ders., »Stratégies de réussite et modes de faire-valoir de la sociologie chez les durkheimiens«, in: *Revue française de Sociologie* 20 (1979), S. 49-82; ders., »Les professeurs de la république. Le marché scolaire, les réformes universitaires et les transformations de la fonction professorale à la fin du 19ᵉ siècle«, in: *Actes de la recherche en sciences sociales* (1983) 47/48, S. 90-112.

21 Damit hängt eine auffallende Inkonsequenz des Durkheimschen Arguments zusammen. Die (psychologische) Definition des Selbstmords hat gezeigt, daß die umgangssprachliche Definition, die auch in den offiziellen Statistiken benutzt wird, unzureichend ist. Jedoch arbeitet Durkheim in den weiteren Analysen eben mit diesen Statistiken (womit hätte er sonst arbeiten können?), und er tröstet sich damit, daß in den Raten die Fehler sich ausgleichen. Zum immergrünen Thema der Unzuverlässigkeit der Statistiken siehe Douglas, a. a. O., S. 163-231, sowie Taylor, a. a. O., S. 43-122.

22 Durkheim, *Der Selbstmord*, a. a. O., S. 30.

Durkheim will diese Neigung beschreiben. Die Neigung oder »Fähigkeit« kann in den Selbstmordraten empirisch erfaßt werden. Ganz eindeutig stellt Durkheim fest, daß diese Neigung oder Fähigkeit eine Eigenschaft der Gesellschaft (der sozialen Gruppe) als *ganzer* ist und nicht die Eigenschaft der Individuen, die Selbstmord begehen. Dieses einfache Prinzip bildet die Grundlage der gesamten Analyse. Da also der Selbstmord als eine spezifische Handlung und die Selbstmordrate so verschieden sind, sie in Durkheims Augen zu zwei verschiedenen Welten gehören, ist es keine Übertreibung, wenn man feststellt, daß der *Selbstmord* nicht vom Selbstmord handelt. Durkheim hat das Problem gesehen:

»Um zusammenzufassen: diese statistischen Daten beweisen die Tendenz zum Selbstmord, mit der jede Gesellschaft kollektiv behaftet ist. Wir brauchen nicht im einzelnen aufzuzeigen, worin diese Tendenz besteht, ob sie einen Zustand *sui generis* der Kollektivseele darstellt mit der ihr eigenen Realität oder ob sie nur eine Summe von Individualzuständen ist. Obwohl die früheren Überlegungen mit dieser letzten Hypothese schwer in Einklang zu bringen sind, möchten wir uns vorbehalten, erst im Laufe der Arbeit dieses Problem zu erörtern.«[23]

Zu einer Analyse des Problems ist es aber nicht gekommen. Im I. Kapitel des III. Buches wiederholt er noch einmal die methodologischen Überlegungen des einführenden Kapitels. Die allgemeine These, die er feststellt, faßt die Folgen der angewandten Forschungsmethode zusammen: »Aber wir haben gesehen, daß diese individuellen Besonderheiten die soziale Selbstmordrate nicht erklären können.«[24] Bekanntlich hatte Durkheim den Zusammenhang der Selbstmordraten der untersuchten Gruppen mit anderen Eigentümlichkeiten der Gruppen aufgrund einer allgemeinen Theorie der Integration bzw. der Regulation erklärt (so zum Beispiel den Unterschied in den Selbstmordraten der verheirateten bzw. der nicht-verheirateten Männern mit dem verschiedenen Grad der moralischen Integration der Verheirateten bzw. der Nicht-Verheirateten[25]). Er hat keinen Versuch gemacht, die individuelle Eigenart der Selbstmörder zu untersuchen: aus seiner Sicht wäre das ein methodologischer Fehler gewesen (außerdem fehlten ihm dafür die erforderlichen statistischen Daten).

23 Ebd., S. 35.
24 Ebd., S. 343.
25 Ebd., S. 310 ff.

Durkheim war sich dessen bewußt, daß die Selbstmordrate ein Charakteristikum der Gesellschaft sei: »Jede Gesellschaft hat in jedem Augenblick ihrer Geschichte jeweils eine bestimmte Neigung zum Selbstmord.«[26] Hier, am Anfang des Buches, war die Formulierung noch nicht präzise: Durkheim hatte nicht daran gedacht, daß die Gesellschaft als Organismus eine Neigung zum Selbstmord habe. Er hatte sich nicht mit dem organizistischen Problem des »Todes der Gesellschaft« beschäftigt. Nach dem Abschluß der Analysen im III. Buch ist die Formulierung schon viel präziser: »Zu jeder gegebenen Zeit bestimmt sich die Zahl der Selbstmorde aus der moralischen Verfassung der Gesellschaft. Es besteht demnach für jedes Volk gesondert eine Kollektivkraft von ganz bestimmtem Ausmaß, die die Menschen zum Selbstmord treibt.«[27]

Die möglichen analytischen Verfahren wurden nicht nur von der Qualität der Daten bestimmt.[28] Durkheim hatte gute Gründe, die Selbstmordrate als die Eigenschaft der Gruppe zu interpretieren. Nur so wurde es möglich, sie als den Indikator von anderen, unmittelbar nicht beobachtbaren Eigenschaften zu betrachten.[29] Aus seinem Artikel von 1888 und aus den verstreuten, im III. Kapitel des III. Buches zusammengefaßten Bemerkungen über

26 Ebd., S. 32.
27 Ebd., S. 346.
28 Im I. Kapitel des II. Buches, am Anfang der eigentlichen Analyse, reflektiert er diesen Umstand. Er gibt zu, daß es natürlich möglich sei, nach der Beobachtung einer großen Zahl von Einzelfällen Typen zu bilden und erst danach nach den Ursachen zu fragen. Leider, sagt er, stehen dazu die Dokumente nicht zur Verfügung (ebd., S. 153 f.). Aber, so stellt er etwas später fest, es ist nicht nur das Fehlen der Daten, das ein anderes Verfahren verlangt. (Der Text ist an dieser Stelle, wie an vielen anderen, nicht besonders klar.) Es soll zuerst nach den Ursachen typisiert werden, denn »...dieses umgekehrte Verfahren [ist] das einzige, das unserer besonderen Fragestellung entspricht. Man darf nämlich nicht aus den Augen verlieren, daß es die soziale Selbstmordrate ist, die wir untersuchen« (ebd., S. 156). Es ist wahr, daß dieses Problem mit der Untersuchung der Einzelfälle nicht analysiert werden konnte.
29 Er sagt von der Selbstmordrate in der Einleitung: »Sie ist also in einem weit höheren Ausmaß als die allgemeine Sterblichkeitsziffer einer jeden sozialen Gruppe eigen und kann als charakteristischer Index für sie gelten« (ebd., S. 34).

den krisenhaften Zustand der modernen Gesellschaften wissen wir, daß dies sein Forschungsinteresse war.

So betrachtet, weist der Selbstmord nicht als Leiden auf die Krise hin, sondern als die relative Häufigkeit der Selbstmordrate, das heißt, es werden nur aus seiner – aus der Perspektive des individuellen Leidens unsichtbaren – Beschaffenheit Folgerungen für die Störung der gesellschaftlichen Lebensfunktionen gezogen. So verschwindet die ursprüngliche metaphorische Ineinssetzung des individuellen und des gesellschaftlichen Leidens – und aus dem Gesichtspunkt der Sozio-Logik ist das richtig. Die gesellschaftlichen Leiden sind auf dem individuellen Niveau uninterpretierbar – und umgekehrt. Das Paradox des *Selbstmordes* entsteht aus dem Zusammenspiel der ursprünglichen Themenwahl und der methodologischen Strategie, die sich wiederum aus der Absicht ergab, die Soziologie als universitäre Wissenschaft zu konstituieren.

Mit der Behauptung, daß Durkheim bestimmte Selbstmordraten analysierte und deshalb keine Soziologie des Selbstmordes schuf, will ich nicht sagen, daß Durkheim vergessen hätte, daß die Raten sich aus einzelnen Selbstmordhandlungen ergeben. Die Durkheimsche Methode wäre trotz der Annahme, daß die Raten von außerindividuellen Ursachen abhängen, mit der Auffassung vereinbar, daß die individuellen Ziele, Absichten und Dispositionen als vermittelnde Variablen eine Rolle spielen können. Diese Auffassung ist sehr verbreitet in der heutigen Forschung, und sie wurde auch von Durkheim akzeptiert. Er glaubte, daß ein geistig Behinderter sich eher tötet als »ein Gesunder«. Aber »das entsprechende Potential in ihm kann nur unter dem Einfluß anderer Faktoren wirksam werden, die wir untersuchen müssen.«[30] Da er sich fast ausschließlich um diese »anderen Faktoren« kümmerte und nicht um »das Potential«, spielte diese Überlegung in der durchgeführten Analyse keine Rolle.

Es ist wahr, daß es im *Selbstmord* ein Kapitel gibt, in dem Durkheim sich mit *individuellen* Formen des Selbstmordes beschäftigt.[31] Er unterscheidet zwischen dem egoistischen, dem altruistischen und dem anomischen Selbstmörder, nimmt Beispiele aus der Literatur (Lamartine, Chateaubriand, Goethe) und stützt sich auf die moralphilosophische Tradition und auf einige frühere, mehr anekdotische Untersuchungen. Es ließe sich darüber streiten,

30 Ebd., S. 71.
31 Ebd., S. 319 ff.

wie tief und erhellend Durkheims Ausführungen hier sind. Eine selbstsichere Aussage aber bereitet große Schwierigkeiten.

»In Wirklichkeit gibt es sehr viele Arten von Selbstmördern, und die Unterschiede sind spürbar in der Art, wie der Selbstmord ausgeführt wird. Auf diese Weise kann man Handlungen und Beweggründe in eine Anzahl von Arten einteilen; wir werden dann sehen, daß diese in ihren Wesenszügen mit den früher von uns aufgestellten Typen von Selbstmorden identisch sind, für die wir soziale Ursachen als Unterscheidungsmerkmal benutzt haben.«[32]

Problematisch ist die zweite Hälfte des Zitats. Freilich ist es möglich, eine Ähnlichkeit zwischen den bekannten literarischen Gestalten und den Selbstmordtypen zu suggerieren – und das ist es, was Durkheim versucht. Er reflektiert aber nicht, daß die von ihm dargestellten typischen Zustände (Egoismus, Altruismus, Anomie) die Gruppe als Ganzes charakterisieren und nicht nur die Individuen, die sich tatsächlich töten. Nach Durkheim sind die kollektiven Zustände *sui generis*, also in ihrem Wesen, von den individuellen psychischen Zuständen unterschieden. Die Schwierigkeit ist theoretischer und methodologischer Natur: Wenn man diese Aussagen Durkheims über die individuellen Formen der Typen akzeptiert (also die Einheit von individuellem und kollektivem Typus), ist die ganze vorangehende Analyse ungültig.[33] Dieses Kapitel wurde von den späteren Durkheim-Forschern zu Recht vernachlässigt.

Damit kommen wir zu dem Ergebnis, daß das Buch, das auf den ersten Blick das große klassische Buch der Soziologie des Todes zu sein scheint, in seinen progressivsten und fruchtbarsten Teilen *nicht den Selbstmord behandelt*, und an den Stellen, die vom Selbstmord im eigentlichen Sinne handeln, das Niveau der zeitgenössischen Moralphilosophie und moralischen Publizistik nicht übersteigt.

Nach der Veröffentlichung des *Selbstmords* ist das Thema aus

---

32 Ebd., S. 331 f. Die erste Feststellung des Zitats wird von Durkheim selbst etwas später widerrufen, indem er zeigt, daß es keinen nachweisbaren Zusammenhang zwischen den Typen und den Modalitäten des Vollzugs des Selbstmordes gibt.

33 Fällt der individuelle mit dem kollektiven Typus zusammen, können die individuellen Faktoren als intervenierende Variablen nicht benutzt werden, denn die intervenierenden Variablen müssen sinngemäß von den untersuchten kollektiven unterschieden sein.

Durkheims Werken verschwunden. Das hängt auch mit der großen theoretischen Umorientierung zusammen, die zwischen 1895 und 1902 erfolgte.[34] Später aber, ohne zu der früheren Problematik, zu der Frage des Zusammenhanges zwischen den Selbstmordraten und der sozialen Krise zurückzukommen, hat die Durkheimsche Soziologie noch einmal die Soziologie des Todes berührt, in einem von dem früheren völlig verschiedenen theoretischen Rahmen.

Die Ausarbeitung der Durkheimschen Religionssoziologie nach 1897 hat nicht nur thematische, sondern auch theoretische und methodologische Veränderungen mit sich gebracht. Durkheim wollte nicht nur die soziale Natur der Religion beweisen, sondern arbeitete immer mehr an einer soziologischen Theorie des Wissens, des Erkennens *(théorie sociologique de la connaissance)*, zu der die Religionssoziologie nur die Grundlagen liefern sollte. Ansprüche und Umrisse dieser neuen Theorie wurden erst in der Untersuchung über die elementaren Formen der Klassifikation dargestellt.[35]

Eine zentrale Rolle erhielten in dieser Neuorientierung die Kategorien, die nach Durkheim gleichzeitig Ordnungsprinzipien der sozialen Praxis und des sozialen Denkens waren. Die wichtigste unter ihnen war die Kategorie des *Heiligen*, besser gesagt: die Dichotomie *heilig/profan*. Die neuen Gedanken wurden nicht von Durkheim allein ausgearbeitet: Wie Isambert[36] gezeigt hat, spielten in der Ausarbeitung der Theorie des Heiligen die Schüler und Mitarbeiter, Mauss und Hubert vor allem, eine Schlüsselrolle.

34 Zur Problematik dieser Reorientierung vgl. Talcott Parsons, *The Structure of Social Action. A Study in Social Theory with Special Reference to a Group of Recent European Writers*, 2. Aufl. New York 1949, S. 376 ff.; Lukes, a. a. O., S. 237 ff.; François André Isambert, »L'élaboration de la notion du sacré dans l'école durkheimienne«, in: *Archives des sciences sociales des religions* 21 (1976) 42, S. 37 f.; William F. S. Pickering, *Durkheim's Sociology of Religion. Themes and Theories*, London 1984, S. 517; Robert Alun Jones, »Durkheim, Frazer and Smith. The Role of Analogies and Exemplars in the Development of Durkheim's Sociology of Religion«, in: *American Journal of Sociology* 92 (1986), S. 603; Lacroix, a. a. O., S. 162 ff.

35 Émile Durkheim und Marcel Mauss, »De quelques formes primitives de classification«, *Année sociologique* 6 (1903), S. 1-72 (Neuausgabe in: Émile Durkheim, *Journal sociologique*, Paris 1969, S. 395-461).

36 Ebd., S. 35-56.

Deshalb können wir im weiteren nicht von Durkheim allein sprechen.

Da das Interesse der Durkheimisten sich auf die gleichzeitig sozialen und logischen Strukturen richtete, die das Denken und die Praxis organisieren, ist die Weise, wie Psychologie und Soziologie, handlungstheoretische und soziologische Forschung, in den neunziger Jahren unterschieden wurden, überwunden worden. Da die fundamentalen mentalen Fähigkeiten, so die Fähigkeit, die Dinge klassifizieren zu können, nach Durkheim und Mauss sozialer Natur sind, kann in der Erforschung dieser Prozeduren die Dichotomie von individueller Psyche und gesellschaftlichem Zwang nicht in der gleichen Weise angewendet werden wie in den früheren Arbeiten. Denken ist *per se* sozial.[37] Die Forschung richtete sich auf diese Strukturen, die in ihnen implizierten Vorstellungen und Praktiken, die auch in den individuellsten Momenten wirksam sind.

Ein frühes schönes Beispiel dieser Neuorientierung ist die Studie von Hubert und Mauss über das Opfer.[38] Diese detaillierte ethnographische Untersuchung zeigt, daß die Funktion des Opfers die Kommunikation zwischen der heiligen und der profanen Welt ermöglicht, wobei das Geopferte die vermittelnde Rolle spielt, indem es durch die Aufopferung geheiligt wird. Zentral für das Opfer ist das Überschreiten der Grenzen, die das Heilige vor dem Profanen schützen (und umgekehrt). Das Opfer ist nach einem einfachen Schema strukturiert: es besteht aus einem Eintritt (das

37 Die Lehren hatte Durkheim in einem Vortrag gezogen, in dem er das individuelle Element mit dem Körper und mit den Emotionen identifizierte, da das Denken völlig sozial sei (Émile Durkheim, »Le problème religieux et la dualité de la nature humaine«, in: *Bulletin de la Société française de philosophie* 13 (1913), S. 63-75, S. 80-87, S. 90 bis 100) – während er früher (zum Beispiel in der Einleitung zum *Selbstmord*) sehr wohl von einem individuellen Denkvermögen sprach. Vgl. auch Émile Durkheim, »Représentations individuelles et représentations collectives«, in: *Revue de métaphysique et de morale* 6 (1898), S. 273-302 (Neuausgabe in: Émile Durkheim, *Sociologie et philosophie*. Paris 1924, S. 1-38; deutsch: *Soziologie und Philosophie*, Frankfurt am Main 1967).

38 Henri Hubert und Marcel Mauss, »Essai sur la nature et la fonction du sacrifice«, *Année sociologique* 2 (1899), S. 29-138 (Neuausgabe: Marcel Mauss, *Œuvres 1. Les fonctions de la notion du sacré*, Paris 1969, S. 193-307).

Profane wird geheiligt), der Opferhandlung selber und dem Austritt (das Profane wird von der angenommenen Heiligkeit befreit).

Wie wir gesehen haben, war die Behandlung des Selbstmordes im entsprechenden Buch dadurch begrenzt, daß der Durkheimismus der neunziger Jahre nur zwei Alternativen zuließ: einerseits eine (verworfene) handlungstheoretische Analyse, andererseits die soziologistische, die aber die individuellen Phänomene nicht erfassen konnte und nur Variablen der Gruppenebene behandelte. Wie konnte nun der Tod in dem neuen Rahmen untersucht werden?[39]

Die Problematik des Todes wurde von Robert Hertz mit den neuen Instrumenten des Durkheimismus untersucht.[40] Im Titel seiner Arbeit spricht er zwar nur von den Kollektivvorstellungen (*Contribution à une étude sur la représentation collective de la mort*), die Untersuchung selber ist aber weiter gefaßt. Er stellt die Gesamtheit der Praktiken und Vorstellungen in einem relativ einheitlichen Kulturkreis dar. Was Durkheim später in der großen Zusammenfassung seiner Religionssoziologie[41] über den Tod schreibt, geht im wesentlichen auf Hertz zurück. Die wesentliche

39 Auf ein Interesse für eine »Soziologie des Todes« weist der Umstand, daß Mauss 1902 (Marcel Mauss, »Introduction à la sociologie religieuse«, in: *Année sociologique* 5 (1902), S. 189-191; Neuausgabe in: ders., *Œuvres*, a. a. O., hier S. 90) innerhalb der Religionssoziologie die Untersuchungen über den Tod als ein eigenes Teilgebiet definiert hat.

40 Robert Hertz (1881-1915) hatte nach der École Normale Supérieure in London, im British Museum, seine Forschungen durchgeführt – wie alle Durkheimisten war auch er ein Lehnstuhl-Ethnologe. Er wohnte zwar in Highgate, geistig lebte er aber unter den Dayak in Borneo. Sein Essay über die Vorstellung des Todes beruhte auf der Auswertung des in Indonesien gesammelten Materials. Später hat er noch eine Studie über die Prädominanz der rechten Hand geschrieben und eine Analyse des Kultes von Saint-Besse. Seine Arbeit über Schuld und Strafe ist unvollendet geblieben. Er ist im Krieg gefallen. Vgl. Alice Robert Hertz, »Introduction« in: Robert Hertz, *Sociologie religieuse et folklore*, Paris, 2. Aufl. 1970 (zuerst 1928), S. XIII-XVII, sowie Émile Durkheim, »Notice biographique sur Robert Hertz«, in: *Annuaire de l'Association amicale des anciens élèves de l'Ecole Normale Supérieure* (1916), S. 116-120 (Neuausgabe in: Durkheim, *Textes*, a. a. O., S. 439-445).

41 Émile Durkheim, *Die elementaren Formen des religiösen Lebens*, Frankfurt am Main 1981 (Orig. 1912).

Feststellung von Hertz und seine aus dem Tatsachenmaterial gewonnene Schlußfolgerung ist, daß der Tod keine physiologische Tatsache ist[42]:

»Mais, quand il s'agit d'un être humain, les phénomènes physiologiques ne sont pas le tout de la mort. A l'événement organique se surajoute un ensemble complexe de croyances, d'émotions et d'actes qui lui donne son caractère propre.«[43]

Hertz will seine Aussagen nicht über das aufgearbeitete Material hinaus verallgemeinern. Andererseits werden bei ihm die Vorstellungen der untersuchten Völker und die theoretischen Instrumente, die er verwendet, um diese Vorstellungen analysieren zu können, nicht immer sauber getrennt, da er den Durkheimschen Repräsentations-Begriff verwendet, der in dieser Hinsicht unklar ist. Es steht aber fest, daß Hertz viel mehr leistet als eine ausführliche Beschreibung und Dokumentation der Vorstellungen. Er hat ein (nicht immer in dem wünschenswerten Maße explizit dargestelltes) theoretisches Schema, mit dem er den Tod als gesellschaftliche Tatsache verständlich macht.

Der Tod als Übergang *(transition)* ist kein einmaliges und besonderes Ereignis. Es hängt mit anderen ähnlichen Ereignissen und Praktiken zusammen. Wie andere Durkheimisten auch, interessiert sich Hertz mehr für die formale Struktur seines Forschungsgegenstandes als für seine Partikularität. Diese Struktur ist es, die den Zusammenhang des Sozialen erzeugt. Wie Hubert und Mauss beim Opfer, wie Durkheim bei den primitiven Formen der Religion, sucht auch Hertz die Sozio-Logik, die den mit dem Tod zusammenhängenden Vorstellungen und Praktiken immanent ist, die sie organisiert, die aber (im neuzeitlichen Sinne) nicht bewußt ist.[44]

Der Tod kann nicht auf das physiologische Ereignis reduziert werden, weil er nicht nur ein körperliches Wesen zerstört: »...elle

42 Das wird auch von Durkheim übernommen. In seinem Nachruf (Durkheim, »Notice biographique sur Robert Hertz«, a. a. O., S. 441) hebt er dies als das wichtigste Ergebnis von Hertz hervor.

43 Robert Hertz, »Contribution à une étude sur la représentation collectice de la mort«, in: *Année sociologique* 10 (1907); Neuausgabe in: ders., *Sociologie religieuse et folklore*, a. a. O., S. 1-83, hier S. 1.

44 Zum Begriff der Sozio-Logik vgl. Pierre Bourdieu, *Entwurf einer Theorie der Praxis*, Frankfurt am Main 1979, sowie ders., *Sozialer Sinn. Kritik der theoretischen Vernunft*, Frankfurt am Main 1987.

détruit du même coup l'être social greffé sur l'individualité physique, auquel la conscience collective attribuait une importance, une dignité plus ou moins grandes.«[45] Der einzelne als ein gesellschaftliches Wesen partizipiert an der Unsterblichkeit der Gesellschaft, seine Zerstörung betrifft die Gesellschaft selbst[46] (und deshalb wird durch die Rituale nicht nur die Gesellschaft geheilt, sondern auch der Gestorbene in einem Sinne wiedererweckt). Weil der Tod ein gesellschaftliches Wesen zerstört hat, ist er ein Sakrileg im wahrsten Sinne des Wortes – und deshalb betrachtet Hertz die weit verbreitete Vorstellung, daß es keinen »natürlichen Tod« gibt, sondern er immer eine Folge des bösen Willens oder der Verletzung von magischen Vorschriften ist, nicht als einen Aberglauben.[47]

Da durch den Tod, der ein gesellschaftliches Wesen zerstört, die Gesellschaft selbst geschwächt wurde, muß sie wieder gestärkt werden. Nach Durkheim ergibt sich daraus die Notwendigkeit der Trauer und der damit verbundenen Versöhnungsriten. Das Mittel, das zur Stärkung der Gesellschaft führt, ist der intensive Verkehr der Mitglieder, die *communion*.

»Stirbt ein Individuum, so sieht sich die Familiengruppe, der es angehört hat, vermindert, und, um darauf zu reagieren, drängt sie sich zusammen. Ein gemeinsames Unglück hat die gleichen Wirkungen wie das Nahen eines glücklichen Umstandes: es belebt die Kollektivgefühle, die, in der Folge, die Individuen dazu bewegen, sich zu suchen und sich einander zu nähern.«[48]

Auf der anderen Seite kann das Individuum, weil es gesellschaftliches Wesen war, mit dem physischen Tod nicht für immer ver-

45 Hertz, »Contribution à une étude sur la représentation collectice de la mort«, a. a. O., S. 78.
46 Ebd., S. 71.
47 Ebd., S. 70 f.
48 Durkheim, *Die elementaren Formen des religiösen Lebens*, a. a. O., S. 535. Es ist offenkundig, daß sich Durkheim mit der Idee der »communion« in einem Kreise bewegt. Er glaubt, daß die kollektiven Energien sich aus dem Zusammensein, aus der Nähe zueinander, ergeben. Er weiß aber aus den ethnologischen Aufzeichnungen, daß dieses Zusammensein, diese Nähe, die hohe Dichte, die »effervescence collective«, an bestimmte, rituell vorgeschriebene Anlässe gebunden ist, ihrerseits also von der Stärke der kollektiven Energien abhängt. Hertz, der als junger Forscher vom Hang zum Theoretisieren weniger besessen war, wurde nicht zu solchen Widersprüchen getrieben.

schwinden. Der Tod ist nur ein Übergang, eine Umwandlung. Der Tote geht zu den Ahnen, und die sind selber Mitglieder der Gesellschaft.[49] Der Tod ist deshalb keine Vernichtung, sondern eine Einweihung *(initiation)* in ein anderes Sein.[50] Als Einweihung – sagt Hertz – ist er mit anderen Vorstellungen und Riten verbunden. In all diesen Riten wird der Eingeweihte (wie auch der, der das Opfer bringt) vorübergehend oder endgültig ein heiliges Wesen.[51] Daraus ergibt sich die gebotene Vorsicht im Umgang mit ihm, denn die heilige Qualität wird auf alles übertragen, was mit ihm in Berührung kommt. Er muß deshalb von dem profanen Leben abgesondert werden. Andererseits müssen alle, die an seiner heiligen Qualität teilhaben wollen, in rituell korrekter Weise mit ihm kommunizieren.

Die von Hertz ausführlich dargestellte zweideutige Attitüde gegenüber der Leiche[52] – die Ehrerbietung und die Furcht – ist nicht nur für den Todesfall charakteristisch. In der Erforschung des Heiligen kamen die Durkheimisten zu dem Ergebnis, daß die heiligen Dinge im allgemeinen gleichzeitig gut und bedrohlich sind.

»So kreist das ganze religiöse Leben um diese beiden gegensätzlichen Pole, zwischen denen der gleiche Gegensatz besteht, wie zwischen dem Reinen und dem Unreinen, dem Heiligen und dem Sakrileg, dem Göttlichen und dem Profanen. Während aber diese beiden Aspekte des religiösen Lebens einander gegenüberstehen, gibt es zur gleichen Zeit eine enge Verwandtschaft zwischen ihnen. Zunächst: Sie unterhalten beide mit den profanen Wesen die gleiche Beziehung: diese müssen sich jeder Beziehung mit den unreinen sowie mit den sehr heiligen Dingen enthalten.«[53]

49 Dies wurde von Mauss schon in seiner Besprechung von Rohde betont. Marcel Mauss, »Rohde, E., Psyche«, in: *Année sociologique* 2 (1899), S. 214-217 (Neuausgabe in: ders., *Œuvres*, a. a. O., S. 317-319, hier: S. 318).

50 Hertz, a. a. O., S. 72 f.

51 Durkheim, *Die elementaren Formen des religiösen Lebens*, a. a. O., S. 521.

52 Hertz, a. a. O., S. 3-9.

53 Durkheim, *Die elementaren Formen des religiösen Lebens*, a. a. O., S. 549. Durkheim hat zwar gemeint, diese Einsicht von Robertson Smith übernommen zu haben, bei genauerer Prüfung zeigt sich aber, daß die Durkheimisten erst durch die eigene Forschung von der Richtigkeit der Feststellung überzeugt wurden.

Durkheim sah keine klare Trennlinie zwischen dem Heiligen und dem Unreinen – und die Untersuchung von Hertz hatte diese Meinung bekräftigt. Das Reine und das Unreine sind verschiedene Varianten innerhalb derselben Gattung, deshalb ist die gleiche Vorsicht gegenüber ihnen geboten.[54]

Ist der Tod der Eintritt, die Einweihung in ein anderes Sein, das heilig, also rein und unrein ist, so sind auch die anderen Übergänge (Geburt, Männerweihe, Eheschließung) in einem gewissen Sinne Tod; deshalb sind die mit ihnen verbundenen Zeremonien der Trauer ähnlich.[55] »La voile de la mariée et celui de la veuve sont de couleurs différentes, mais ils n'en ont pas moins une même fonction, qui est d'isoler et de mettre à part un être redoutable.«[56]

Im Tod (und in den Ritualen, die mit ihm verwandt sind) wird eine zweifache Bewegung vollzogen: einerseits der Ausschluß aus der Gruppe, der reale oder symbolische Tod, andererseits die Reintegration in eine andere Gruppe, in die Gemeinschaft der Ahnen, eine Art von Geburt.[57] All das nimmt Zeit und Arbeit in Anspruch, kann nur stufenweise vollzogen werden. Damit wird bei Hertz erklärt, daß die Begräbniszeremonien bei den von ihm untersuchten Völkern mehrphasig sind, und auch die Seele des Toten kommt erst nach dem Zurücklegen eines längeren Weges im Land der Ahnen an.[58] Nach Hertz erfordert der Übergang Arbeitsaufwand und Zeit. »Mais même l'oubli n'est pas un processus simple et purement négatif; il implique tout un travail de reconstruction.«[59] Nicht nur der Gestorbene durchläuft den Prozeß des Ausschließens und der Reintegration: auch die Gesellschaft muß ein neues Gleichgewicht finden und damit das durch den Tod verursachte Problem lösen.[60]

54 Vgl. ebd., S. 551.
55 Freilich wurde das ganze Thema seither in der ethnologischen Literatur reichlich behandelt, nicht zuletzt dank dem von den Durkheimisten zu Unrecht zurückgedrängten Van Gennep. Hier kann ich diese Literatur nicht besprechen. Vgl. zu den Übergangsriten als neuere Literatur: Victor Turner, *Das Ritual. Struktur und Anti-Struktur*, Frankfurt am Main 1989.
56 Hertz, a. a. O., S. 75.
57 Ebd.
58 Ebd., S. 76.
59 Ebd.
60 Ebd.

Die allgemeine Bedeutung des von Hertz entwickelten analytischen Schemas sollte jetzt schon klar sein. Die wichtigste Feststellung ist freilich, daß der Tod des Menschen nicht auf das physiologische Geschehen reduziert werden kann. Damit wird erst eine soziologische Untersuchung des Todes ermöglicht. Der Tod ist nicht mehr ein Grenzereignis, das die gesellschaftliche Existenz umschließt, selbst aber jenseits aller sozialen Bestimmung liegt.

Es ist klar, daß die Soziologisierung des Todes bei Hertz und beim späteren Durkheim nicht in einem handlungstheoretischen Interpretationsrahmen geschieht. Es wurde aber auch das theoretische Instrumentarium aufgegeben, das im *Selbstmord* eigentlich zu der Ausklammerung des Todes und zu dessen Ersetzung durch eine »todesneutrale« Variable geführt hatte.

Da das Kategorienpaar heilig/profan in das Zentrum des Interesses rückte (theoretisch wurden auch andere Begriffe konzipiert, entwickelt wurden sie nicht), wurde es möglich, den Durkheimschen Gedanken, daß auch die Gesellschaft ihre spezifische Denkweise hat, zu konkretisieren, ohne bei einer halbmystischen Gruppenseele Zuflucht nehmen zu müssen. Die Gesellschaft »denkt«, indem sie von eben diesen Kategorien organisiert wird. Da aber in diesen Kategorien Denken und Handeln miteinander verwoben sind, können sie auch als theoretisches Gerüst für die Untersuchung der sozialen Praxis dienen.

Hertz konnte die durch diese theoretische Umbildung des Durkheimismus gebotenen Möglichkeiten voll nutzen. Um die spezifische Logik der Vorstellungen und Praktiken aufzudecken, mußte er nicht bei den individuellen Erlebnissen und Erfahrungen beginnen. Er kam zu dem Ergebnis, daß die Todesrituale in die Grundstruktur der Gesellschaft verwoben sind; sie werden von der für diese Gesellschaften charakteristischen Sozio-Logik generiert. Es ist die Logik des Übergangs, die leibhaftige Individuen, Ahnen und die Seele der eben Gestorbenen als Mitglieder der gleichen Gesellschaft verbindet.

Damit aber wurde jeder Psychologisierung der Weg verbaut.[61] Die Emotionen, deren Bedeutung von Hertz deutlich beschrieben

61 Vielleicht wurde das auch dadurch gefördert, daß Durkheim, Hertz und Mauss die Realität, die sie erforschten, aus einem sicheren Abstand, aus der Bibliothek des British Museum oder von Pariser Professuren her, beobachteten.

wurde, können in dieser Auffassung die Rituale nicht erklären – eher umgekehrt. Durkheim hatte die Auffassung zurückgewiesen, daß die Trauer aus der Furcht vor dem Toten bzw. vor der Seele des Toten abgeleitet werden könne. Im Grunde genommen wirken hier unpersönliche Kräfte, die Emotionen werden in den Ritualen erzeugt; »...man beweint nicht den Toten, weil man ihn fürchtet; man fürchtet ihn, weil man ihn beweint.«[62]

Durch diese analytische Technik hat der späte Durkheimismus mehr Einsichten in die Bewegungslogik der Gesellschaften gewonnen als der frühere, strenger positivistische, weil er sowohl die handlungstheoretische als auch die objektivistisch soziologisierende Position vermeiden konnte. Der Weg, den die Soziologie später, nach dem ersten Weltkrieg, eingeschlagen hat, führte jedoch in eine andere Richtung, und der Durkheimismus konnte nur in der Ethnologie Zuflucht finden. Deshalb ist es uns, den Erben dieser nach-Durkheimschen Soziologie, heute mehr oder weniger unmöglich geworden, das Problem des Todes mit den Mitteln dieses Paradigmas, in der Sozio-Logik der als kollektive Repräsentationen gedachten Strukturen, zu formulieren.

62 Durkheim, a. a. O., S. 538.

Alois Hahn
Tod und Zivilisation bei Georg Simmel[1]

1. Sein zum Tode

Wenn man heute Simmels Gedanken zur Metaphysik des Todes liest, ist man unwillkürlich beeindruckt von der Fülle von Ideen, die etliche Jahre später in Heideggers *Sein und Zeit* wieder erscheinen. Derjenige, der nur die soziologischen Arbeiten Simmels kennt, wird vielleicht zusätzlich überrascht sein von dem Abstand, den diese Reflexionen – zumindest drängt sich dieser Eindruck auf den ersten Blick auf – zu den früheren Arbeiten halten.

Der Ausgangspunkt ist für Simmel – wie danach für Heidegger –, daß der Tod nicht lediglich ein einmaliges Ereignis ist, das in einem bestimmten Augenblick auftaucht und mehr oder minder zufällig das Leben beendet. Der Tod ist viel mehr als nur das Lebensende. Unser ganzes Leben ist durchdrungen vom Tod, ja, in gewisser Weise läßt sich sagen, daß Leben und Sterben identische Begriffe sind. Der Mensch ist auch für Simmel ein »Sein zum Tode«: »In jedem einzelnen Momente des Lebens *sind* wir solche, die sterben werden, und es wäre anders, wenn dies nicht unsere mitgegebene, in ihm irgendwie wirksame Bestimmung wäre. So wenig wir in dem Augenblick unserer Geburt schon da sind, fortwährend vielmehr irgend etwas von uns geboren wird, so wenig sterben wir erst in unserem letzten Augenblicke.«[2] Gewiß sind solche Überlegungen nicht schlechthin originell gewesen.

---

1 Eine erste Fassung dieses Textes durfte ich während meiner Gastprofessur an der École des Hautes Études en Sciences Sociales in Paris (1987/88) vorstellen. Eine gekürzte französische Version dieser Vorlesung habe ich auf einer Simmel-Tagung an der Universität Straßburg vorgetragen und unter dem Titel »Mort et civilisation chez Simmel« publiziert in: *Beiträge der Georg-Simmel-Gesellschaft*, 1 (1989) 12, S. 1-9.

2 Georg Simmel, »Zur Metaphysik des Todes«, in: ders., *Brücke und Tür. Essays des Philosophen zur Geschichte, Religion, Kunst und Gesellschaft*. Im Verein mit Margarete Susman herausgegeben von Michael Landmann. Stuttgart 1957, S. 31 (ursprünglich: *Logos*, 1910).

Schon Augustinus charakterisiert das menschliche Leben als »Sterbeleben« oder »Lebesterben«.[3] Und diese Tradition hat sich in der christlichen Theologie und Philosophie durchgehalten, um bei Kierkegaard zu einem gewissen Höhepunkt zu gelangen. Bei Simmel indessen taucht diese Vorstellung völlig abgelöst von jeglicher theologischen oder gar christlichen Überzeugung auf, vor allem ohne auf die Idee des Weiterlebens bezogen zu sein, mit der verbunden sie dort vorgetragen wird. Diese erscheint ihm geradezu eine Negierung der radikalen Wahrheit des Todes. Denn zum Christentum gehört nach Simmel die »ungeheure Paradoxie«, den Tod als Tod nicht anzuerkennen, da es ihn nicht als endgültig ansieht und »das Leben von vornherein unter den Gesichtspunkt seiner Ewigkeit«[4] stelle:

»Der Tod kann hier als überwunden gelten, nicht nur weil das Leben, als eine durch die Zeit erstreckte Linie, über die Formgrenze seines Endes hinausreicht, sondern auch weil es den durch alle Einzelmomente des Lebens hin wirkenden und sie innerlich begrenzenden Tod vermöge der ewigen Konsequenzen eben dieser Momente verneint.«[5]

Simmel hingegen verknüpft in seiner eigenen Todesmetaphysik die Lehre von der Sterblichkeit mit seiner Formtheorie: Der Tod »begrenzt, d. h. er formt unser Leben nicht erst in der Todesstunde, sondern er ist ein formales Moment unseres Lebens, das alle seine Inhalte färbt: die Begrenztheit des Lebensganzen durch den Tod wirkt auf jeden seiner Inhalte und Augenblicke vor; die Qualität und Form eines jeden wäre eine andere, wenn er sich über diese immanente Grenze hinaus erstrecken könnte.«[6]

2. Tod und Bewußtsein

Man könnte sich fragen, worauf denn diese Kreativität des Todes beruht. Warum soll ausgerechnet der Tod als Form des Lebens fungieren? Was macht ihn geradezu zum »Biographiegenera-

3 So übersetzt bekanntlich Joseph Bernhart das Augustinische »...dico vitam mortalem an mortem vitalem«. Vgl. Augustinus, *Confessiones. Bekenntnisse.* Lateinisch und Deutsch, München, 3. Aufl. 1966, S. 20 f.
4 Simmel, a. a. O., S. 31.
5 Ebd., S. 32.
6 Ebd., S. 31.

tor«?[7] Reicht bereits die objektive Notwendigkeit aus, um diese Wirkungen zu erzielen? Oder ist die alles entscheidende Variable das Bewußtsein der Individuen von ihrem eigenen Tode oder ihre Erfahrung vom Tod und Sterben anderer? Oder kommt der Kommunikation über den Tod, so wie sie sich historisch unterschiedlich und von Gesellschaft zu Gesellschaft je anders abspielt, die entscheidende Wirkung zu? Kann man überhaupt vom Tod als einer formbestimmenden Tatsache sprechen, ohne zu berücksichtigen, daß er für das Bewußtsein nur durch kommunikativ vermittelte Erfahrung zugänglich ist? Oder soll man annehmen, daß das Bewußtsein »von Natur aus« von ihm weiß? Wenn ich recht sehe, besitzen wir von Simmel keine wirklich ausgearbeitete Soziologie des Todes. Er hat sich über den Tod als Philosoph geäußert. Es ist denn auch kein Zufall, daß der zentrale Text über den Gegenstand den Titel trägt: »Zur Metaphysik des Todes«. In jedem Fall ist es aus heutiger Sicht auffällig, daß Simmel die Färbung des Lebens und aller seiner Momente durch den Tod nicht in eine systematische Beziehung setzt zu den sozial konstituierten Bewußtseinsformen, in denen der einzelne vom Tod überhaupt Kenntnis haben kann. Es fehlt (so würde jedenfalls ein heutiger Soziologe vermutlich urteilen) die Einsicht, daß es sich doch nicht von selbst versteht, daß man sich dem Tod überhaupt zuwendet, daß die Intensität der Befassung mit ihm und erst recht die konkrete Vorstellung seiner Wirklichkeit soziale Tatsachen sind. Oder vielleicht sollte man besser sagen, es fehlt sicher nicht die Einsicht, wohl aber das Interesse an einer systematischen Erörterung des Zusammenhangs von sozial vermittelten Formen der Begegnung mit dem Tod und der Relevanz, die der Tod für Individuum und Gesellschaft haben kann. Wohl sieht Simmel, und insofern müßte man diese Bemerkungen wieder einschränken, daß Religionen (zum Beispiel die christliche) einen Einfluß auf das Bild vom Tode haben. Aber dieser Einfluß wird nicht eigentlich als soziologisch zu erörternde Tatsache verarbeitet, sondern als konkurrierende (und in diesem Falle als unangemessene) Theorie veranschlagt. Die durchgängige Formung aller Augenblicke des Lebens durch den

7 Zu diesem Begriff vgl. Alois Hahn, »Identität und Selbstthematisierung«, in: ders. und Volker Kapp (Hg.), *Selbstthematisierung und Selbstzeugnis. Bekenntnis und Geständnis*, Frankfurt am Main 1987, S. 9-24.

Tod wird von Simmel wie eine objektive Gegebenheit behandelt, die aus der Notwendigkeit zu sterben unmittelbar deduziert wird. Er bestreitet ausdrücklich die Auffassung, daß die je aktuelle Situation eines Handelnden und ihre soziale Strukturierung für die Determination des Lebens durch den Tod entscheidend sein könnten. Diese erscheint vielmehr als universal und ausnahmslos. Er nimmt die Position des Beobachters ein, der sieht, was die Betroffenen meist nicht oder nicht richtig sehen:

»Die Einsicht in die Bedeutung des Todes hängt durchaus daran, daß man sich von der ›Parzen‹-Vorstellung befreie, in der sein gewöhnlicher Aspekt sich ausdrückt: als würde in einem bestimmten Zeitmoment der Lebensfaden, der sich bis dahin als Leben und ausschließlich als Leben fortgesponnen, mit einem Male ›abgeschnitten‹... Den meisten Menschen erscheint so der Tod als eine dunkle Prophezeiung, die über ihrem Leben schwebt, aber doch erst in dem Augenblicke ihrer Verwirklichung irgend etwas mit dem Leben zu tun haben wird... In Wirklichkeit aber ist der Tod von vornherein und von innen her dem Leben verbunden... Ebensowenig wird das Abgestimmtsein unseres Lebens auf den Tod und seine durchgängige Bestimmtheit durch ihn von der Tatsache widerlegt, daß das normale Leben eine Zeitlang aufwärtsschreitet, immer mehr und sozusagen immer lebendigeres Leben wird; erst nach einem höchsten Punkt seiner Entwicklung ... beginnen die ersten Zeichen des Abwärtsgehens. Allein jenes voller und stärker werdende Leben steht doch in einem Gesamtzusammenhang, der auf den Tod angelegt ist.«[8]

8 Simmel, a. a. O., S. 30 f. Die Abkopplung zumindest einer Schicht des Todesbewußtseins von empirischen Erfahrungen mit dem Tod und Sterben anderer wird in noch massiverer Weise von Max Scheler in dessen nur wenig später entstandenen (wenn auch erst posthum publizierten) Überlegungen zu Tod und Fortleben behauptet: »Ein Mensch wüßte in irgendeiner Form und Weise, daß ihn der Tod ereilen wird, auch wenn er das *einzige* Lebewesen auf der Erde wäre; er wüßte es, wenn er niemals andere Lebewesen jene Veränderungen hätte erleiden sehen, die zur Erscheinung des Leichnams führen«. Max Scheler, »Tod und Fortleben«, in: ders., *Schriften aus dem Nachlaß*, Bd. 1: *Zur Ethik und Erkenntnislehre*, 2. durchgesehene und erweiterte Auflage, mit einem Anhang herausgegeben von Maria Scheler, Bern 1957 (= Max Scheler, *Gesammelte Werke*, Bd. 10), S. 16. Der Grund für diese Annahme ergibt sich für Scheler aus der Zeiterfahrung als solcher, insofern nämlich mit jedem erlebten Augenblick die Empfindung einer »Richtungstendenz« verbunden sei: »Und diese Richtung ist stete *Aufzehrung* des erlebbaren, als zukünftig gegebenen Lebens durch gelebtes Leben und seine Nachwirksamkeit. Die Richtung ist also Wachstum

Ohne Zweifel ist das ein möglicher Beobachterstandpunkt. Aus dieser Sicht muß der Tod als »Knappheitsgenerator«[9] *kat' exochän* erscheinen. Aber sowohl von einer eher phänomenologischen Warte als auch aus der Perspektive eines Soziologen ist das, was hier behauptet wird, von dem zu unterscheiden, was sich im Bewußtsein Betroffener und in sozial anschlußfähiger Kommunikation abspielen mag. Wenn es deckungsgleich damit würde, dann jedenfalls nicht aufgrund der metaphysischen Realität des Todes »an sich«, sondern weil entsprechende Reflexionen in Texten vorliegen und übernommen werden können. Viele empirische Recherchen (darunter meine eigenen, die ich vor nunmehr einem Vierteljahrhundert angestellt habe) zeigen zumindest, daß die Bedeutung, die der Tod für die einzelnen annimmt (soweit diese darüber sprechen), von zahlreichen Bedingungen abhängt, die sich aus dem metaphysischen Charakter des Todes als solchem keinesfalls zwingend ergeben. So intensiviert sich das Bewußtsein der Präsenz des Todes zum Beispiel, wenn jemand eine Situation akuter Todesgefahr erlebt hat oder beim Tod naher Angehöriger zugegen war, wohingegen theoretisch vermittelte Erfahrungen diesbezüglich von geringerer Wirkung zu sein scheinen.[10] Der

des Umfanges des Vergangenseins auf Kosten des Umfangs von Zukünftigsein und ein steigendes Differenzbewußtsein dieser beiden Umfänge zugunsten des Vergangenseinsumfangs. In dieser Wesensstruktur jedes erfahrenen Lebensmoments ist es nun das Richtungserlebnis dieses Wechsels, das auch Erlebnis der Todesrichtung genannt werden kann« (ebd., S. 20). Eine ausführlichere Untersuchung der Schelerschen Todesphilosophie findet sich in: Alois Hahn, »L'idée de la mort chez Max Scheler«, in: Christiane Montandon-Binet und Alain Montandon (Hg.), *Savoir mourir*, Paris 1993, S. 219-232.

9 Zur Bedeutung dieses Terminus vgl. Alois Hahn, »Soziologische Aspekte der Knappheit«, in: Klaus Heinemann (Hg.), *Soziologie wirtschaftlichen Handelns*. Sonderheft 28 der *Kölner Zeitschrift für Soziologie und Sozialpsychologie*, Opladen 1987, S. 119-132. Daß der Tod – aus der Beobachterperspektive – eigentümliche Formen von »Sinnverknappung« erzwingt, ist jedenfalls unschwer nachzuvollziehen. Zum Konzept der »Sinnverknappung« (es stammt meines Wissens von Jan und/oder Aleida Assmann) vgl. Alois Hahn, »Zur Soziologie der Weisheit«, in: Aleida Assmann (Hg.), *Weisheit. Archäologie der literarischen Kommunikation* III, München 1991, S. 47-58.

10 Vgl. Alois Hahn, *Einstellungen zum Tod und ihre soziale Bedingtheit. Eine soziologische Untersuchung*, Stuttgart 1968, S. 21-62.

Einfluß, den der Tod auf Bewußtsein und Kommunikation haben kann, hängt jedenfalls stark von den Formen seiner sozialen Sichtbarkeit ab, von den jeweiligen Gestalten seiner symbolischen Präsenz. Und hier zeichnet sich deutlich eine Sonderstellung der Gesellschaft der Gegenwart ab, wenn man sie mit Stammesgesellschaften oder eigentlich allen vormodernen Gesellschaften vergleicht. Einigkeit besteht wohl bei allen Thanatologen darüber, daß die moderne Gesellschaft – darin anders als andere Gesellschaften – die Erfahrung des Todes einerseits hoch spezialisierten Gruppen überantwortet (etwa dem Funktionsbereich der Medizin) und andererseits biographische Konfrontationen mit dem Tod naher Angehöriger seltener und typischerweise erst im späteren Lebensalter auftreten läßt. Unstrittig ist auch, daß es kaum verbindliche soziale Vorgaben für die Rolle der Trauernden und Sterbenden gibt, daß also *insofern* eine Art von Privatisierung des Todes als persönlichem Schicksalsereignis stattfindet. Der technischen Kompetenz im Umgang mit Toten und Sterbenden bei Spezialisten korrespondiert also der weitgehende Wirklichkeitsverlust und der Verlust der praktischen Kompetenz der Bewältigung der mit dem Tod zusammenhängenden Herausforderungen bei den übrigen. Wahr scheint mir auch – und auch hier sehe ich keinen Dissens –, daß unsere Gesellschaft nicht über verbindliche Sinngebungen für individuelles Sterben verfügt. Ob die Differenz allerdings Resultat einer Verdrängung ist oder nicht, darüber herrschen divergente Auffassungen.[11]

11 Zu der These, daß es in unserer Gesellschaft keine prinzipiellen Kommunikationstabus für das Thema Tod gebe, vgl. Hahn 1968, a. a. O., und Werner Fuchs, *Todesbilder in der modernen Gesellschaft*, Frankfurt am Main 1969. Neuerdings vgl. auch: Klaus Feldmann, *Tod und Gesellschaft. Eine soziologische Betrachtung von Sterben und Tod*, Frankfurt am Main 1990, S. 72 ff. Zur Gegenthese vgl. Armin Nassehi und Georg Weber, *Tod, Modernität und Gesellschaft. Entwurf einer Theorie der Todesverdrängung*, Opladen 1989 – ein vorzügliches Werk, mit dem ich aber hinsichtlich der Verdrängungsthese nicht übereinstimme; vgl. hierzu meine Rezension in: *Kölner Zeitschrift für Soziologie und Sozialpsychologie* 43 (1991) 1, S. 162-164. Bei Scheler findet sich eine doppelte Verdrängungstheorie: Einmal unterstellt er eine universale Todverdrängung, so wie sie auch den Simmelschen Betrachtungen zugrunde liegt; dann aber nimmt er eine spezifisch neuzeitlich-europäische Form der Todesverdrängung an, die mit der kulturspezifischen Radikalisierung der Innerweltlichkeit

Simmel befaßt sich mit dieser Frage nicht, weil er nicht primär die Frage nach der Sinngebung des Todes durch die Kultur stellt, sondern weil er umgekehrt die Bedeutung des Todes für die Kultur zu ermitteln versucht. Während eine soziologische Betrachtung eher davon ausginge, daß der Tod, für sich genommen, überhaupt keinen Sinn hat, sondern ihn auf kulturell und epochal verschiedene Weise zugeschrieben bekommt, interpretiert Simmel – auch darin ähnlich wie Heidegger – ihn als anthropologische Konstante. Nicht daß Simmel kulturspezifische Deutungen des Todes schlechthin ignorierte, aber sie gewinnen keine Bedeutung für seine Argumentation, die sich als metaphysische Reflexion und nicht als soziologische Analyse versteht.

3. Tod und Todesangst

Simmel schreibt in ähnlicher Weise vom Tod wie von der Todesangst. Auch hier handelt es sich zunächst einmal für ihn um eine anthropologische Konstante, die lediglich sekundär kulturell überformt werden kann. Simmel spricht in diesem Zusammenhang ausdrücklich von einer »apriorischen« Gegebenheit. Soziologisch wäre es hingegen gerade aufschlußreich zu erfahren, wie sich solche Ängste – jenseits einer problematischen vor aller Erfahrung liegenden kulturellen Universalität – sozial bilden und konkrete Formen annehmen, und zwar sowohl biographisch als auch historisch. Schließlich sind unsere Auffassungen vom Tod nicht unmittelbare Folgen von dessen metaphysischem Wesen, sondern von unseren eigenen Erfahrungen und den sozial vermittelten Deutungen. Gerade ein in Simmels Manier vorgehender Soziologe hätte die Todesangst als Resultat von sozialer Formung analysieren können. Aber Simmel selbst scheint zum Zeitpunkt, als er die Überlegungen zur Todesmetaphysik schrieb, diese Konzepte nicht mehr für tragfähig gehalten zu haben. Vielmehr behandelt er die Todesangst als apriorische Realität. Das Leben läßt sich demnach insgesamt vor dem Horizont analysieren, daß es eine Flucht vor dem Tod darstellt. Auch hier wieder ergibt sich eine

zusammenhänge, die sich hier seit dem 13. Jahrhundert und dann mit der Entstehung des Kapitalismus herausgebildet habe. Vgl. Scheler, a. a. O, S. 27 ff.

frappante Parallele zu Heideggers Philosophie der Sorge (und natürlich zu den allerdings christlich konnotierten Gedanken Pascals über den Zusammenhang von Divertissement[12] und Todesangst):

> »Die gegebene Stellung der Organismen innerhalb ihrer Welt ist die, daß sie sich in jedem Augenblick nur durch irgendwelche Anpassung – im weitesten Sinne des Wortes – am Leben erhalten können. Das Versagen dieser Anpassung bedeutet den Tod. Ebenso wie jede automatische oder willkürliche Bewegung als der Drang nach Leben, nach Mehr-Leben gedeutet werden kann, ebenso kann sie es als Flucht vor dem Tode … Jeder Schritt des Lebens zeigte sich nicht nur als eine zeitliche Annäherung an den Tod, sondern als eine durch ihn, der ein reales Element des Lebens ist, positiv und a priori geformt. Und diese Formung wird also nun grade durch die *Abwendung* vom Tode mitbestimmt, dadurch, daß Erwerb und Genuß, Arbeit und Ruhe und all unsere andern, naturhaft betrachteten Verhaltungsweisen instinktive oder bewußte Todesflucht sind. Das Leben, das wir dazu verbrauchen, uns dem Tode zu nähern, verbrauchen wir dazu, ihn zu fliehen. Wir sind wie Menschen, die auf einem Schiff in der seinem Lauf entgegengesetzten Richtung schreiten: indem sie nach Süden gehen, wird der Boden, auf dem sie es tun, mit ihnen selbst nach Norden getragen. Und diese Doppelrichtung ihres Bewegtseins bestimmt ihren jeweiligen Standort im Raume.«[13]

Das ist gewiß ein sehr poetisches Bild. Es ist auch suggestiv. Man kann sich leicht in eine Beobachterposition hineinversetzen, von der man die Simmelschen Meditationen nachempfinden kann. Ob freilich alle Menschen tatsächlich so empfinden, ob wirklich konkrete Handlungen oder ganze Institutionen der Flucht vor dem Tod entspringen, ist damit keinesfalls gesagt, wenn auch gewiß ist, daß unser Leben unmöglich wäre, wenn es nicht eine vorläufige Sicherheit vor dem Tode böte. Aber aus dieser objektiven Bedingung des Handelns auf »Flucht« zu schließen, scheint nicht sonderlich plausibel. Zumindest überspringt dieser Schluß die empirisch zu beantwortende Frage, ob es denn nirgendwo Individuen oder gar ganze Gesellschaften gibt oder gegeben hat, in denen Todesangst nicht verbreitet ist oder war oder doch jedenfalls nicht

---

12 Der fundamentale Unterschied ist freilich, daß bei Pascal (und schon bei Augustin, dem er sich diesbezüglich anschließt) die Flucht vor dem Tod ausschließlich negativ bewertet wird, wohingegen Simmel eben primär den positiven Aspekt der kulturstiftenden Wirkung der Todesangst im Auge hat.

13 Simmel, a. a. O., S. 32.

dieselbe Form annimmt, die wir für die normale halten mögen. So behauptet zum Beispiel der französische Historiker Chaunu[14], daß im europäischen Mittelalter die Todesangst weniger real gewesen sei als die Angst vor der ewigen Verdammnis. Und vielleicht kann man am Beispiel des Selbstmords sehen, daß nicht wenige Menschen durchaus in die gleiche Richtung gehen, in die ihr Lebensschiff segelt. Die Unterstellung instinktiver oder angeborener Todesangst verhindert die empirische Untersuchung der individuellen und kulturellen Entwicklung der Todesangst. Wenigstens weisen einige entwicklungspsychologische Forschungen darauf hin, daß sich das Bewußtsein von der Unausweichlichkeit des Todes als eines irreparablen und nicht rückgängig zu machenden Ereignisses bei kleinen Kindern noch nicht findet.[15]

4. Kultur als Todesfolge

So wenig Raum Simmel also der Kultur als Gestalterin des Todes widmet, so entschieden akzentuiert er die *Bedeutung des Todes für die Kultur*, deren objektive Gehalte sich nach Simmel geradezu der Sterblichkeit ihrer Schöpfer verdanken. Ausgangspunkt der diesbezüglichen Betrachtungen Simmels ist die Unterscheidung zwischen dem Lebensprozeß in seiner Unmittelbarkeit und den Inhalten, die in diesem Prozeß erscheinen und wieder versinken. Die Differenz selbst könnte man mit Edmund Husserls Distinktion von Noesis und Noema in Verbindung bringen.[16] Dort allerdings

14 Pierre Chaunu, *La Mort à Paris. 16e, 17e, 18e siècles*, Paris 1978.

15 Vgl zum Beispiel Sylvia Anthony, *The Child's Discovery of Death*, New York 1940; M. H. Nagy, »The Child's Theories Concerning Death«, in: *Journal of Genetic Psychology* 73 (1948), S. 3-27; Ginette Raimbault, *L'Enfant et la mort. Des enfants malades parlent de la mort: Problèmes de la clinique du deuil*, Toulouse 1975; Sharon L. Hostler, »The Development of the Child's Concept of Death«, in: Olle Jane Z. Sahler (Hg.), *The Child and Death*, Saint Louis 1978, S. 1-25 (mit weiteren Literaturangaben).

16 Vgl. Edmund Husserl, *Ideen zu einer reinen Phänomenologie und phänomenologischen Philosophie*. Erstes Buch: *Allgemeine Einführung in die Reine Phänomenologie*. Neue auf Grund der handschriftlichen Zusätze des Verfassers erweiterte Auflage. Herausgegeben von Walter Biemel, Haag 1950, S. 216 ff. Der erste Band der *Ideen* ist allerdings erst 1913 erschienen, so daß die Simmelschen Überlegungen

ist sie nicht auf Leben, sondern auf Bewußtsein bezogen. Gleichwohl! Die Parallele ist unverkennbar. Im unmittelbar gelebten Leben sind nach Simmel die Lebensinhalte und ihr Erleben ungeschieden beieinander. Erst der analytische Verstand kann die »objektive« Bedeutung eines Erlebnisinhaltes trennen vom Erlebnisstrom selbst, in dem er sich aktualisiert:

»Daß sich an den Begriff des Individuums so viel Fehlerhaftes knüpft, liegt gerade daran, daß sein Inhalt vielfach nur in der *Differenz* gesehen wird, durch die das Individuum sich von dem Allgemeinen, mit anderen Geteilten unterscheidet. Allein diese Scheidung geht das Individuum nach seiner Wesenswirklichkeit gar nichts an, diese ist vielmehr die lebendige Einheit, zu und in der die vergleichbaren und unvergleichbaren Elemente völlig koordiniert und insoweit ohne innere Rangunterschiede sich verweben und zusammensetzen. Das Individuum ist der *ganze* Mensch, nicht der Rest, der bleibt, wenn man von diesem das mit anderen geteilte abzieht.«[17]

Die ideale Existenz der Inhalte selbst, wie sie sich etwa bei Husserl als Folge der eidetischen Reduktion zeigt, ist nun zwar in ihrer Aktualisierung vom menschlichen Bewußtsein abhängig, in dem sie sich manifestiert, nicht aber in ihrem Wesen. Der Sinn des pythagoräischen Lehrsatzes ist nicht abhängig von der Tatsache, daß er zu einem gegebenen Augenblick von mir ausdrücklich gedeutet wird. Er besteht weiter, auch wenn ich selbst mich anderem zuwende oder ihn gar vergesse. Der Sinn dieses Satzes ist nicht psychisch und nicht an die raumzeitliche Aktualisierung gebunden, die das Bewußtsein leistet. Der Sinn des Satzes ist im eigentlichen Sinn zeitlos oder, wenn man will, ewig. Zu diesem Resultat war Husserl bereits in den *Logischen Untersuchungen*, also noch

(zuerst 1910) davon nicht direkt beeinflußt sein können. Der Sache nach wird diese Unterscheidung aber schon in den *Logischen Untersuchungen* (1. Aufl. 1900) zumindest vorbereitet. Aber hier geht es gar nicht um die philologischen Abhängigkeiten, sondern um sachliche Gemeinsamkeiten der Auffassungen.

17 Georg Simmel, *Goethe*, Leipzig, 5. Auflage 1923, S. 56. Eine vorzügliche Interpretation dieses Passus findet sich bei Hartmann Leitner, *Lebenslauf und Identität. Die kulturelle Konstruktion von Zeit in der Biographie*, Frankfurt am Main und New York 1982, S. 42 ff. Leitner versucht dort, die »noetische« und die »noematische« Dimension von persönlicher Identität mit den Begriffen Singularität und Individualität terminologisch auseinanderzuhalten.

vor der Herausbildung der eigentlichen Phänomenologie gekommen. Im Lebensprozeß selbst verschmelzen aber diese beiden nur analytisch trennbaren Momente zur Einheit des individuellen Daseins, dessen »Jemeinigkeit« nicht davon abhängt, daß die jeweils aktualisierten Intentionen singulär sind. Der Heideggersche Begriff der »Jemeinigkeit« und die systemtheoretische Behauptung der Autopoiesis des Bewußtseinssystems bezeichnen übrigens das gleiche Phänomen; nämlich, daß ein Bewußtsein nur seine eigenen Operationen vollstrecken kann, daß es insofern also keine »Vertretungsmöglichkeit« gibt. Bei Heidegger freilich wird die Unmöglichkeit des Vertretenwerdenkönnens vor allem am je eigenen Tod verankert: »Indes scheitert diese Vertretungsmöglichkeit völlig, wenn es um die Vertretung der Seinsmöglichkeit geht, die das Zu-Ende-kommen des Daseins ausmacht und ihm als solches seine Gänze gibt. Keiner kann dem Anderen sein Sterben abnehmen... Das Sterben muß jedes Dasein jeweilig selbst auf sich nehmen. Der Tod ist, sofern er ›ist‹, wesensmäßig je der meine.«[18] Im Unterschied zu Heidegger würde die Systemtheorie, die darin sich auf Simmel berufen könnte (aber warum sollte sie?), freilich fragen: Warum soll das nur für den Tod gelten? Auch bei meiner Geburt kann mich niemand vertreten. Kein einziger Augenblick meines Lebens kann von jemand anderem gelebt werden.

Die Pointe der Simmelschen Interpretation der Differenz von Noesis und Noema besteht nun darin, daß er die Fähigkeit zur analytischen Trennung von Bewußtseinsleben und Bewußtseinsinhalt als durch unsere Sterblichkeit bedingt behauptet:

»Die sachliche wie die psychologische Möglichkeit der Scheidung aber scheint mir, insbesondere für gewisse höchste Werte, nur durch die Tatsache gegeben, daß ihr Träger, ihr Prozeß, dem Tode unterworfen ist. Lebten wir ewig, so würde das Leben voraussichtlich mit seinen Werten und Inhalten undifferenziert verschmolzen bleiben; es würde gar keine reale Anregung bestehen, die außerhalb der einzigen Form, in der wir sie kennen und unbegrenzt oft erleben können, zu denken. Nun aber sterben wir und erfahren damit das Leben als etwas Zufälliges, Vergängliches, als etwas, das sozusagen auch anders sein kann. Dadurch erst wird der Gedanke entstanden sein, daß die Inhalte des Lebens ja das Schicksal seines Prozesses nicht zu teilen brauchten, erst so wird man auf die von allem Verfließen und Enden unabhängige, jenseits von Leben und Tod gültige

18 Martin Heidegger, *Sein und Zeit*, Tübingen, 10. Auflage 1963, S. 240.

Bedeutung gewisser Inhalte aufmerksam geworden sein. Erst die Erfahrung des Todes wird jene Verschmelzung, jene Solidarität der Lebensinhalte mit dem Leben gelöst haben«.[19]

Kühner kann man kaum spekulieren. Deutlicher kann auch die Abkehr von soziologischem Denken kaum dokumentiert werden. Zunächst einmal ist ja die sehr spezielle Trennung von Denkinhalten und Denkprozeß eine philosophische Sonderleistung, die in strenger Form erst Husserl zuwege gebracht hat. Selbst wenn man Platon als Vater des Grundgedankens der Ewigkeit der Ideen ansetzen will, bleibt doch der Tatbestand bestehen, daß die Sterblichkeit als solche offenbar solche Distinktionen nicht so ohne weiteres nahelegt. Denn dann hätte sie früher und öfter, ja allgemein sein müssen. Für das Überleben unserer Gedanken selbst nach unserem Tod – ohne daß hier die spezielle Fassung der Trennung von Bewußtseinsprozeß und Bewußtseinsinhalt für diesen etwas schlichteren Tatbestand gewählt werden soll – scheinen aber andere Faktoren viel plausibler. Zunächst einmal kann ich hoffen, daß meine Gedanken mich überleben, wenn und soweit andere Menschen, die meine Gedanken teilen, mich überleben. Nicht meine Sterblichkeit, sondern die Kommunizierbarkeit meiner Gedankeninhalte wäre also die Lösung für das Rätsel, das Simmel sich stellt. Auch wenn wir ewig lebten, ja dann erst recht, würden wir der Tatsache inne, daß wir Gedanken verständlich äußern können, obwohl wir unser Bewußtseinsleben selbst gerade nicht als solches voll in Kommunikation überführen können. Dafür hat der Soziologe Simmel selbst eindrucksvolle Formulierungen gefunden[20], auf die aber der Metaphysiker Simmel nicht zurückgekommen ist.

Die Vorstellung, daß ein Gedanke überlebt, nämlich als ewiger

19 Simmel, »Zur Metaphysik des Todes«, a. a. O., S. 34.
20 Zu denken wäre hier vor allem an seinen Aufsatz über das Geheimnis. Vgl. Georg Simmel, »Das Geheimnis und die geheime Gesellschaft«, in: ders., *Soziologie. Untersuchungen über die Formen der Vergesellschaftung.* Berlin, 4. Auflage 1958 (1. Aufl. 1908), S. 257-304. Interpretierend hierzu: Alois Hahn, »Verständigung als Strategie«, in: Max Haller u. a. (Hg.), *Kultur und Gesellschaft. Verhandlungen des 24. Deutschen Soziologentages, des 11. Österreichischen Soziologentages und des 8. Kongresses der Schweizerischen Gesellschaft für Soziologie in Zürich 1988,* Frankfurt am Main und New York 1989, S. 346 bis 359.

Sinn, auch ohne je gedacht worden zu sein oder je wieder gedacht zu werden, ist, abgesehen von wenigen Philosophen, kaum verbreitet. Aber daß Gedanken überleben, weil sie Moment einer durch Tradierung weiterlebenden Kultur sind, diese Vorstellung ist viel weiter verbreitet. Wo der Soziologe Simmel noch die Objektivation von Gedanken gegenüber dem Denken als Folge von sozialer Wechselwirkung sah, da sieht der Metaphysiker die Objektivation als Folge der individuellen Differenzerfahrung von eigener Sterblichkeit und der virtuellen Unsterblichkeit der im Bewußtseinsleben erzeugten Gehalte. Nicht mehr Kommunikabilität, sondern Ewigkeit des Sinns gegenüber der Hinfälligkeit des konkreten Bewußtseins. Dieser Wandel ist eindrucksvoll.

5. Unsterblichkeit

Auf der gleichen Linie liegt auch Simmels Phänomenologie der Entstehung der Unsterblichkeitshoffnung des modernen Menschen. Ältere soziologische und anthropologische Erklärungen hatten sie mit dem Weiterleben der Persönlichkeit im Bewußtsein der Überlebenden verknüpft.[21] Bei Max Weber wird die Tragik des modernen Menschen, sofern er rein innerweltlich orientiert ist und nicht an ein Weiterleben glaubt, darin gesehen, daß der einzelne im Laufe seines Lebens niemals den Gesamtbestand der immer differenzierteren Kultur erfassen könne. »Abraham konnte lebenssatt sterben«, heißt es bei Max Weber, weil der bäuerliche Mensch einen Kreislauf des Seins in der endlichen Zeit seines irdischen Lebens durchlaufen kann. Alles, was es überhaupt zu erleben gibt in dieser begrenzten Welt, das hat der zu Jahren gekommene Mensch zum Zeitpunkt des Todes bereits hinter sich. Sein Dasein hat sich erfüllt. Ganz anders der moderne Mensch. Die Mannigfaltigkeit der Kulturgüter schließt es aus, daß er mit seinem Tode alles Erlebbare erlebt hat. Gewiß, darauf macht auch Weber aufmerksam, geht es nicht um die Summe alles Erlebbaren oder ein maximales Quantum, sondern um eine sinnvolle Auswahl. Aber daß diese je im zufälligen Augenblick des Todes erreicht sei, dafür könne es natürlich keine Gewähr geben. Der Mensch müßte ewig

21 So zum Beispiel schon Ludwig Feuerbach, *Gedanken über Tod und Unsterblichkeit.* Leipzig, 3. Auflage 1876, S. 273.

leben, um auf das Niveau der historisch entwickelten Kultur auch subjektiv zu gelangen.[22]

Die Überlegungen Simmels zur Tragik der modernen Kultur entsprechen dem Gedanken Webers in diesem Punkte zunächst durchaus, wenn er, Simmel, schreibt:

»Gerade in sehr entwickelten und arbeitsteiligen Epochen wachsen die Kulturerrungenschaften zu einem gleichsam für sich bestehenden Reiche aus und zusammen, die Dinge werden vollendeter, geistiger, gewissermaßen einer innerlich sachlichen Logik der Zweckmäßigkeit immer fügsamer folgend, ohne daß die definitive Kultivierung, die der Subjekte, sich in demselben Maße steigerte oder auch angesichts der ungeheuren Ausdehnung jenes objektiven, an unzählige Arbeiter verteilten Gebietes der Dinge auch nur steigern *könnte*. Zum mindesten geht die geschichtliche Entwicklung darauf, die sachlich schöpferischen Kulturleistungen vom Kulturstand der Individuen mehr und mehr zu differenzieren. Die Dissonanzen des modernen Lebens – insbesondere das, was sich als Steigerung der Technik jedes Gebietes und als gleichzeitige tiefe Unbefriedigung an ihr darstellt – entspringen zum großen Teil daraus, daß zwar die Dinge immer kultivierter werden, die Menschen aber nur in geringerem Maße imstande sind, aus der Vollendung der Objekte eine Vollendung des subjektiven Lebens zu gewinnen.«[23]

Aber Simmel folgert aus diesem Tatbestand, der seit der Zeit des deutschen Idealismus immer wieder beklagt wurde, keineswegs, daß diese Kluft die Sehnsucht nach Unsterblichkeit deshalb entstehen lasse, weil nur so subjektive und objektive Kultur sich versöhnen könnten. Vielmehr argumentiert Simmel genau umgekehrt: Erst bei unendlicher Dauer könnte das Selbst zu sich gelangen, und zwar als *Differenz* zu den objektiven Inhalten, die durch sein Bewußtsein hindurchgehen. Nicht der Wunsch nach *Vermittlung* mit der Gesamtkultur – wie sie etwa dem jungen Marx als Aufhebung von Entfremdung vor Augen stand –, sondern nach *Lösung* von ihr soll den Kern der Sehnsucht nach Unsterblichkeit bilden:

»Je mehr wir erlebt haben, desto entschiedener markiert sich das Ich als das Eine und Kontinuierende in allen Pendelschwingungen des Schicksals und des Weltvorstellens... derart, daß das Ich sich reiner in sich selbst

22 Vgl. Max Weber, *Gesammelte Aufsätze zur Religionssoziologie*, Tübingen, 4. Auflage 1947, S. 569 ff.
23 Georg Simmel, »Vom Wesen der Kultur«, in: ders., *Brücke und Tür*, a. a. O., S. 94 (zuerst: *Österreichische Rundschau* XV, 1908).

sammelt, sich *herausarbeitet* aus all den fließenden Zufälligkeiten erlebter Inhalte, sich immer sicherer und von diesen unabhängiger seinem eigenen Sinn und Idee zu entwickelt (sic!)... Die Unsterblichkeit, wie sie die Sehnsucht vieler tieferer Menschen ist, hat den Sinn: daß das Ich seine Lösung von der Zufälligkeit der Inhalte *ganz* vollbringen könnte.«[24]

In diesen Sätzen nimmt eine für viele deutsche Intellektuelle des 19. und beginnenden 20. Jahrhunderts sehr charakteristische Sehnsucht Gestalt an: das Ich, das als reines oder intelligibles sich von aller Beimischung dessen, was ihm angesonnen ist, freimachen kann. Das eigentliche Ich als ein Jenseits der Kultur. Irrt man sich sehr, wenn man vermutet, daß sich hier der Reflex der politisch-gesellschaftlichen Ohnmacht wiederfindet?

Der Verzicht auf Kulturaneignung, auf Anverwandlung des Fremden, erscheint als eigentlicher Sieg, wie ihn die Sehnsucht wünscht, obwohl sie weiß, daß sie Unmögliches begehrt. Noch im Typus des Unsterblichkeitswunsches ist hier jene resignative Gebärde zu erkennen: Erlösung als Einsamkeit und nicht als bewältigte Fülle. Der Eremit und nicht der *uomo universale* wird zum Ideal.

Systemtheoretisch ließe sich dieser Tatbestand natürlich auch ganz generell als Folge des Übergangs der Gesellschaft zu funktionaler Differenzierung beschreiben, die dazu führt, daß das Individuum in kein Teilsystem als Ganzes integrierbar ist, so daß es sich nicht mehr durch Inklusion, sondern nur noch durch Exklusion definieren läßt. Immerhin ist auffallend, daß Simmel in seiner Metaphysik des Todes die Einzigartigkeit des einzelnen gerade nicht aus der Einmaligkeit der Konstellation ableitet, die ihm als »Kreuzungspunkt sozialer Kreise« zukommt.[25] Vielmehr erscheint die essentielle Individualität hier nur noch als Kontrast zur sozialen Bestimmtheit utopisch anvisierbar zu sein. Niklas Luhmann deutet das allgemein so:

24 Simmel, »Zur Metaphysik des Todes«, a. a. O., S. 35.
25 Vgl. hierzu Georg Simmel, »Die Kreuzung sozialer Kreise«, in: ders., *Soziologie*, a. a. O., S. 305-344. Dafür, daß Simmel die Individualität nicht für das Resultat der Kombination einzigartiger Teilidentitäten gehalten habe, plädiert Leitner: »Diese Kombination wäre auch, insofern es sich ja immer nur um soziale Typisierungen handelt, prinzipiell gerade nicht einzigartig und jedenfalls nicht unwiederholbar; eine solche Ansicht hat Simmel denn auch als ›extremen Soziologismus‹ abgelehnt.« Leitner, a. a. O., S. 43.

»Daß man seine Individualität nun nicht mehr der sozialen Inklusion, sondern der sozialen Exklusion verdankt, ist eine systemtheoretische Aussage. Sie sagt nichts aus über kausale Abhängigkeiten. Nach wie vor können Menschen nur in sozialen Zusammenhängen leben, und in der modernen Gesellschaft gilt dies nicht weniger als früher – vielleicht mit mehr Alternativen und Wahlmöglichkeiten, aber auch mit einer immensen Vermehrung der Hinsichten, in denen man abhängig ist. Die Semantik der Individualität scheint nun geradezu eine kompensatorische Funktion für stärkere Abhängigkeiten zu übernehmen. Das Individuum rettet sich in die Subjektheit und in die Einzigartigkeit als diejenige Beschreibung, die durch keinerlei empirisch-kausale Abhängigkeit infrage gestellt werden kann. Es ist bei vermehrten und komplexeren Abhängigkeitsketten in einem radikaleren Sinne mehr Individuum als zuvor.«[26]

Sieht man von terminologischen Unterschieden ab, so scheint mir die Parallelität der Konzepte mit Händen zu greifen, wenn sie auch bei Simmel *Ausdruck* einer Empfindung, bei Luhmann lediglich deren *Beschreibung* zu sein beanspruchen. Allerdings: Liest man die Texte Simmels zur Individualität nebeneinander, so fällt jedenfalls auf, daß die Differenz von Individuum und Gesellschaft bei ihm immerhin zwei Ausprägungen annehmen kann, einmal nämlich erscheint sie als das Andere der Sozialität (das ist die Semantik des Metaphysikaufsatzes und die von Luhmann beschriebene), zum anderen aber als nur unvollständige Gesellschaftlichkeit (das ist die Semantik des deutschen Idealismus und der Aufsätze Simmels über die »Tragödie der modernen Kultur«[27]). Der Tod kann insofern einmal als erlösende Befreiung von den sozialen Zumutungen, als Aufhebung unserer Tragik thematisiert werden, nimmt er uns doch die Last der Anpassung an die gesellschaftliche Alterität ab, andererseits aber als der Inbegriff der Tragik selbst, insofern die Versöhnung zwischen Individuum und Gesellschaft als Aneignung der gesellschaftlichen Totalität nur bei unendlicher Lebenszeit möglich wäre.

26 Niklas Luhmann, »Individuum, Individualität, Individualismus« in: ders., *Gesellschaftsstruktur und Semantik. Studien zur Wissenssoziologie der modernen Gesellschaft*, Band 3. Frankfurt am Main 1989, S. 149-258 (S. 158 f.).
27 So der Titel eines berühmten Essays von Simmel, »Der Begriff und die Tragödie der Kultur«, in: ders., *Philosophische Kultur. Gesammelte Essays*, Leipzig 1911.

Constans Seyfarth und Gert Schmidt
Der Tod als Thema bei Max Weber[1]

> »Ein Memento mori wie:
> ›Hinter dir steht dämmernd der Tod
> Gleich wie die finstere Hälfte des Mondes
> Hinter seinem wachsenden Licht‹
> werde ich nicht leicht vergessen. – Ich bin
> leider im allgemeinen nicht gerade sehr
> empfänglich, ...«
> Max Weber an Fritz Baumgarten, 19. 12. 1879

I

Max Weber hat das Thema des Todes nicht systematisch im Zusammenhang der Entfaltung der verstehenden Soziologie erörtert. Unseres Wissens hat auch niemand bisher versucht, in seinem Werk etwas wie die Umrisse einer Soziologie des Todes ausfindig zu machen. Allerdings werden die Phänomene des Todes und Sterbens, die Endlichkeit des Lebens, Jenseitsvorstellungen, Trauer und Totenkult, Unsterblichkeitsglauben und Endgerichtsvorstellungen vor allem in der Religionssoziologie an vielen Stellen thematisch. Wie sollte es auch anders sein! In der »Zwischenbetrachtung« in seinen *Aufsätzen zur Religionssoziologie*[2] behandelt Weber die Spannungen zwischen der religiösen Sinngebung des Todes und den konkurrierenden Sinngebungen in anderen

1 Wir danken Günther Roth für Gespräche und eine briefliche Äußerung. Frau stud. phil. Beate Kromer, Tübingen, gilt unser Dank für das Schreiben der verschiedenen Fassungen des Manuskripts.
2 Wir verwenden folgende Abkürzungen beim Zitieren: *RS = Gesammelte Aufsätze zur Religionssoziologie*, Bd 1; – *WG = Wirtschaft und Gesellschaft*, 5. Auflage, München 1972; – *WL = Gesammelte Aufsätze zur Wissenschaftslehre*, 3. Auflage, Tübingen 1968; – *MS = Die rationalen und soziologischen Grundlagen der Musik*, 1921; – *Briefe 1906-1908* = Max-Weber-*Gesamtausgabe (MWG)*, Bd. II/5, Tübingen 1992; *Briefe 1909-1910* = *MWG*, Bd. II/6, Tübingen 1994; – *LB* = Marianne Weber, *Max Weber. Ein Lebensbild*, Tübingen 1926.

Wertsphären – die aus dem Blickwinkel der Religion erörtert werden –, etwa Scheinerlösungsleistungen der Kunst oder die brutale Opferung des Lebens durch die Politik im Krieg.

Aber: Für Weber sind alle diese Phänomene keine »konstitutiven« Probleme der Soziologie. Weber ist kein »Philosoph« – Anthropologe, Phänomenologe oder Existenzphilosoph –, der etwa den Sinn sozialen Handelns oder die Einheit des Lebens »letztlich« vom Tod her begreifen möchte. Anders als bei Simmel gibt es für Weber keine fließenden Übergänge zwischen Soziologie und so etwas wie (Lebens-)Philosophie.[3] Weber ist schließlich auch kein »Funktionalist«, für den das individuelle Problem des Todes eine »kollektive« Deutung erfahren müßte. Sterben ist im Normalfall

»lediglich unvermeidlich..., (es ist) gemeines Menschenlos ... und gar nichts weiter, ein Schicksal, welches jeden ereilt, ohne daß je gesagt werden könnte warum gerade ihn und gerade jetzt ... «[4]

Für die Soziologie ist der Tod zunächst nicht mehr als ein biologisches Faktum, das möglicherweise sozial (soziologisch) relevant und gelegentlich auch sozial bedingt sein mag. Der Tod ist kein genuin soziologisches Phänomen. Mit einer gewissen Plausibilität kann der Soziologe immerhin davon ausgehen, daß sich mit dem biologischen Faktum des Todes zumindest in der bisherigen Geschichte besondere Herausforderungen und Chancen individueller und kultureller Sinngebung verbunden haben: Weil jeder Mensch oder alle Menschen betroffen sind, weil der Zeitpunkt des Eintritts des Todes bei allem Bemühen um Berechenbarkeit unsicher ist, weil die Sinngebung jedes individuellen Todesfalles nur »sozial« – durch andere, die Lebenden – möglich ist.

Webers Soziologie ist im Prinzip nichts anderes als ein Rekonstruktionsprogramm. Es gilt zu erfassen, was im Hinblick auf den Tod in der historischen Wirklichkeit praktisch wirksam konstruiert wurde (Deutungen, Konzepte, Moralvorstellungen etc.) und was über den Umgang mit dem Tode in der historischen Forschung herausgefunden wurde. Die verstehende Soziologie kennt

3 Zur biographisch und systematisch komplexen Relation von Philosophie und Soziologie bei Simmel vgl. G. Schmidt, »Simmel: dal relativismo alla filosofia della vita: Una relazione«, in: *Rassegna Italiana di Sociologia* XXXIII (Giugno 1992, No. 2).
4 *RS*, S. 548.

den Tod nur in vorverstandener Form, im Kontext von Konfigurationen sinnhaften sozialen Handelns, von Individuen, Trägergruppen und durch sie formierten Kollektiven. Erst auf diese Weise wird das Thema des Todes soziologisch bearbeitbar. Daß eine »konstitutions«theoretische, lebensphilosophische, anthropologische oder funktionalistische Bearbeitung des Themas außerhalb des Aufgabenbereichs einer rekonstruktiven Soziologie, ihres Auftrags und ihres Programms liegt, bedeutet nicht, daß Ansätze und Implikationen, die vielleicht in diese Richtungen weisen, sich in Webers Denken überhaupt nicht aufspüren ließen – es bedeutet nur, daß eine solche Bearbeitung sich bei Weber nicht explizit findet, daß er sie nur bedingt für sinnvoll gehalten hätte und daß wir sie in der vorliegenden Skizze nicht ausfindig machen wollen.

Diese Vororientierung ist notwendig, um angemessen verstehen zu können, wie Weber die Phänomene des Todes und des Sterbens, das heißt die mit ihnen verbundenen Vorstellungen und Praktiken behandelt. Die folgende Darstellung beansprucht nicht mehr, als einige Ansatzpunkte für eine Soziologie des Todes bei Max Weber aufzuzeigen, die zur weiteren Bearbeitung einladen können. Es geht im vorliegenden Zusammenhang weder um eine Aktualisierung oder Weiterentwicklung der verstreuten Ansätze, die wir bei Weber finden, noch um ihre Würdigung oder ihre kritische Erörterung. Insbesondere soll begrifflich nicht »geschlossen« werden, was überhaupt erst einmal als Webers Zugangsweise in ihrer Vielschichtigkeit in den Blick genommen werden muß, wenn man an ihn anschließen will. Zunächst zeichnen wir nach, wie in der Religionssoziologie, im Zusammenhang mit dem Problem der Theodizee, der Tod als Anlaß der Bilanzierung von diesseitigem und jenseitigem Schicksal zum Thema wird (II). Im nächsten Schritt wird die Opferung des Lebens als Möglichkeit des sozialen Handelns einbezogen, die zum Kontext der Herrschaftsanalyse überleitet (III). Abschließend kommen einige Aspekte der Chiffrierung des Todes in der Gegenwart der modernen Gesellschaft zur Sprache, bis hin zu Webers Äußerungen zum Tod von Verwandten und Freunden und schließlich den letzten überlieferten Worten angesichts seines eigenen (bevorstehenden) Todes (IV).

Der Darstellung liegt eine Gliederungsidee zugrunde, deren Systematik sich bei der Lektüre der Soziologie Webers bewährt hat.[5] Die Bildung von Typenbegriffen und die Suche nach allgemeinen Regeln des Geschehens – das Geschäft der Soziologie – geschieht bei Max Weber im Prinzip als dreistufige Bearbeitung (und Darstellung) empirisch-historischen Materials. Alle drei Stufen tragen dem Gesichtspunkt fortschreitender Rationalisierung Rechnung.

Auf der ersten Stufe (oder: in einem ersten Rekonstruktionsschritt) wird der Gegenstand entlang den Befunden der einschlägigen Fachwissenschaften entwicklungstypologisch aufbereitet. Ohne forcierte begriffliche Schließung wird, wie etwa die Religionssoziologie in *Wirtschaft und Gesellschaft* zeigt, die Entwicklung der in Frage stehenden vorverstandenen Formen sinnhaften sozialen Handelns mit besonderer Berücksichtigung ökonomischer Bestimmungsmomente nachkonstruiert. Von herausgehobener Bedeutung für die vielschichtigen Phänomene der Rationalisierung des Handelns ist dabei, wie wiederum paradigmatisch die Religionssoziologie (aber etwa auch die Rechtssoziologie) zeigt, die Auswirkung der beruflichen Organisation des Handelns auf die Entwicklung von Ideen und ihre massenhafte Durchsetzung.

Als zweite Stufe folgt die spezifisch herrschaftstheoretische Weiterbearbeitung des so aufbereiteten Materials. Hier geht es um die genauere Erfassung der historischen Entwicklungsdynamik der einzelnen Sozialformen in ihren wechselseitigen Beziehungen und unter besonderer Berücksichtigung der dauerhaften Sicherung ökonomischer Grundvoraussetzungen. Webers Soziologie ist begründet in der Annahme, daß insbesondere die Ausbildung herrschaftlicher Organisationsformen und Strukturen zwischen Wirtschaft und Gesellschaft bzw. Kultur vermittelt. In dieser Form einer distinkten Bearbeitungsstufe bildet die Herrschaftssoziologie den Kern der historisch-theoretischen Soziologie Webers.

Schließlich bedarf es als dritter Stufe – im Gang der Erkenntnis zuletzt[6], aber nach Webers Gepflogenheit in der Darstellung am Anfang – der Explikation der gegenstandsspezifischen Begriff-

5 Vgl. C. Seyfarth, »Über Max Webers Beitrag zur Theorie professionellen beruflichen Handelns«, in: J. Weiß (Hg.), *Max Weber heute*, Frankfurt am Main 1989, S. 371-405; ders., »Über die Entwicklung und die Struktur von *Wirtschaft und Gesellschaft*«, Ms., Tübingen 1994.
6 Vgl. etwa *WG*, S. 245.

lichkeit bzw. idealtypischer Strukturmodelle. Die Kasuistiken der »allgemeinen Soziologie«[7] sind stets im Ausgang von den Gegebenheiten der Gegenwart zu gewinnnen und nicht, wie besonders deutlich der Anfang des entwicklungstypologischen Religionskapitels in *Wirtschaft und Gesellschaft* zeigt, im Ausgang vom Handeln »in seinem urwüchsigen sozialen Bestande«. Der Ausgang von der Gegenwart gilt zumal für die einleitenden allgemeinbegrifflichen Kapitel von *Wirtschaft und Gesellschaft*.

In der Praxis der Darstellung kommen die drei Bearbeitungsstufen vermischt zur Geltung. Die Übergänge zwischen den Stufen oder Perspektiven sind fließend. Weber hat überdies begriffliche Überbrückungen vorgesehen, von der allgemeinen »Nichtkategorie« der Macht über die Begrifflichkeit der Soziologie der politischen Gemeinschaft, sofern sie der herrschaftstheoretischen Bearbeitungsstufe vorausliegt, bis zum Komplex »Herrschaft qua Interessenkonstellation«.[8]

II

Sterben ist zunächst eine »natürliche«, eine biologische Gegebenheit des Lebens. »Bedeutung« erhält der Tod, wenn die Vorstellung einerseits einer »Seele«, andererseits von »übernatürlichen« Akteuren, »Dämonen« oder »Göttern« ausgebildet ist, »deren Beziehungen zu den Menschen zu ordnen nun das Reich des religiösen Handelns ausmacht«.[9]

»Die ›Seele‹ ist dabei zunächst ein weder persönliches, noch unpersönliches Wesen. Nicht nur, weil sie sehr vielfach naturalistisch identifiziert wird mit dem, was nach dem Tode nicht mehr da ist, mit dem Hauch oder mit dem Puls des Herzens, in dem sie sitzt und durch dessen Verspeisung man sich zum Beispiel den Mut des Feindes aneignen kann. Sondern vor allem, weil sie oft gar nichts Einheitliches ist: die Seele, die den Menschen im Traum verläßt, ist etwas anderes als die, welche in der ›Ekstase‹ aus ihm oben, wo dann das Herz im Halse schlägt und der Atem keucht, herausfährt, oder die, welche seinen Schatten bewohnt, oder die, welche nach dem Tode im Leichnam oder nahe beim Leichnam, solange noch etwas

7 *WG*, S. 212.
8 Zu letzterem vgl. G. Schmidt und H.-J. Braczyk, *Herrschaftsstrukturen und Herrschaftsverhalten im Betrieb* (Arbeitsberichte des FSP »Zukunft der Arbeit«), Bielefeld 1984.
9 *WG*, S. 247.

von ihm übrig ist, haust, oder die, welche im Ort seines gewöhnlichen Aufenthalts noch irgendwie fortwirkt, mit Neid und Zorn sieht, wie die Erben das einst dem Toten gehörige genießen, oder den Nachfahren im Traum oder als Vision erscheint, drohend oder beratend, oder in irgendein Tier oder in einen anderen Menschen hineinfahren kann, vor allem in ein neugeborenes Kind – all dies je nachdem zum Segen oder Unsegen.«[10] – »Neben die unmittelbar physische Angst vor dem physischen Leichnam – wie sie auch die Tiere haben –, welche so oft für die Bestattungsformen maßgebend war (Hockerstellung, Verbrennung), ist zunächst die Vorstellung getreten, daß man die Totenseele unschädlich machen, also sie fort oder in das Grab bannen, ihr dort ein erträgliches Dasein verschaffen oder ihren Neid auf den Besitz der Lebenden beseitigen oder endlich sich ihr Wohlwollen sichern müsse, um in Ruhe vor ihr zu leben. Unter den mannigfach abgewandelten Arten des Totenzaubers hatte die ökonomisch weittragendste Konsequenz die Vorstellung, daß dem Toten seine gesamte persönliche Habe ins Grab folgen müsse. Sie wird allmählich abgeschwächt zu der Forderung, daß man wenigstens eine gewisse Zeit nach seinem Tode die Berührung seines Besitzes meiden, oft auch den eigenen Besitz möglichst nicht genießen solle, um seinen Neid nicht zu wecken.«[11]

Die zeitlich variable Endlichkeit des Lebens bietet für Zauberer, Propheten und Priester die Chance, zwischen dem diesseitigen Leben und dem Jenseits, sofern es vorstellungsmäßig ausgebildet ist und es die Vorstellung einer Seele gibt, bilanzierende Korrelationen herzustellen. Diese mehr oder minder »rechenhaften« Korrelierungen setzen voraus, daß die »Seele« in einer jenseitigen »Hinterwelt« weiterlebt und dort ein Schicksal erfährt, das mit der diesseitigen Existenz zusammenhängt, wobei in diesen Zusammenhang »Gottheiten«, gleichfalls eine notwendige Vorstellung, hineinwirken und in dieser Einwirkung in Grenzen wiederum durch das diesseitige Tun von Individuen oder ihren Stellvertretern beeinflußbar sind.

Die historisch bedeutsamen Formen, in denen eine solche Korrelierung und Kalkulation in der bisherigen Geschichte geschah, werden in Webers Religionssoziologie entwicklungstypologisch von den urwüchsigen Anfängen bis zum asketischen Protestantismus verfolgt, der weltgeschichtlich (»strukturell«) einen Abschluß darstellt, und dann weiter bis zu »empirischen« Restformen in der Moderne. Die Rekonstruktion des historischen

10 Ebd.
11 *WG*, S. 248.

Materials stellt systematisch darauf ab, daß mit der Endlichkeit des Lebens (in doppeltem Sinne) »gerechnet« wird, wobei stets das Risiko bleibt, daß man nur bedingt wissen kann, wann die Rechnungsperiode enden wird und ob die Rechnung, zumal für die jenseitige Periode, stimmt.[12]

»Die Sorge für die Kinder war überall ein organisch gegebenes Streben, welches über die eigenen persönlichen Interessen auf ein ›Jenseits‹ wenigstens des eigenen Todes hinwies. Den jeweils Lebenden bleibt die exemplarisch strenge Erfüllung der positiven göttlichen Gebote, einerseits um sich selbst wenigstens das Optimum von Lebenschancen kraft göttlichen Wohlwollens zu erwerben, andererseits um den eigenen Nachfahren die Teilnahme am Reich der Erlösung zu erringen.«[13] – »Die Vorstellung von einem ›Jenseits‹ ist im Keim mit der Entwicklung der Magie zum Seelenglauben gegeben. Zu einem besonderen Totenreich aber verdichtet sich die Existenz der Totenseelen keineswegs immer ... Wo ein Totenreich, zunächst an einem geographisch entlegenen Ort, später unter- oder überirdisch geglaubt wird, ist das Leben der Seelen dort keineswegs notwendig zeitlich ewig... Eine gewisse Fürsorge für das eigene Schicksal nach dem Tode taucht, dem ›Grenznutzengesetz‹ entsprechend, meist da auf, wo die notwendigsten diesseitigen Bedürfnisse gedeckt sind, und ist daher zunächst auf die Kreise der Vornehmen und Besitzenden beschränkt ... Vornehmlich ihr Beispiel propagiert die Beschäftigung mit den Jenseitserwartungen. Von einer ›Vergeltung‹ im Jenseits ist keine Rede ... Die Regel, zumal bei Religionen, die unter dem Einfluß herrschender Schichten stehen, ist ... die Vorstellung, daß auch im Jenseits die diesseitigen Standesunterschiede nicht gleichgültig bleiben werden, weil auch sie gottgewollt waren ...«[14] – »Die spezifisch ethische Vorstellung aber ist ›Vergeltung‹ von konkretem Recht und Unrecht aufgrund eines Totengerichts und der eschatologische Vorgang ist also normalerweise ein universeller Gerichtstag. Dadurch muß die Sünde den Charakter eines ›crimen‹ annehmen, welches nun in eine rationale Kasuistik gebracht werden kann, und für welches im Diesseits oder Jenseits irgendwie Genugtuung gegeben werden muß, auf daß man schließlich gerechtfertigt vor dem Totenrichter stehe...«[15] – »... alle diesseitigen Eschatologien haben naturgemäß durchweg die Tendenz, zur Jenseitshoffnung zu werden, sobald die Pa-

---

12 Allgemein die »Inkongruenz von Schicksal und Verdienst« (*RS*, S. 246 f.), speziell auch das Leiden am Sterben und an der Ungerechtigkeit des Lebens bilden den Kern des Theodizeeproblems. Vgl. *RS*, S. 245 ff., S. 567 ff., S. 571 ff. oder *WG*, S. 314 ff.

13 *WG*, S. 315.

14 *WG*, S. 316.

15 Ebd.

rusie sich verzögert und nun der Nachdruck darauf fällt, daß die jetzt Lebenden, die sie nicht mehr im Diesseits schauen, sie nach dem Tode, von den Toten auferstehend, erleben wollen.«[16] – »Die formal vollkommenste Lösung des Problems der Theodizee ist die spezifische Leistung der indischen ›Karman‹-Lehre, des sog. Seelenwanderungsglaubens. Die Welt ist ein lückenloser Kosmos ethischer Vergeltung. Schuld und Verdienst werden innerhalb der Welt unfehlbar vergolten durch Schicksale in einem künftigen Leben, deren die Seele unendlich viele, in anderen tierischen oder menschlichen oder auch göttlichen Existenzen, neu zur Welt kommend, zu führen haben wird. Ethische Verdienste in diesem Leben können die Wiedergeburt im Himmel bewirken, aber stets nur auf Zeit, bis das Verdienstkonto aufgebraucht ist ... Der Einzelne schafft sich sein eigenes Schicksal im strengsten Sinne ausschließlich selbst. Der Seelenwanderungsglaube knüpft an sehr geläufige animistische Vorstellungen von dem Uebergang der Totengeister in Naturobjekte an. Er rationalisiert sie und damit den Kosmos unter rein ethischen Prinzipien ... Eine ›Sünde‹ gibt es strenggenommen nicht, nur Verstöße gegen das wohlverstandene eigene Interesse daran, aus diesem endlosen ›Rade‹ zu entrinnen, oder sich wenigstens nicht einer Wiedergeburt zu noch peinvollerem Leben auszusetzen ...«[17]

Die Analyse der vielfältigen Formen der Deutungen des Todes und der Bilanzierung von Verdienst und Schicksal sowie der mit ihnen verbundenen Praktiken geschieht vor allem aus der historisch-idealtypisch vorgestellten Perspektive des interessierten Individuums. Die konstitutive Endlichkeit und das zeitlich mehr oder weniger vorhersehbare Ende der diesseitigen physischen Existenz sind »Anlaß« dramatisierender Deutungen mit der Unterscheidung von Vorher und Nachher, von Diesseits und Jenseits, wobei diese Deutungen ihren Bearbeitungsort und ihren Interessenschwerpunkt im Diesseits haben.[18] Weber verfolgt, wie die verschiedenen Religionen für den »interessierten« Alltagsmenschen die Lebenserfahrung faßbar bilanzieren und sanktionieren. Seine Analysen kreisen um die »Lebens-« und »Überlebens-« (Todes- und Nachlebens-) Philosophien, die man in allen Religionen und Kulturen als relativ rationalisierte Berechnungen von Verdienst und Schuld durch beruflich dafür Zuständige findet. Deren Aufgabe ist es, die auf die Spanne des diesseitigen Lebens

16 *WG*, S. 320.
17 *WG*, S. 318 f.
18 Vgl. u. a. *WG*, S. 245, *RS*, S. 249 f.

und seinen Fortgang (seine »Karrieren«) bezogenen Philosophien auszugestalten und in Seelsorge und Beichte sowie im praktischen Umgang mit dem Tod und den Toten zur Geltung bringen. Die Beichte ist in dieser Sicht eine Zwischenbilanzierung mit Abschreibungsmöglichkeiten, die mit dem Puritanismus ihre Wirkmöglichkeit einbüßt.[19] Der Puritanismus ist als Schwelle weltgeschichtlich nicht zuletzt deshalb bedeutsam, weil er keine Bilanzierung mehr erlaubt, die vor Gottes ewigem Ratschluß Sinn ergäbe. Diesseits und Jenseits werden konsequent entkoppelt. Man muß leben, als gäbe es den Tod nicht, oder als bestünde seine Möglichkeit jederzeit, als sei er allgegenwärtig.[20]

In der entzauberten Moderne werden daher die Konturen der Bilanzierung unschärfer. Die Geheimnislosigkeit und die vorgestellte Berechenbarkeit der Welt erfordern, die Lebensbilanz auf das Diesseits zu beschränken und auf die Chance oder die Gewißheit eines »ausgleichenden« Jenseits zu verzichten. Wie Weber im Anschluß an Tolstoi in der »Zwischenbetrachtung«[21] eindrucksvoll nachzeichnet, kann für den »Kulturmenschen« eine solche rein innerweltliche Bilanzierung »strukturell« nur negativ ausgehen. Der Fortschritt und die mit ihm verbundene »unbrüderliche Aristokratie des rationalen Kulturbesitzes«[22] ist sinn-los, weil damit das je aktuelle Leben und der Tod als Abbruch der mit dem Fortschritt gegebenen innerweltlichen Vervollkommnungsmöglichkeiten eine Entwertung erfahren. Der moderne Kulturmensch, »der nach Selbstvervollkommnung im Sinne der Aneignung oder Schaffung von ›Kulturinhalten‹ strebende, gebildete Mensch«, kann nicht mehr »lebenssatt«, sondern nur noch »lebensmüde« werden[23]:

»Die Sinnlosigkeit der rein innerweltlichen Selbstvervollkommenung zum Kulturmenschen, des letzten Wertes also, auf welchen die ›Kultur‹ reduzierbar schien, folgte für das religiöse Denken ja schon aus der – von eben jenem innerweltlichen Standpunkt aus gesehen – offenbaren Sinn-

19 Eine wichtige Grenze stellt ansonsten die Steigerung der Sünde (WG, S. 267, S. 703 f.) zur Todsünde (WG, S. 328) dar.
20 Vgl. WG, S. 317, S. 347, RS, S. 111 ff. und öfter.
21 RS, S. 542 ff. Vgl. ähnlich WG, S. 348 ff. – Zu Tolstoi auch WL, S. 594 f. und später im Text. Es geht hier nicht um die auch heute denkbaren »empirischen« Formen von Jenseitsvorstellungen.
22 RS, S. 569.
23 RS, S. 570.

losigkeit des Todes, welcher gerade unter den Bedingungen der ›Kultur‹, der Sinnlosigkeit des Lebens erst den endgültigen Akzent aufzuprägen schien ... dafür, daß diese (die geformte Auslese aus den Kulturgütern) – für ihn (den Kulturmenschen) ein sinnvolles Ende gerade mit dem ›zufälligen‹ Zeitpunkt seines Todes erreicht habe, bestand keine Gewähr. Und wenn er sich gar vornehm vom Leben abwendete: – ›ich habe genug, – es hat mir alles geboten (oder: versagt), was mir des Lebens wert war‹, – so mußte diese stolze Haltung der Erlösungsreligion als ein blasphemisches Verschmähen der von Gott verordneten Lebenswege und Schicksale erscheinen.«[24]

III

Mit der im letzten Zitat berührten Frage des Freitodes kommt ein bisher ausgeblendeter allgemeinerer sozialer Tatbestand in den Blick: das zugemutete oder »freiwillig« auf sich genommene Opfer des Lebens, der vorzeitige Tod für eine höhere Idee oder für einen übergeordneten kollektiven Zusammenhang in der Religion, der Politik, im Beruf oder im Krieg. Der Selbstmord ist in dieser Sicht nur ein »individualisierter« Grenzfall. Das »Einstehen mit dem Leben« ist ein urwüchsiges Motiv. Nicht nur die politische Gemeinschaft fordert es, sondern auch »die Blutrachepflicht der Sippe, die Märtyrerpflicht religiöser Gemeinschaften, ständische Gemeinschaften mit einem ›Ehrenkodex‹, viele Sportgemeinschaften, Gemeinschaften wie die Camorra und vor allem jede zum Zweck von gewaltsamer Aneignung fremder wirtschaftlicher Güter geschaffene Gemeinschaft.«[25]

Von besonderer (Kultur-)Bedeutung sind alle Berufe, die ein spezielles Todesrisiko auf sich nehmen oder auf sich nehmen müssen und entsprechende Lebensphilosophien und eigene Bilanzierungssysteme ausbilden. Ein Todesrisiko gehen in der Frühzeit der Stereotypierung auch Zauberer und Sänger ein, als die ersten »vom Boden gelösten« Berufe, die bei minimalen Abweichungen vom rituell geprägten Ablauf – oder beim Ausbleiben von Erfolg – jederzeit mit der Todesstrafe rechnen müssen.[26] In der »Zwischenbetrachtung« fügt Weber *en passant* den verallge-

24 *RS*, S. 569 f.
25 *WG*, S. 515.
26 *MS*, S. 30, auch *WG*, S. 203, S. 248 f.

meinernden Vermerk ein, daß außer für den Krieger »nur dem, der ›im Beruf‹ umkommt«, nicht zweifelhaft ist, »warum und wofür er den Tod bestehen muß.«[27]

Die Bereitschaft zum Tod im Krieg ist ein konstitutives Moment aller politischen Gemeinschaften.[28] Je stärker das staatliche Gewaltmonopol sich ausbildet, desto mehr wird das Einstehen mit dem Leben zum Sonderanspruch und zur Sonderqualität der politischen Gemeinschaft. »Es ist der Ernst des Todes, den eventuell für die Gemeinschaftsinteressen zu bestehen, dem Einzelnen hier zugemutet wird«, der »der politischen Gemeinschaft ihr spezifisches Pathos« einträgt[29]:

»Er stiftet auch ihre dauernden Gefühlsgrundlagen. Gemeinsame politische Schicksale, d. h. in erster Linie gemeinsame politische Kämpfe auf Leben und Tod, knüpfen Erinnerungsgemeinschaften, welche oft stärker wirken als Bande der Kultur-, Sprach- oder Abstammungsgemeinschaft. Sie sind es, welche – wie wir sehen werden – dem ›Nationalitätsbewußtsein‹ erst die letzte entscheidende Note geben.«[30]

In der »Zwischenbetrachtung« analysiert Weber den Krieg als Konkurrenz für die orginäre religiöse Deutung des Todes und für jede rationale Brüderlichkeitsethik.[31] Der Krieg leistet nach Webers Diagnose etwas Einzigartiges, die »Empfindung eines Sinnes und einer Weihe des Todes, die nur ihm eigen ist«.[32]

»Der *Krieg* als die realisierte Gewaltandrohung schafft, gerade in den modernen politischen Gemeinschaften, ein Pathos und ein Gemeinschaftsgefühl und löst dabei eine Hingabe und bedingungslose Opfergemeinschaft der Kämpfenden und überdies eine Arbeit des Erbarmens und der alle Schranken der naturgegebenen Verbände sprengenden Liebe zum Bedürftigen als Massenerscheinung aus, welcher die Religionen im allgemeinen nur in Heroengemeinschaften der Brüderlichkeitsethik ähnliches zur Seite zu stellen haben ... Die Gemeinschaft des im Felde stehenden

27 *RS*, S. 548. – Manches hiervon wirkt heute noch vor allem in den ›professionellen‹ Berufen nach, die aus dem Umgang mit dem fremden und dem möglichen eigenen Tod ihr Sonderprestige gewinnen.
28 *WG*, S. 515.
29 Ebd.
30 Ebd.
31 Zur Möglichkeit aktiver Glaubenskämpfer zum Beispiel im Islam vgl. *RS*, S. 550. Weber betont aber die prinzipielle Spannung der politischen Sinngebung des Todes im Krieg mit der »Theodicee in einer Brüderlichkeitsreligiosität«. *RS*, S. 549.
32 *RS*, S. 548.

Heeres fühlt sich heute, wie in den Zeiten der Gefolgschaft als eine Gemeinschaft bis zum Tode: die größte ihrer Art. Und von jenem Sterben, welches gemeines Menschenlos ist ... scheidet sich der Tod im Felde dadurch, daß hier, und in dieser Massenhaftigkeit nur hier der Einzelne zu wissen glauben kann: daß er ›für‹ etwas stirbt.«[33]

Wichtiger als eine in diesen Formulierungen wohl auch zum Ausdruck kommende »irrationale« Bejahung eines »wunderbaren« Krieges – des Ersten Weltkrieges[34] – ist, daß Weber auch hier, zumindest im Ansatz, rekonstruktiv verfährt. Der Krieg stiftet nach seiner Diagnose »Gemeinschaftspathos«, auch wenn »die Brüderlichkeit der kriegsverbundenen Menschengruppe« religiösem oder sonstwie sublimiertem Empfinden »als bloßer Reflex der technisch raffinierten Brutalität des Kampfes entwertet scheinen und jene innerweltliche Weihe des Kriegstodes als Verklärung des Brudermordes« erscheinen muß.[35] Diese Sinngebung des Kriegstodes ist einerseits eine (im Kriegsgeschehen vielleicht unvermeidbare) Überhöhung des faktisch Gegebenen, ein politischer Verband kann sie sich aber andererseits auch zunutze machen und steuern, sie sogar gezielt herbeiführen:

»Das, warum und wofür er (der Krieger) den Tod bestehen muß, kann ihm ... in aller Regel so zweifellos sein, daß das Problem des ›Sinnes‹ des Todes ... gar keine Voraussetzungen seiner Entstehung findet. Diese Leistung einer Einstellung des Todes in die Reihe der sinnvollen und geweihten Geschehnisse liegt letztlich allen Versuchen, die Eigenwürde des politischen Gewaltsamkeitsverbandes zu stützen, zugrunde.«[36]

Weber analysiert das Phänomen des Krieges und die mit ihm verbundene Chance der erfahrenen »Sinnhaftigkeit« des Todes, deren sozialpsychologische »Automatik« hier nicht weiter erörtert werden soll, zunächst im Kontext der Religionssoziologie und der Soziologie der politischen Gemeinschaft. Die Konkurrenz religiöser Sinndeutungen und der mit ihnen verbundenen Opfererwartungen und der politischen Gewalt über das Leben leitet über zur Herrschaftssoziologie. In deren Kontext gälte es, die Implikationen der Konkurrenz und der Mischformen der Ausübung psychischen und physischen Zwangs und ihre Mono-

33 Ebd.
34 *LB*, S. 530.
35 *RS*, S. 549.
36 *RS*, S. 548 f.

polisierung durch Kirche und Staat herauszuarbeiten. An dieser Stelle sind nur einige allgemeine Anmerkungen möglich: Wichtig ist zunächst festzuhalten, daß sich Webers Herrschaftssoziologie nicht auf einen eigenen (distinkten, ausdifferenzierten) Gegenstandsbereich bezieht, wie die Religionssoziologie oder die Soziologie der politischen Gemeinschaft. Sie ist vielmehr als spezifisch selegierte und spezifisch »theoretisch« fokussierte Analyse der historischen Entwicklungsdynamik in allen Bereichen des sozialen Handelns, in allen Wertsphären und den für sie maßgeblichen Konfigurationen der verschiedenen Sozial- und Gemeinschaftsformen zu lesen. Die Herrschaftssoziologie hat bei Weber theoriestrategisch einen Sonderstatus. Seiner theoretischen Überzeugung zufolge zeichnen sich die meisten kulturbedeutsamen historischen Entwicklungen durch die Ausbildung von herrschaftlichen Organisationsformen aus; herrschaftliche Strukturierung vermittelt zwischen den wirtschaftlichen und den sozialen sowie den kulturellen Gegebenheiten.

Unter dem Aspekt der herrschaftlichen Strukturierung ist der Tod nicht nur ein zeitlich unbestimmtes Ereignis, mit dem im Hinblick auf den Ausgleich zwischen Jenseits und Diesseits in Form magischer oder religiöser Deutungen und Praktiken »gerechnet« wird. Pointe einer strikt herrschaftssoziologischen Analyse ist die Beeinflussung und die soziale Organisation des Zeitpunktes des Todes durch das eigene oder fremde Opfer oder durch Krieg.[37] Auf dieser Stufe der Analyse geht es nicht um die gleichsam »natürliche«, wenn auch gedeutete Gegebenheit des Todes als »äußeren« Anlasses der Bilanzierung. Die Möglichkeit (oder die Notwendigkeit) des Einstehens mit dem Leben wird in der Perspektive der Herrschaftsanalyse zu einem mehr oder minder legitimen Ansinnen – des oder der Herrschenden an die Herrschaftsunterworfenen oder, umgekehrt, an die Herren selbst. Vorausgesetzt wird in jedem Fall die Bereitschaft, sich oder andere zu opfern, als außeralltägliches oder veralltäglichtes Bestimmungsmoment des Handelns. Wo immer auf diese Weise der Tod »nichtnatürlich«, nicht-zufällig oder durch jenseitige Mächte bestimmt wird und als legitimes Opferansinnen »Sinn« erhält, wird auch der

37 Wir behaupten nicht, daß jedes »Opfer« des menschlichen Lebens mit Herrschaft verbunden sein muß (dagegen zum Beispiel *WG*, S. 248), sondern nur, daß das Phänomen des Opfers den Übergang zu einer herrschaftssoziologischen Analyse nahelegt.

»natürliche«, der nicht als Opfer bewußt herbeigeführte oder in Kauf genommene Tod, eine neue Sinngebung erhalten.

Es bedürfte einer ausführlichen Erörterung, in dieser Linie die Konturen einer spezifisch herrschaftssoziologischen Weiterbearbeitung der Phänomene präziser zu bestimmen, die zunächst entwicklungstypologisch zum Thema gemacht werden. Das kann im vorliegenden Beitrag nicht geschehen. Zumindest kurz angesprochen werden soll aber die Frage, ob die Anlage der drei reinen Typen der legitimen Herrschaft als solche für die Erfassung des Phänomens des Todes und seiner Sinnhaftigkeit bedeutsam ist. In Verbindung mit der als »totales soziales Phänomen« gedachten Logik des strikten Befehls-Gehorsam-Verhältnisses drängt sich diese Möglichkeit auf, wenn man etwa an Elias Canettis *Masse und Macht* denkt. Wir beschränken uns darauf, für diese Möglichkeit eine schwache und eine starke Lesart zu unterscheiden.

Eine schwache Lesart würde besagen, daß Webers Entwurf der reinen Typen der legitimen Herrschaft keine »Spekulation« hinsichtlich möglicher Implikationen für den Umgang mit Leben und Tod enthält. Von eher »formaler« Bedeutsamkeit für die einzelnen Typen ist nur jeweils die Frage der Nachfolgeregelung, in herausgehobener Weise beim Tod eines charismatischen Führers. Hier ist es stets prekär, für die Etablierung eines charismatisch qualifizierten Herrschaftssystems das originäre Charisma eines Führers auf einen Nachfolger zu übertragen.[38] Nichts Allgemeines wäre aber nach dieser schwachen Lesart etwa darüber auszusagen, inwieweit sich mit charismatischer Führung in ihrer originären Gestalt der eigene oder der fremde Tod als normales Opfer oder als »letzte Möglichkeit« prinzipiell verbindet und verbinden muß.[39] Entsprechendes gilt noch dezidierter für die beiden anderen Typen der Herrschaft. Beide haben nach dieser schwachen Lesart keine Implikationen hinsichtlich der »Nähe« des Todes für die Herren oder die Herrschaftsunterworfenen. Nichts Allgemeines und »Typisches« ist auch über die Sinngebung des Todes der Sterbenden oder verstorbener »Herrscher« und ihrer Nachfolger zu sa-

38 *WG*, S. 142 ff., S. 661 ff.
39 Die »Nähe« des Todes für die Phänomene des Charismas, zumal der charismatischen Herrschaft, ergibt sich zum einen mit der Entstehungssituation (Not, Krise und Krieg), zum anderen (vor allem für die urwüchsigen Formen) mit ekstatischen Zuständen (zum Beispiel *GW*, S. 246 f.) und Tabugewalten (zum Beispiel *WG*, S. 264).

gen, die im konkreten Fall selbstverständlich für die Legitimation des überdauernden Herrschaftsverbandes von Bedeutung sein kann (»Der König ist tot, es lebe der König«).[40]

Eine sehr viel stärkere Lesart würde besagen, daß das Thema Tod in Webers Konstruktion der reinen Typen legitimer Herrschaft »als solcher« systematisch eingearbeitet ist oder doch mit guten Gründen heraus- (oder hinein-) gelesen werden kann. Für den Typus der charismatischen Herrschaft würde der Tod dann etwa zum kognitiven, emotionalen und praktischen Kern gehören. Der charismatische Führer »lebte« strukturell davon, daß er gefährlich, in Todesnähe, lebt. Charisma als Übersteigerung und Ausbruch aus der Normalität des Alltags wäre als stets vorläufiger Erfolg über den Tod, der riskiert wird, zu lesen.[41] Geradezu eine Suche nach dem Tod (zumindest die Versuchung des Todes) läge nahe. Im Mißerfolgsfall müßte der Führer den eigenen Tod, den Tod seiner Jünger oder stellvertretend den Tod anderer jederzeit einkalkulieren und »wollen«. Verallgemeinert würde dies für jegliche Form der außeralltäglich akzentuierten Wertdramatisierung gelten, die die beteiligten Individuen und Akteure systematisch vor die Frage von Leben und Tod, von »Sein oder Nichtsein«, stellt. Jede Form von Außeralltäglichkeit brächte in den Alltag die Aktualisierung, die Möglichkeit und die mögliche Notwendigkeit des Todes.

Im Kontext traditionaler Herrschaft würde der soziale Tatbestand des Todes eher ritualisiert. Der Tod unterbräche nur, was die beteiligten Individuen anbelangt, nicht aber für die geltende Ordnung, den Prozeß der Herrschaft. Der traditionale »Herr« müßte nach dieser Lesart jederzeit, wenn es das Überleben oder die »Ehre« des Herrschaftsverbandes erfordern, den möglichen Tod der Herrschaftsunterworfenen oder den eigenen Tod akzeptieren und im Grenzfall aggressiv riskieren. Die rituelle Ausgestaltung

---

40 Zu verweisen ist auf die mehr oder weniger elaborierten Formen des Umgangs mit dem Leichnam und die Bestattungszeremonien für die verschiedenen Typen von Führern und »Herren«. Zu den »urwüchsigen« Tatbeständen vgl. wiederum *WG*, S. 247 f.

41 Für einen Ausbau der starken Lesart – vor allem im Hinblick auf den im Falle des Charismas nicht geregelten Anspruch auf die Bestimmung des Todes oder die Verfügung über den Tod – müßte man in eine Erörterung der oft behaupteten Wahlverwandtschaft Webers mit Nietzsche einerseits und Carl Schmitt andererseits eintreten.

des Todes des traditionalen Herrn wäre von grundlegender Bedeutung für die symbolische Unterstützung der Legitimität der Herrschaftsausübung.

Nach der Logik des Typus der rational-legalen Herrschaft schließlich würde der Tod weder dramatisiert noch ritualisiert, sondern im Prinzip wegrationalisiert. Der Tod eines Vorgesetzten oder Nachgeordneten wäre im Prinzip ein sinnfremdes Phänomen; typischerweise wird man versetzt. Der Tod von Herrschaftsunterworfenen könnte nach dieser Lesart bei strikter Beachtung des Funktionierens eines bürokratischen Apparates im Rahmen legaler Herrschaft nicht mehr bedeuten als die Bewältigung – metaphorisch: die kalkulatorische Beherrschung – von Daten.

Die Tragweite einer solchen »starken« Lesart der möglichen Beziehungen zwischen Tod und Herrschaftsstruktur für die Interpretation und Würdigung der Weberschen Soziologie liegt nach den Erfahrungen des 20. Jahrhunderts auf der Hand. Die Frage der Berechtigung oder Nichtberechtigung einer solchen Lesart kann daher nicht nebenher erfolgen. Geht man von der »schwachen« Lesart aus, dann ergeben sich die Implikationen der drei reinen Typen der legitimen Herrschaft für den Umgang mit dem Tod erst im Zusammenhang mit der Logik der einzelnen Wertsphären, den typologisch faßbaren Entwicklungslinien und den historischen Konfigurationen, in denen sich die herrschaftlichen Strukturen herausbilden. Wann, in welchen Wertsphären, unter welchen Bedingungen und mit welcher »Gewalt« Herrschaft eine Nähe des Todes oder der Tötens bedeutet, ist nach dieser Lesart zunächst historisch zu beantworten. So hängt für Weber zum Beispiel die Tatsache, daß Menschen im Kontext bürokratischer Apparate »sine ira et studio« zu Tode gebracht werden, vor allem mit der bürokratischen Ausformung des ursprünglich protestantischen Berufsmenschentums zum Fachmenschentum, insbesondere in Deutschland, der Brutstätte des Fachmenschentums, zusammen.[42] Die Herrschaft der »Sachlichkeit«, die für den bürokratischen Apparat als solchen konstitutiv ist, darf nicht verwechselt werden mit der formalistischen Unpersönlichkeit, die sich für spezifische religiöse oder politische Kulturen und die in ihnen sich ausbildenden herrschaftlichen Strukturen ergeben kann. Daß der chinesische Kaiser für Naturkatastrophen mit seinem Leben ein-

42 WG, S. 129, RS, S. 546 f. und öfter.

zustehen hatte, hat weniger mit charismatischer Herrschaft als solcher zu tun als mit der politischen und kulturellen Verfassung Chinas.

IV

Je mehr wir Gegenwartsanalyse betreiben wollen, um so wichtiger wird die begriffliche Bearbeitung der Phänomene, die in ihrer Sinnstruktur offener sind – technisch gesprochen: die entwicklungstypologische Nachzeichnung der Phänomene muß durch die Kasuistik einer »allgemeinen Soziologie«[43] ergänzt und begründet werden:

»Jede eigentlich soziologische Untersuchung müsste die Begriffe ungemein viel feiner differenzieren als wir es hier für unseren begrenzten Zweck tun.«[44]

Hierbei ist es nun wichtig zu sehen, daß für die Religionssoziologie wie für fast alle »Spezialsoziologien« in *Wirtschaft und Gesellschaft* aufgrund Webers frühen Todes die begrifflichen Systematisierungen allenfalls im Ansatz vorliegen. In der Anfangsfassung von *Wirtschaft und Gesellschaft* aus der Vorkriegszeit hatte Weber auf die Ausarbeitung der Begriffe einer allgemeinen Soziologie ausdrücklich verzichtet. Das stellt gerade die Interpretation jener Phänomene, die vom Entzauberungs- und Säkularisierungsprozeß besonders betroffen sind – wie der Umgang mit dem Tod – vor besondere Schwierigkeiten. Die in die Gegenwart nur in eher rudimentären Formen hereinreichenden historisch-vergleichenden und entwicklungstypologischen Darstellungen erfahren keine systematische begriffliche Bearbeitung aus der Perspektive der Gegenwart. Statt dessen finden wir eher »lockere«, über das Gesamtwerk verstreute, oft »expressive«, in persönlicher Form gehaltene Formulierungen zur »Totalität« der Phänomene oder zur *condition humaine*. In Weberinterpretationen, die vor allem um klare begriffliche Klassifikationen und um »wissenschaftliche Sinndeutungen« bemüht sind, werden beide Ebenen gerne vermischt. Das »Gehäuse der Hörigkeit« wird dann wie ein Fachterminus oder die vorläufige Bestimmung der Religion in *Wirtschaft und Gesellschaft* wird als Begriff der Religion gehandelt.

---

43 *WG*, S. 212.
44 *WG*, S. 238.

In besonderem Maße ist es für die Gegebenheiten und Entwicklungen der Moderne geboten, die verstreuten Äußerungen Webers zunächst einmal zusammenzustellen, in vorläufiger Weise zu ordnen und für weiterführende Interpretationen zugänglich zu machen. Dabei hat man jeweils darauf zu achten, ob man es mit Rekonstruktionen vorliegender Sinndeutungen und Sinngebungen des Todes zu tun hat, oder aber mit Webers *eigenen* Deutungen des Todes (die im vorliegenden Zusammenhang für das Verständnis Webers und exemplarisch für den Umgang mit dem Tod in der Moderne interessieren dürften). Wir beginnen mit einigen Notizen zur »Nähe« des Todes in Webers Leben.

(1) Weber war ein Bürger, mit groß- und kulturbürgerlichen sowie aristokratischen Einschüssen, für dessen Lebens- und Weltanschauung gilt, daß es kein Handeln ohne Mißerfolgschancen, keinen Erfolg ohne Leiden, kein »volles« Leben ohne das Risiko des Scheiterns und den Grenzfall des Todes gibt.[45] Webers Empfinden, Denken und Handeln sind zumindest auch geprägt von einer an Nietzsche geschulten »existentialistischen« Lebensphilosophie, nationalem Gemeinschaftspathos und bürgerlich-aristokratischer Ritterlichkeit. Jede Verletzung der »Ehre« ruft die Bereitschaft und die Pflicht zum Handeln, eine »Heldengeste«, auf den Plan. Marianne Weber hält fest, daß, wo es um die Ehre geht, die moralische Vernichtung unmenschlicher ist als die physische.[46] Max Webers persönliche Haltung zur »Nähe des Todes« manifestiert sich in den vielfältigen öffentlichen Händeln, den Duellforderungen und den »Scharmützeln der Ritterlichkeit« – auch in seiner persönlichen Kriegsdienstbereitschaft. Dabei bewegt sich Weber, wie Wilhelm Hennis hervorhebt, zuweilen an den Grenzen der Donquichotterie. Sonderprobleme sind Webers schwere Erkrankung in den Jahren um 1900[47] und seine Kriegsbe-

---

45 Neben den Überlieferungen in Marianne Webers *Lebensbericht* (*LB*, S. 434 ff., S. 591 f. und passim) sei pauschal auf die neuere biographisch orientierte Literatur und den Briefwechsel verwiesen.

46 *LB*, S. 445.

47 Wir blenden die Frage aus, welche Bedeutung für Webers schwere Erkrankung der Konflikt mit dem Vater und die Bearbeitung von dessen plötzlichem Tod nach einer heftigen Auseinandersetzung hatte. Zuletzt zu diesem Komplex: J. Frommer und S. Frommer, »Max Webers Krankheit – soziologische Aspekte der depressiven Struk-

geisterung (siehe oben). Als »Nerven-Experte«, der zu sein Weber aufgrund seiner schweren und fortwirkenden Krankheit beanspruchen konnte, schreibt er in einem Brief an den 33jährigen Robert Michels zur »Lebensführung und Arbeitsweise« des Wissenschaftlers und zum pfleglichen Umgang mit dem »Arbeitskraft-Capital«:

»... Glauben Sie mir nur: ich kenne den (so zu sagen) Bohème-haften *Reiz* Ihrer (›intensiven‹) Lebensweise recht wohl, – aber wer sie (in *Ihrem* Alter noch weiter) führen will, (der) muß in der Welt allein stehen und jeden Augenblick, wenn der (unvermeidliche) Collaps kommt, aus ihr gehen können – unfreiwillig oder auch freiwillig ohne daß er Jemandem dafür Rechenschaft schuldete.«[48]

(2) Weber »weiß« aber selbstverständlich bereits, was heute moderne Systemtheoretiker vortragen: der »normale« Betrieb des Handelns in Wirtschaft, Politik und Wissenschaft im Alltag ist in der modernen, entzauberten und differenzierten Gesellschaft von der Nähe zum Tod abgekoppelt. Der Tod wird zeitlich und sachlich, das Individuum (das seinem Leben und Sterben in stär-

tur«, *Fortschritte in der Neurologischen Psychiatrie* 61 (1993), S. 161 bis 171.

48 Brief vom 12. 5. 1909, *MWG* II/6, S. 124 (die Einschübe in Klammern stammen von Max Weber). – Die entscheidende Frage für die »sachangemessene« Gestaltung der Lebensführung ist also, wer wem unter welchen Bedingungen Rechenschaft schuldet. Später in dem Brief spricht Weber von Robert Michels als einem Autor, »der ... auf eine ganz spezifische (wissenschaftliche) Lebensaufgabe eingestellt ist«, und der »der inneren Ruhe (bedarf), die man sich erzwingen kann, wenn man will« (a. a. O., S. 125).
Günther Roth schreibt uns zu diesem Komplex: »Weber ist kein Kulturpessimist. In der Logik seiner Rationalisierungsthese ist eine positive Interpretation der Moderne angelegt, die er aber nicht klar artikuliert. In der Moderne wird der Tod ›natürlicher‹, gerade weil ohne Mikroparasiten und Krieg die Lebensdauer sich erhöht und zum ersten Mal in der Geschichte ein langes Leben in der Lebensplanung einkalkuliert werden kann. Noch nie konnte ein Gelehrter soviel wie heute damit rechnen, vierzig Jahre lang produktiv zu sein. Das endliche persönliche Leben ist sinnvoller, weil planbarer geworden... Ein moderner (säkularer) Mensch überwindet das alte Sinnproblem der Erlösungsreligiosität durch innerweltliche Sinngebung (›Beruf‹). Man erfüllt die ›Forderungen‹ des Tages als langjährige Berufsauf-

kerem Maße selbst Sinn geben muß) sozial aus der Gesellschaft »hinausgeschoben«. Zunehmend wird das Handeln und Erleben durch ausdifferenzierte Funktionszusammenhänge bestimmt, für die der Tod als *brute fact* nicht maßgeblich ist. Es gibt für den physischen Tod subsystemspezifische Substitute und Äquivalente. Dazu einige lockere an Weber angelehnte Assoziationen:

Am ehesten muß noch der *Berufssoldat* bereit sein – alles andere wäre charakterlos –, sein Leben im Krieg zu riskieren, wie er selbstverständlich mit dem Tod anderer rechnet. Während der *Kriegsführer* noch mit dem Tode für eine Niederlage einstehen muß – wie Weber es von Ludendorff forderte[49] –, reicht für den politischen Alltagsbetrieb das Hinnehmen einer Wahlniederlage. Für die Politik ist konstitutiv das Opfer der reinen Gesinnung, der Bund mit dem Teufel – im Dienste der Bewahrung von Lebens- und Entfaltungsmöglichkeiten für die Kinder, die kommenden Generationen und das Wohl der Nation. Eine solche Bilanzierung hat schon am Ursprung der Religionsentwicklung Bedeutung.[50] In der Wissenschaft strebt man nach einer bleibenden Leistung und dem Werk, das dauern wird. Gleichzeitig ist konstitutiv, daß die eigene Erkenntsnisleistung überholt und überboten werden will (»was ich nicht tun kann, werden andere tun«). Verdienst und Anerkennung in der Wissenschaft sind strukturell und institutionell eine Sache des Hasards. Nur die Ausblendung aller Fraglichkeiten des Lebens und die Konzentration auf die Sache er-

gabe. Weber ist modern, weil er keiner Religion mehr anhängt ... alles kommt darauf an, wie man die Lebenszeit benützt hat, ohne daß sie von einer transzendentalen Heilserwartung als Vorbereitung betrachtet wird.«
Carl Schmitt bringt in einer Eintragung in sein Tagebuch am 29. 6. 1948 Webers frühen Tod in Zusammenhang mit dem Beruf des Juristen: Ihn befalle »tagelang die Ungeduld der Gerechtigkeit«, als die »Form der Verzweiflung, die mein Beruf als Jurist mit sich bringt.« »Ich möchte aber nicht daran sterben, wie der arme Max Weber, den ich 1920 habe daran sterben sehen.« Zitiert nach Karl-Siegbert Rehberg, »Kulturwissenschaft und Handlungsbegrifflichkeit. Anthropologische Überlegungen zum Zusammenhang von Handlung und Ordnung in der Soziologie Max Webers«, in: G. Wagner und H. Zipprian (Hg.), *Max Webers Wissenschaftslehre. Interpretation und Kritik*, Frankfurt am Main 1994, S. 619, Fußnote 30.
49 Vgl. *LB*. S. 663.
50 Vgl. *WG*, S. 315.

möglichen bleibend gültigen Erfolg.[51] Im Bereich der Wirtschaft schließlich ist es für den kapitalistischen Unternehmer unsinnig, sein persönliches Leben zu riskieren. Absurd sind Duelle in einer modernen kapitalistisch geprägten Gesellschaft.[52] Es reicht für den modernen Berufsmenschen, als Geschäftsmensch um den Preis seines ökonomischen Untergangs Risiken einzugehen (was im 20. Jahrhundert zum Ideologem des »Managertodes« als Inbegriff konsequent rastloser Berufstätigkeit führte).

(3) Der Ernst des Todes spielt, außer im Krieg (siehe oben), am ehesten eine Rolle in jenen Wertsphären (und bei ihren maßgeblichen beruflichen Trägern), die in besonderem Maße mit dem Akzent der Außeralltäglichkeit verbunden sind, in der Erotik und in der Kunst.

Die innerweltliche Suche des modernen Kulturmenschen nach Erlösung vom Rationalen kulminiert in der erotischen Beziehung, die den »unüberbietbaren Gipfel der Erfüllung der Liebesforderung: den direkten Durchbruch der Seelen von Mensch zu Mensch zu gewähren scheint.«[53] Der »Todesernst dieser Erotik des Intellektualismus« bejaht »gerade das Naturhafte der Geschlechtssphäre wieder, aber: bewußt, als leibgewordene Schöpfermacht«:

»Die höchste Erotik steht mit gewissen sublimierten Formen heroischer Frömmigkeit im Verhältnis gegenseitiger psychologischer und physiologischer Vertretbarkeit ... Mit der Konsequenz einer jederzeit drohenden

---

51 Eine Vermischung von Leben und Werk geschieht, wo ein Wissenschaftler als »Impressario« seiner selbst auftritt, was selbst im Fall der Kunst – der Gestaltung des Lebens als Kunstwerk – zu Lasten der »Sache« geht (vgl. *WL*, S. 591). Der Tod als Bedrohung gilt in der Wissenschaft nicht der Person, sondern dem Werk. – Zum Hasard der Wissenschaft und den biographischen Implikationen im Anschluß an Max Weber jetzt: M. Schmeiser, *Akademischer Hasard. Das Berufsschicksal des Professors und das Schicksal der deutschen Universität 1870-1920*, Stuttgart 1994.

52 Zum Duell: *LB*, unter anderem S. 473 ff., S. 483 ff. Jetzt: U. Frevert, *Ehrenmänner. Das Duell in der bürgerlichen Gesellschaft*, München 1991. Allgemein zur Unvereinbarkeit von »deutschem« Korporationswesen und moderner Wirtschaft die Dokumente bei E. Baumgarten, *Max Weber – Werk und Person*, Tübingen 1966, S. 523 ff.

53 *RS*, S. 560.

tödlich raffinierten Rache des Animalischen oder eines unvermittelten Hinübergleitens aus dem mystischen Gottesreich in das Reich des Allzumenschlichen.«[54]

Ein beruflich gesteigerter Umgang mit der Todeserfahrung und sublimierte Erlösungsfiktionen finden sich in der Kunst. Aus dem Blickwinkel der Religion, den Weber an Stelle einer originären soziologischen Deutung in der Soziologie gern übernimmt, stellen sich die ästhetischen Sublimierungen in der als eigene Wertsphäre konstituierten Kunst als »Scheinerlösungsleistungen« dar: Richard Wagner, Stefan George, Rainer Maria Rilke, Arnold Schönberg und ihre Kreise.[55]

In der *Protestantischen Ethik* kontrastiert Weber die puritanische »qualvolle Angst vor dem Tode und dem Nachher« mit dem »Geist stolzer Diesseitigkeit, dem Macchiavelli in dem Ruhm jener Florentiner Bürger Ausdruck gibt, denen – im Kampf gegen Papst und Interdikt – ›die Liebe zur Vaterstadt höher stand, als die Angst um das Heil ihrer Seelen‹« und (jener Angst noch fernerstehenden) »Empfindungen, wie sie Richard Wagner Siegmund vor dem Todesgefecht in den Mund legt: ›Grüße mir Wotan, grüße mir Wallhall ... Doch von Wallhall's spröden Wonnen sprich du wahrlich mir nicht‹.«[56]

Hierher gehört auch die zuvor schon gestreifte »These«, daß der moderne Kulturmensch nur »lebensmüde«, nicht »lebenssatt« werden könne. Diese These ist keine originäre Deutung Webers; es handelt sich vielmehr um die Paraphrase literarisch-religiöser Chiffren im Spätwerk Tolstois, die in Deutschland um die Jahrhundertwende (ähnlich dem Nietzschekult) enorm einflußreich

54 *RS*, S. 561. Zur Bedeutung der Erotik und der Intimität zuletzt allgemein und speziell auch mit Bezug auf Max und Marianne Weber: Tilman Allert, *Familie, Gesellschaft und Sozialität. Fallstudien zur strukturtheoretischen Begründung einer historisch orientierten Familiensoziologie*, Habilitationsschrift, Tübingen 1994. Vgl. auch: ders. und B. Choluj, in: H. Treiber und K. Sauerland (Hg.), *Heidelberg im Schnittpunkt intellektueller Kreise*, Opladen 1994.

55 Dazu neben *LB* jetzt vor allem: Chr. Braun, *Max Webers »Musiksoziologie«*, Laaber 1992; E. Hanke, *Prophet des Unmodernen. Leo N. Tolstoi als Kulturkritiker in der deutschen Diskussion der Jahrhundertwende*, Tübingen 1993; E. Weiller, *Max Weber und die literarische Moderne. Ambivalente Begegnungen zweier Kulturen*, Stuttgart 1994; H. Treiber und K. Sauerland (Hg.), a. a. O.

56 *RS*, S. 98.

waren.[57] Tolstois »Grübeln« habe sich zunehmend um die Frage gedreht,

»ob der Tod eine sinnvolle Erscheinung sei oder nicht. Und die Antwort lautet bei ihm: für den Kulturmenschen – nein. Und zwar deshalb nicht, weil ja das zivilisierte, in den ›Fortschritt‹, in das Unendliche hineingestellte Leben seinem eigenen immanenten Sinn nach kein Ende haben dürfte. Denn es liegt ja immer noch ein weiterer Fortschritt vor dem, der darin steht; niemand, der stirbt, steht auf der Höhe, welche in der Unendlichkeit liegt ... Ein Kulturmensch aber, hineingestellt in die fortwährende Anreicherung der Zivilisation mit Gedanken, Wissen, Problemen, der kann ›lebensmüde‹ werden, aber nicht: lebensgesättigt. Denn er erhascht von dem, was das Leben des Geistes stets neu gebiert, ja nur den winzigsten Teil, und immer nur etwas Vorläufiges, nichts Endgültiges, und deshalb ist der Tod für ihn eine sinnlose Begebenheit. Und weil der Tod sinnlos ist, ist es auch das Kulturleben als solches, welches ja eben durch seine sinnlose ›Fortschrittlichkeit‹ den Tod zur Sinnlosigkeit stempelt. Überall in seinen späten Romanen findet sich dieser Gedanke als Grundton der Tolstoischen Kunst.«[58]

(4) Für Weber ist im übrigen die Sinngebung des Todes in der Moderne Angelegenheit und Pflicht der persönlichen Beziehungen, der familialen Gemeinschaft oder der freundschaflichen Verbundenheit. Es ist gleichsam das »sinnhafte« Einstehen beim Tode des anderen, das dessen Leben in der Erinnerung Sinn gibt. Marianne Weber teilt uns Äußerungen Webers aus Anlaß von Todesfällen mit, die zeigen, daß er, sprachmächtig, keine Probleme hatte, dem Tod von nahen Verwandten und Freunden Sinn zu geben, gleichültig ob in der Linie seiner Rekonstruktion der modernen *condition humaine* oder, wenn es drauf ankam, ihr fundamental zuwiderlaufend.

Beim Tode seines Bruders Karl, mit dem Weber nach Mariannes Angaben erst kurz vor dem Krieg eine »innere« Beziehung gefunden hatte, schreibt Max an die Mutter:

»... er war zu seiner Vollendung gekommen. Wie schwer wurde es gerade dieser Natur, jene geschlossene Schlichtheit, die innerlich vornehme Sachlichkeit, ... den Verzicht auf ›Geltung‹ ... in sich zu entwickeln ... Er war doch in jungen Jahren so ganz anders veranlagt, – der kraftvolle Ernst seines Wesens ist etwas, was Schicksal und eigne innere Arbeit an sich ihm erst gegeben haben ... Er hat das volle Verständnis Deines Wesens, das ihm

57 Dazu Hanke, a. a. O.
58 *WL*, S. 594 f.

einst so schwer war, gewonnen. Und eine unsrer letzten Unterhaltungen – in schöner und erschütternder Rührung von seiner Seite her geführt – zeigte, was es ihm bedeutete, daß er alles verstanden und erfaßt hat. Und schließlich – er fand den schönen Tod an der Stelle, wo es im Augenblick allein menschenwürdig ist, zu stehn.«[59]

Ganz anders beim Tod eines Familienpatriarchen. Weber hält in einem Brief an die Witwe, in Mariannes Worten, »mit dem individuellen Wesen jenes Mannes zugleich typische Züge eines reinen vornehmen Bürgertums fest«:

»Daß man die schlichte Sicherheit und die noble Güte dieses, in dem feinen Stolz seiner Bescheidenheit so unendlich liebenswerten Seniors nicht mehr antrifft, wenn man Euer Haus betritt, ist noch unausdenkbar. Schön ist so ein Tod ohne Alter, Krankheit, Rückgang und Vereinsamung für den, dem er gegeben wird, auf der Höhe des Erfolgs und im Bewußtsein, daß es immer aufwärts geht, die junge Generation auf den Schultern der alten steht und daher wieder weiter neues Leben schafft ... Und schön ist es zu denken, daß es hier einen Menschen gab, der sich sagen durfte, daß er sein Leben lang, im großen und im kleinen niemals den Geist der echtesten, *einer echt bürgerlichen Ritterlichkeit* verleugnet habe ... «[60]

Beim Tod des langjährigen Freundes Emil Lask, der sich als Freiwilliger zum Kriegsdienst gemeldet hatte – Philosoph, Jude, wegen Sehschwäche zum Schießen nicht geeignet –, schreibt Weber den Angehörigen:

»Zu dem Scheiden eines so besonderen und ungewöhnlichen Menschen und zumal im ›Massentod‹ auf galizischer Heide gegen Barbaren, ist es nicht leicht, gleich die richtige Stellung zu finden. Man ist über das Geschehene zunächst schlechthin erbittert. Eins freilich darf gesagt werden: ganz sinnlos ist es nicht, wenn ein Mensch das was er seinen Schülern gelehrt hat, durch die Art seines Todes bewährt. In seinem Hinausziehen ins Feld sah er, innerlich illusionslos wie er war, nichts als seine ›verdammte‹ Pflicht und Schuldigkeit...«[61]

Und schließlich überliefert Marianne Äußerungen Webers, in Erwartung seines eigenen Todes:

»Das ist mir ja nun ganz gleichgültig.«
»Wir werden ja sehen, was nun kommt.«
»Das Wahre ist die Wahrheit.«
»Ach Kinder, nun laßt es nur, es hilft ja doch nichts.«

59 *LB*, S. 539.
60 *LB*, S. 399.
61 *LB*, S. 538.

Gerhard Wagner und Volkhard Krech
»Keine Zeit mehr haben«
Einige Überlegungen im Anschluß an
Max Schelers Theorie des Todes

Die Aufgabe, Max Scheler (1874-1928) im Rahmen einer Bestandsaufnahme dessen zu erörtern, wie das Phänomen des Todes bei den Klassikern der Soziologie behandelt wird, sieht sich von vornherein nicht unbeträchtlichen Schwierigkeiten ausgesetzt. Auf den Punkt gebracht, bedeutet dies, daß sich in Schelers Schriften weder eine *Soziologie* des Todes noch eine Soziologie des *Todes*, sondern allenfalls eine Philosophie des Alterns findet.

Was die Problematik der *Soziologie* des Todes anlangt, so läßt sich im Unterschied etwa zu Émile Durkheim oder zu Talcott Parsons nicht einmal die Frage, ob Scheler überhaupt als ein Klassiker der Soziologie einzustufen ist, umstandslos positiv beantworten. Zwar werden gelegentlich Bezeichnungen wie Wissenssoziologie oder neuerdings auch Zeitsoziologie mit seinem Namen in Verbindung gebracht; und Dirk Käsler initiierte seinerzeit sogar die Abfassung eines Schelers Werk darstellenden Artikels für den Sammelband *Klassiker des soziologischen Denkens*.[1] Doch legt ein näherer Blick in Schelers Schrifttum den Schluß nahe, daß es sich bei diesem Denker mitnichten um einen Soziologen, sondern um einen vom Katholizismus inspirierten, der Phänomenologie zuzuschlagenden Philosophen handelt. Diese Einschätzung findet ihre Bestätigung in der Rezeption, die Schelers Werk zuteil wurde. Während der Name Schelers in den soziologischen Diskurs so gut wie gar keinen Eingang fand[2], sind

1 Vgl. W. L. Bühl, »Max Scheler«, in: D. Käsler (Hg.), *Klassiker des soziologischen Denkens*, Bd. 2: *Von Weber bis Mannheim*, München 1976, S. 178-225, S. 453-464 und S. 520-533.

2 Es ist nachgerade symptomatisch für Schelers Werk, daß noch nicht einmal dessen soziologische Aspekte in soziologischen Diskussionszusammenhängen auftauchen. Vgl. mit Blick auf die Wissenssoziologie H. Becker und H. O. Dahlke, »Max Scheler's Sociology of Knowledge«, in: *Philosophy and Phenomenological Research* 2 (1941/42),

dessen Arbeiten in der Philosophie nach wie vor Gegenstand der Reflexion.[3] Ja, mehr noch, mittlerweile werden sie dortselbst unter der Rubrik »angewandte Phänomenologie« sogar als eine der Hauptströmungen der Gegenwartsphilosophie gehandelt.[4]

Tatsächlich präsentiert sich das Zweck/Mittel-Verhältnis zwischen Soziologie und Philosophie, das die Schriften Durkheims und Parsons' charakterisiert, im Falle Schelers umgekehrt. Während Durkheim und Parsons philosophische Denkfiguren als Mittel gebrauchen, um ihre soziologischen Interessen sowohl im Bereich der empirischen Forschung als auch auf dem Gebiete der Theoriebildung anzuleiten, erhebt Scheler das Philosophieren zum eigentlichen Zweck seines Schaffens. Soziologisches Räsonnement sinkt darüber herab zu einem bloßen Mittel unter anderen:

»Von einer ungeheuren Vielseitigkeit, die sich über die heterogenen Gebiete, angefangen von Biologie und Psychologie über Erkenntnistheorie, Ethik, Soziologie bis hinauf in die sublimsten Bereiche der Religionsphilosophie und abstraktesten Bezirke der Metaphysik erstreckte, mit einer tiefsten Seherkraft begabt, die überall entweder Neues entdeckte oder divergierende historische Forschungsrichtungen zu großartigen Synthesen zusammenschloß, hat Scheler ein außerordentlich reiches philosophisches Gesamtwerk der Nachwelt hinterlassen.«[5]

Mit der gleichen Berechtigung, mit der Scheler zum Soziologen stilisiert wird, ließe sich also auch behaupten, Scheler sei Biologe.

Wie auch immer, was für Schelers Werk im allgemeinen gilt, läßt sich im besonderen auch für seine Ausführungen zum Phänomen des Todes behaupten. Die wahrscheinlich in den Jahren 1911 bis

S. 310-322, oder H. L. Lieber, »Zur Problematik einer Wissenssoziologie bei Max Scheler«, in: *Philosophische Studien* 1 (1949), S. 62-90; vgl. mit Blick auf die Zeitsoziologie: M. S. Frings, »Zur Soziologie der Zeiterfahrung bei Max Scheler. Mit einem Rückblick auf Heraklit«, in: *Philosophisches Jahrbuch* 91 (1984), S. 118-130.

3 Vgl. etwa M. Gabel, *Intentionalität des Geistes. Der phänomenologische Denkansatz bei Max Scheler*, Leipzig 1991, oder P. Kaufmann, *Gemüt und Gefühl als Komplement der Vernunft. Eine Auseinandersetzung mit der Tradition und phänomenologischen Ethik, besonders Max Schelers*, Bern 1991.

4 Vgl. W. Stegmüller, *Hauptströmungen der Gegenwartsphilosophie*, Bd. 1, Stuttgart 1978, S. 96 ff.

5 Ebd., S. 96.

1914 entstandenen, allerdings erst posthum im Jahre 1933 in den *Gesammelten Werken* unter dem Titel »Tod und Fortleben« veröffentlichten einschlägigen Texte Schelers sind genuin philosophischen Zuschnitts.[6] Dieses Bild verkompliziert sich noch, berücksichtigt man, daß Schelers Gedanken zu Tod und Fortleben nicht nur genuin unsoziologischer Natur, sondern darüber hinaus auch inkompatibel sind mit denjenigen Aspekten seines Gesamtwerkes, die sich dem Bereich der Soziologie zurechnen lassen. Indem Scheler die Phänomene des Todes und Fortlebens nicht als »empirische Begriffe im üblichen Sinne« konzipiert, sondern sie »*in ihrem Wesen intuitiv erschaut*«[7], verschreibt er sich einer fragwürdigen philosophischen Methode, die im Widerspruch steht zu den als Wissenssoziologie oder Zeitsoziologie bezeichenbaren Elementen seines Gedankensystems. In Wahrheit ist sie sogar unvereinbar mit etlichen philosophischen Aspekten seines Werkes.[8]

Es ist denn auch kein Zufall, daß diese Arbeiten Schelers bis dato nahezu ausschließlich von Philosophen erwägenden Betrachtungen unterzogen wurden[9]; zu nennen sind hier vor allem der Essay *Die Erfahrung des Todes* des Scheler-Schülers Paul Ludwig Landsberg, die Abhandlung »Zum Problem des Todes« von Walter Schulz, der Essay »Person, Death, and World« von Parvis Emad sowie die neueren, unter systematischer Perspektive vorangebrachten Reflexionen unter dem Titel *Todesmetaphern* von Thomas H. Macho.[10] Aber auch in Michael Theunissens

6 Vgl. M. Scheler, »Tod und Fortleben«, in: ders., *Gesammelte Werke. Schriften aus dem Nachlaß*, Bd. 1: *Zur Ethik und Erkenntnislehre*, 2. Aufl. Bern 1957, S. 9-64.

7 E. Ströker, »Der Tod im Denken Max Schelers«, in: P. Good (Hg.), *Max Scheler im Gegenwartsgeschehen der Philosophie*, Bern 1975, S. 199-213, hier S. 205.

8 H. Ebeling, »Einleitung: Philosophische Thanatologie seit Heidegger«, in: ders. (Hg.), *Der Tod in der Moderne*, Königstein 1979, S. 11 bis 31, hier S. 15, ist der Auffassung, daß die eigentliche Relevanz von Schelers Text nicht philosophischer, sondern theologischer Natur sei.

9 Als Ausnahme hiervon kann gelten: A. Nassehi und G. Weber, *Tod, Modernität und Gesellschaft. Entwurf einer Theorie der Todesverdrängung*, Opladen 1989.

10 Vgl. P. L. Landsberg, *Die Erfahrung des Todes*, Frankfurt am Main 1973; W. Schulz, »Zum Problem des Todes«, in: Ebeling (Hg.), a. a. O., S. 166-183; P. Emad, »Person, Death, and World«, in: M. S. Frings

Bemerkungen zur »Gegenwart des Todes im Leben« ist Schelers »Tod und Fortleben« präsent[11], was uns zur zweiten oben aufgeworfenen Problematik bringt, i. e. zur Frage nach Schelers Soziologie des *Todes*. Theunissen bestreitet nämlich, daß Scheler überhaupt das Phänomen des Todes erfaßt hat; was Scheler, ohne es zu wollen, in »Tod und Fortleben« eingehend und auch gewinnbringend analysiert habe, sei vielmehr das Phänomen des Alterns.[12] Zu demselben Schluß gelangt in ihrem Artikel zum »Tod im Denken Max Schelers« Elisabeth Ströker; auch in ihren Augen sollen »die Schelerschen Aufweisungen zwar für das Phänomen des Alterns gelten ... nicht jedoch für den Tod, der ja als Limes dieses Prozesses und gerade als Aufhören seiner bestimmt sei.«[13]

Unter diesen Auspizien, daß Schelers »Tod und Fortleben« weder eine *Soziologie* des Todes noch eine Soziologie des *Todes* birgt, verbietet sich natürlich eine simple Rekonstruktion der Gehalte dieses Textes. Eine für die Soziologie gewinnbringende Klärung der Frage, was Scheler zum Phänomen des Todes zu sagen hat, sieht sich vielmehr darauf verwiesen, nach den Gründen des So-und-nicht-anders-Gewordenseins seines Textes zu forschen. Und es bietet sich in diesem Zusammenhang an, erst einmal die Motivation Schelers zu hinterfragen. Verfährt man so, wird alsbald deutlich, daß Scheler das Phänomen des Todes nicht ausschließlich um seiner selbst willen erörtert, sondern daß er seine Diskussion dieser Thematik zu einem Vehikel offensichtlich kulturkritischer Absichten macht. Scheler wirft den »*modernen westeuropäischen Menschen*«[14] vor, den Tod nichts weniger als zu verdrängen.

So wie dessen »grenzenloser Arbeits- und Erwerbstrieb« diesen neuen Menschentyp »hinausdrängt über alle Kontemplation und allen Genuß Gottes und der Welt, so narkotisiert er ihn auch gegen den Todesgedanken in einer ganz besonderen Weise. Der Sturz in den Strudel der Geschäfte um der Geschäftigkeit selbst willen, das

(Hg)., *Max Scheler – Centennial Essays*, Den Haag 1974, S. 58-84; T. H. Macho, *Todesmetaphern. Zur Logik der Grenzerfahrung*, Frankfurt am Main 1987.

11 Vgl. M. Theunissen, »Die Gegenwart des Todes im Leben«, in: ders., *Negative Theologie der Zeit*, Frankfurt am Main 1991, S. 197-217.

12 Ebd., S. 207.

13 Ströker, a. a. O., S. 206.

14 Scheler, a. a. O., S. 28.

ist ... die neue fragwürdige Medizin, die dem modernen Menschentypus die klare und leuchtende Idee des Todes verdrängt und die Illusion eines endlosen Fortganges des Lebens zur unmittelbaren Grundhaltung seiner Existenz werden läßt.«[15]

Die Rechenhaftigkeit moderner Lebensführung gebiert in Schelers Augen eine »*neue innere Gesamtstellung*«[16] zum Tode: »So sehr dieser moderne Mensch – ›rechnet‹ mit dem Tode und sich tausendfach gegen ihn ›versichert‹, so ist der Tod doch *nicht eigentlich anschaulich für ihn da:* Er lebt nicht ›angesichts‹ des Todes.«[17]

Es braucht kaum gesagt zu werden, daß Scheler diesen Zustand der Verdrängung des Todes in der Moderne, dessen Gegebenheit hier angenommen werden soll[18], nicht akzeptieren will. Um nun dieses falsche Todesbewußtsein in den modernen Gesellschaften kritisieren zu können, beschreibt er ein in seinen Augen richtiges Bewußtsein vom Tode. Mit anderen Worten, er skizziert ein Gegenbild, das ihm als Standpunkt seiner Kritik dienen soll. Läßt sich mit Blick auf Schelers Kulturkritik der Moderne »durchaus von einem *wissenssoziologisch konstruierten* Begriff der Verdrängung des Todes sprechen«[19], so ist das richtige Todesbewußtsein seines Erachtens jedoch keineswegs historisch relativ faßlich; vielmehr soll es in seiner raum-zeitlichen Unabhängigkeit gleichsam universalen Charakters sein. Von daher ist es auch nur konsequent, daß Scheler in diesem Kontext auf wissenssoziologisches, die Standortgebundenheit von Bewußtseinsformen decouvrierendes Räsonnement verzichtet und das richtige Todesbewußtsein strikt philosophisch vermittels einer »eidetischen«[20] Wesensschau zu begründen sucht. Wie entschieden sich Scheler in die von Platon zu Hegel, Feuerbach und Kierkegaard reichende philosophische Tradition einer Beschäftigung mit der Todesproblematik stellen will[21], macht er gleich zu Beginn seiner Erörterungen über »Wesen und Erkenntnistheorie des Todes« klar, in-

15 Ebd., S. 29 f.
16 Ebd., S. 29.
17 Ebd., S. 30.
18 Vgl. dagegen freilich W. Fuchs, *Todesbilder in der modernen Gesellschaft,* Frankfurt am Main 1969.
19 Nassehi und Weber, a. a. O., S. 201.
20 Ströker, a. a. O., S. 208.
21 Vgl. Ströker, a. a. O., S. 200 f., sowie Theunissen, a. a. O., S. 205.

dem er jedwede auf »Beobachtung und Induktion beruhende Erfahrung«[22] als Erkenntnisquelle ausschließt:

»Nach dieser Ansicht würde ein Mensch, der niemals mit angesehen oder davon gehört hat, daß nach einer bestimmten Zeit die Organismen aufhören, die ihnen vorher eigenen ›Lebensäußerungen von sich zu geben‹, und schließlich in einen ›Leichnam‹ verwandelt werden und zerfallen, keinerlei Wissen vom Tode und von seinem Tode besitzen.«[23]

Nicht ohne Nachdruck verwirft Scheler diese Vorstellung, die den Todesbegriff zu einem »rein *empirisch* aus einer Anzahl von Einzelfällen entwickelten Gattungsbegriff macht«, denn seines Erachtens wüßte ein Mensch »in irgendeiner Form und Weise, daß ihn der Tod ereilen wird, auch wenn er das *einzige* Lebewesen auf Erden wäre; er wüßte es, wenn er niemals andere Lebewesen jene Veränderungen hätte erleiden sehen, die zur Erscheinung des Leichnams führen.«[24] Scheler spielt in diesem Kontext keineswegs auf jene vagen Todesahnungen an, die mit den Erfahrungen der Krankheit oder des Schlafes einhergehen. Es ist ihm vielmehr um ein genuines »Wissen« zu tun, das jeder Mensch »von seinem *eigenen* Tode«[25] in seinem Bewußtsein immer schon, sozusagen *a priori*, besitzt. Um seine diesbezügliche Überzeugung plausibel zu machen, behauptet Scheler, jeder noch so kleinen Lebensphase eigne eine »eigentümliche Form und *Struktur*«, die zu ihrem »Wesen« gehört und die nicht nur für den Menschen, »sondern für alle möglichen Lebewesen überhaupt dieselbe sein muß.«[26] In seinen Augen kommt nun alles darauf an, »diese Struktur aus allem individuellen Beiwerk richtig herauszusehen und zu sehen, ob nicht das *Wesen des Todes bereits in ihr enthalten* ist«.[27] Denn es ist diese ganz spezifische »Struktur jeder beliebigen (punktuellen) Phase des kontinuierlichen Lebensprozesses«, die Scheler zufolge die Annahme rechtfertigt, daß sie einem Lebewesen ein »inneres Bewußtsein« von seinem Tode gibt.[28] Welcher Gestalt ist diese Struktur? Scheler führt in diesem Zusammenhang zunächst den Begriff der Erstreckung ein. Jede Phase eines kon-

---

22 Scheler, a. a. O., S. 16.
23 Ebd.
24 Ebd.
25 Ebd., S. 18
26 Ebd.
27 Ebd.
28 Ebd.

tinuierlichen Lebensprozesses wie auch jedes innere Bewußtsein davon enthalte

»drei eigenartige *Erstreckungen* des in der Phase vorfindlichen Gehalts – diese Erstreckungen heißen: *unmittelbares* Gegenwärtigsein, Vergangensein und Zukünftigsein von etwas: X, Y, Z (Inhalt variabel) – und in ihnen drei entsprechende qualitativ verschiedene *Aktarten*, in denen diese X, Y, Z gegeben sind: *unmittelbares* Wahrnehmen, unmittelbares Erinnern und unmittelbares Erwarten.«[29]

Diese Erstreckungen sowie die jeweils dazu gehörenden Akte, die sich in »jeder möglichen Auffassung von einem Dinge, einem Vorgang, einer Bewegung, einer Veränderung der Natur, aber auch in jeder inneren Erfahrung von einem sog. psychischen Erlebnis« finden, sollen sich aufgrund ihrer Unmittelbarkeit radikal unterscheiden von aller »*mittelbaren* Wahrnehmung, Erinnerung und Erwartung«, wie sie uns »durch Schluß oder vermittelnde Reproduktion und Assoziation« gegeben sind.[30] Diese These, die hinsichtlich des unmittelbaren Gegenwärtigseins auf einige Evidenz bauen kann, ist mit Blick auf das Vergangensein und Zukünftigsein nicht ganz so einfach nachzuvollziehen, und Scheler behauptet um so entschiedener: »Daß wir Vergangenheit haben, daß wir Zukunft haben, das wird nicht erschlossen oder nur auf Grund symbolischer Funktionen sog. ›Erwartungsbilder‹ oder ›Erinnerungsbilder‹, die primär in dem ›Gegenwärtigsein‹ enthalten wären, bloß geurteilt; sondern wir erleben und sehen in jedem unteilbaren Moment unseres Lebensprozesses ›etwas enteilen‹ und ›etwas herankommen‹.«[31] Tatsächlich hat es mit den in jeder gegenwärtigen Lebensphase vorfindlichen Gehalten an Erinnerung und Erwartung aber noch ein weiteres Bewenden. Diese sollen nämlich nicht einfach nur unmittelbar gegeben sein, sondern darüber hinaus auch noch »*wirksam* auf unser gegenwärtiges Erleben«.[32] Scheler spricht in diesem Kontext von der »Nachwirksamkeit« des Vergangenheitsgehalts sowie von der »Vorwirksamkeit« des Zukunftsgehalts im unmittelbaren Gegenwärtigseins.[33]

Die gleichzeitige Präsenz dreier Erstreckungen und Aktarten in jeder Lebensphase sowie in jedem inneren Bewußtsein davon

29 Ebd., S. 18 f.
30 Ebd., S. 19
31 Ebd.
32 Ebd.
33 Ebd.

mache es nun möglich, von einem »*Gesamt*gehalt« zu sprechen, der sich folgendermaßen definieren läßt: »G (Gesamtgehalt) = V + G + Z«.[34] Diesen Zusammenhang erläuternd, fügt Scheler hinzu, daß jeder Teil dieses Gesamtgehalts über einen eigenen »Umfang (V hat U, G hat U_1, Z hat U_2)« verfügt: »In diese ›Umfänge‹ verteilt sich der jeweilige Gesamtumfang G des in jedem Moment der objektiven Zeit Erlebten.«[35] Dabei legt Scheler keinen Wert auf eine Klärung des von ihm behaupteten Umstandes, daß dieser Gesamtumfang mit der Entwicklung des Menschen ständig zunimmt; so wird zum Beispiel das seiner Behauptung widersprechende Phänomen des Vergessens überhaupt nicht thematisiert. Er konzentriert sich vielmehr auf die besondere Beschaffenheit von dessen »wechselndem Gehalt«, denn mit dem objektiven Fortschreiten des Lebensprozesses findet gewissermaßen eine Neuverteilung des Gesamtumfangs statt:

»Der Umfang des Gehalts in der Erstreckung der Vergangenheit V und die erlebte, unmittelbare Nachwirksamkeit dieses Vergangenheitsgehalts *wächst* und wächst, während zugleich der Umfang des Gehalts in der Erstreckung der unmittelbaren Zukunft Z und die Vorwirksamkeit dieses Gehalts *abnimmt* und abnimmt. Der Umfang des Gegenwärtigseins aber zwischen beiden Umfängen wird immer stärker sozusagen ›zusammengepreßt‹.«[36]

Während sich also die Menge des Erlebenkönnens und damit des Erwartens im Zuge des Lebensprozesses verkleinert, steigt die Menge des bereits Erlebten und damit des Erinnerns, wobei der Umfang des Gegenwärtigseins immer kleiner wird. Es ist für Scheler ausgemacht: Das Gegenwärtigsein wird »mit jedem Fortschritt des Lebensprozesses« immer enger und solchermaßen auch »immer gepreßter und gepreßter zwischen Nachwirksamkeit und Vorwirksamkeit.«[37]

Demzufolge stellt sich für einen Jugendlichen seine erlebbare Zukunft dar »wie ein breiter, heller, ins Unabsehbare sich erstreckender glänzender Gang, ein ungeheurer Spielraum in der Erlebnisform ›Erlebenkönnen‹«.[38] Allein, mit jedem Stück gelebten Lebens »*verengert* sich fühlbar dieser *Spielraum* des noch erleb-

34 Ebd.
35 Ebd.
36 Ebd. S. 19 f.
37 Ebd., S. 20.
38 Ebd.

baren Lebens«[39], bis dann schließlich im Alter »der Umfang der Zukunftserstreckung zu null wird«.[40] Was in der Zunahme des Vergangenheitsgehalts sowie in der Abnahme des Zukunftgehalts erlebt wird, ist, wie Ströker sehr richtig anmerkt, »nichts anderes als das Grundphänomen des *Alterns*, genauer das *Wesen ›Altern‹*, wie es für eine leblose und tote Welt nicht existiert«.[41] Selbstredend sei dieses »*Wesen ›Altern‹*«[42] dem jeweiligen Lebewesen stets gewärtig. Der wachsende Umfang der Vergangenheit sowie der schwindende Umfang der Zukunft bei gleichzeitigem Zusammengepreßtsein der Gegenwart »konstituiere das Bewußtsein des Alterns«.[43] Von entscheidender Bedeutung ist es nun hervorzuheben, daß Scheler auf der Basis des vorstehend Aufgewiesenen die Meinung vertritt, das Altern genannte objektive Fortschreiten des Lebensprozesses vollziehe sich in einer ganz bestimmten, »charakteristischen *Richtung*«.[44] Und diese Richtung wird von ihm beschrieben als »Wachstum des Umfanges des Vergangenseins auf Kosten des Umfangs von Zukünftigsein«, als ein Hergang, bei dem sich »ein steigendes Differenzbewußtsein dieser beiden Umfänge zugunsten des Vergangenseinsumfangs«[45] entwikkelt.

Wird mit dieser Definition im Grunde nur das bereits Gesagte wiederholt, so ist doch der Schluß bemerkenswert, den Scheler hieraus zieht. Tatsächlich stellt Scheler nämlich darauf ab, in dieser »Wesensstruktur jedes erfahrenen Lebensmomentes« das »Richtungserlebnis dieses Wechsels« als das schlechthinnige »*Erlebnis der Todesrichtung*« zu begreifen.[46] Folgen wir Schelers Gedanken, so beruht das Erlebnis der Todesrichtung nicht etwa auf der Vorstellung einer Unumkehrbarkeit der Zeit, sondern »auf der Veränderung des Umfangs von Vergangenheit, Zukunft und Gegenwart: die Schrumpfung des Zukunftumfanges tendiert zum Punkt Null, dem Tod.«[47]

39 Ebd.
40 Ebd., S. 21.
41 Ströker, a. a. O., S. 204.
42 Scheler, a. a. O., S. 21.
43 Schulz, a. a. O., S. 180.
44 Scheler, a. a. O., S. 19.
45 Ebd., S. 20.
46 Ebd.
47 Schulz, a. a. O., S. 180.

Zwar markiert der so verstandene Tod einen »Grenzpunkt, dem der Lebende alternd entgegengeht«, und insofern ist er »der unüberschreitbare Limes seiner individuellen Entwicklung«.[48] Doch dürfe man den Tod keinesfalls nur im Sinne eines punktuellen Ereignisses interpretieren. Scheler ist vielmehr der Überzeugung, daß in jedem Augenblick des Lebens »der Tod selbst sich ereigne.«[49] Was am Ende des Lebens stehe, sei lediglich eine »mehr oder weniger zufällige Realisierung dieses ›Wesens‹ ›Tod‹. Am Ende steht also nicht das reine Was des Todes selbst, sondern nur sein zufälliges Gestorbenwerden, seine Verwirklichung von diesem oder jenem Individuum.«[50] Auf der Folie dieser Aussagen enthüllt sich jetzt auch die Bedeutung von Schelers Ansinnen, in jener eigentümlichen Struktur jeder beliebigen Phase eines kontinuierlichen Lebensprozesses das »Wesen des Todes ... enthalten« zu erblicken.[51] Denn die in jedem Augenblick aufscheinen sollende »Todesevidenz« wird von Scheler dergestalt konzipiert, daß sie ein »konstitutives Element der Lebenserfahrung« darstellt.[52] Dies freilich ist nur möglich, wenn sich mit jedem Quentchen Leben der Tod selbst ereignet. In der Tat bilden für Scheler Leben und Tod eine »geschlossene Totalität«.[53] Und es ist diese spezifische Zusammenschau von Leben und Tod, von Altern und Sterben, die Scheler zur Grundlage seines Verständnisses eines richtigen Todesbewußtseins macht, um dieses dann in kulturkritischer Absicht gegen »die Verdrängung der Todesidee« zu stemmen, die aus einem »Nicht-Herrwerden über diesen Gedanken, aus einem Sich-nicht-abfinden-Können mit dem Tode hervorgeht.«[54] Gegen die in modernen Gesellschaften praktizierte Scheidung von Leben und Tod setzt Scheler die Idee einer untrennbaren Identität beider Phänomene.

So plausibel diese Konstruktion prima vista auch erscheinen mag, in Wahrheit ist sie alles andere als überzeugend. Zunächst muß hier an die Einwände Theunissens und Strökers erinnert werden, daß in Schelers Ansatz Leben und Tod bzw. »Altern und

48 Ströker, a. a. O., S. 204.
49 Theunissen, a. a. O., S. 207.
50 Scheler, a. a. O., S. 18.
51 Ebd.
52 Ebd., S. 27.
53 Ebd., S. 23.
54 Ebd., S. 27.

Sterben in eins gefaßt« werden.[55] Für Theunissen ist Schelers Schluß, daß sich in jedem Augenblick des Lebens der Tod ereignet, »fragwürdig«.[56] Und Ströker bezweifelt ebenfalls mit guten Gründen, daß die »als selbstverständlich unterstellte Gleichsinnigkeit« der beiden Abläufe Altern und Sterben, »die Scheler sogar als miteinander identisch aufzufassen scheint, dem Phänomen des *Sterbens* gerecht wird«.[57] Denn Sterben könne nicht bloß als »ein begleitender Prozeß zu dem des rein biologischen Alterns« aufgefaßt werden: »Es liegt in der Begrenztheit der Schelerschen Ausgangsposition, daß sie erst gar nicht den Blick freigibt für dieses einzige und unvergleichliche Phänomen des Sterbens in seiner eigentlichen Bedeutung.«[58] Stellt man nun aber die Frage nach dem Grund für diese Begrenztheit der Schelerschen Ausgangsposition, was Ströker leider zu unternehmen versäumt, so findet man sich an dessen kulturkritische Motivation verwiesen. Es ist leicht zu sehen, daß es sich Scheler von vornherein versagen muß, das Sterben »als ein *Gegen*sinniges zur spezifisch menschlichen Lebendigkeit«[59] aufzufassen, wenn er die Verdrängung des Todes in der Moderne anprangern will. Denn diese Verdrängung fußt ja gerade auf der Vorstellung einer prinzipiellen Differenz von Leben und Tod. Wird das Sterben als etwas Gegensinniges zum Leben begriffen, der Tod als ein »absolutes Ende des Lebens«[60], dann steht einer strikten Abscheidung, i. e. Verdrängung, kaum mehr etwas im Wege. Mit anderen Worten, um die jeder Verdrängung zugrunde liegende Differenz von Leben und Tod aufzuheben, ist Scheler gezwungen, einer möglichst engen Verschränkung beider Phänomene das Wort zu reden. Nichts anderes unternimmt er mit seiner besagten Identitätstheorie, freilich mit dem Resultat, daß die Möglichkeit einer plausiblen soziologischen Klärung des Todesphänomens seiner kulturkritischen Motivation zum Opfer fällt.

Tatsächlich entbehren die Ausführungen Schelers in »Tod und

55 Ströker, a. a. O., S. 210.
56 Theunissen, a. a. O., S. 207.
57 Ströker, a. a. O., S. 210.
58 Ebd., S. 211.
59 Ebd.
60 W. Schulz, »Wandlungen der Einstellung zum Tode«, in: J. Schwartländer (Hg.), *Der Mensch und sein Tod*, Göttingen 1976, S. 94-107, hier S. 100.

Fortleben« jedweder Evidenz. So findet das eidetische Wesens-schau genannte Verfahren noch nicht einmal in der an Spekulatio-nen gewöhnten Philosophie Rückhalt; Hans Blumenberg stellt in einer kritischen Auseinandersetzung mit der Phänomenologie ja mit guten Gründen fest:

»Kein Bewußtsein belehrt über Geburt und Tod unmittelbar. Wir erin-nern uns keines Anfanges, den wir im Bewußtsein genommen hätten, und können kein Ende erwarten, das wir im Bewußtsein zu erleben vermöch-ten. Belehrt werden müssen wir auf dem ›Umweg‹ über äußere Erfahrung, daß geboren und gestorben wird, in jedem Fall die Welt die der anderen war und bleibt.«[61]

Aber auch Schelers Insistieren darauf, daß das Ergebnis seiner Wesensschau, i. e. das richtige Todesbewußtsein, universale Gül-tigkeit für sich reklamieren könne, erweist sich als unhaltbar. Bekanntlich hat Scheler selbst in seiner Kritik an Kants Vernunft-begriff »jede Annahme einer Universalität«[62] als Phantom ent-larvt, eine Gedankenführung, die in seinen der Wissens- und Zeitsoziologie zurechenbaren Arbeiten eine nachhaltige Bestäti-gung findet. Unter diesen Vorzeichen nimmt es nicht weiter wun-der, daß sich Scheler in »Tod und Fortleben« außerstande zeigt, konsequent universalistisch zu argumentieren. Wie Theunissen mit Recht anmerkt, geht mit dem von Scheler skizzierten Lebens-prozeß nichts weniger als »eine Veränderung des Zeitbewußtseins einher«; wenn sich aber »das Zeitbewußtsein des jungen Men-schen wesentlich von dem des gealterten«[63] unterscheidet, dann ist es naheliegend anzunehmen, daß das Zeitbewußtsein auch auf gattungsgeschichtlicher Ebene nicht über die Jahrtausende hin-weg konstant geblieben ist. Und was für das Zeitbewußtsein gilt, muß *mutatis mutandis* auch für das daran gebundene Todesbe-wußtsein zutreffen. Das »Wissen um die knapper werdende Zeit« provoziert zwar nicht unbedingt eine »Steigerung der Todes-angst«[64]; der das Todesbewußtsein junger Menschen kennzeich-nende »metaphysische Leichtsinn«[65] ist jedoch im Alter kaum mehr anzutreffen. Wie auch immer, Schelers Inkonsequenz findet

61 H. Blumenberg, *Lebenszeit und Weltzeit*, Frankfurt am Main 1986, S. 75.
62 Frings, a. a. O., S. 120.
63 Theunissen, a. a. O., S. 207.
64 Schulz, »Wandlungen der Einstellung zum Tode«, S. 102.
65 Scheler, a. a. O., S. 28.

ihren ersten Ausdruck in seinem Ansinnen, für die ontogenetische Ebene gelten zu lassen, was er für die phylogenetische Ebene aufgrund seiner kulturkritischen Motivation leugnet.

Bei näherem Hinsehen erkennt man freilich, daß Scheler nicht nur auf ontogenetischer Ebene verschiedene Formen des Zeitbewußtseins konstatiert, sondern aller eidetischen Wesensschau und sämtlichen universalistischen Ansprüchen zum Trotze auch auf phylogenetischer Ebene seine gesamte Beschreibung eines richtigen Todesbewußtseins als Kombination zweier historisch eindeutig bestimmbarer Zeitbewußtseinsformen präsentiert. Auf den Punkt gebracht, bedeutet dies: Um das falsche Todesbewußtsein der Moderne kritisieren und ein richtiges Todesbewußtsein dagegensetzen zu können, macht Scheler Anleihen bei frühen Lebensgemeinschaften, die er idealisiert. Allerdings kann er diese Anleihen nicht umstandslos übernehmen; aus Gründen der Plausibilität sieht er sich vielmehr gezwungen, sie durch Charakteristika der von ihm so heftig gegeißelten Moderne anzureichern. Das Ergebnis hiervon ist nichts anderes als ein höchst fragwürdiger theoretischer Bastard, den er durch allerlei Rhetorik vor der Kritik zu immunisieren hofft. Wie ist diese Konstruktion *en détail* zu verstehen?

Wie erinnerlich, ist es Schelers Auffassung, daß im Denken der Moderne eine auf einer strikten Trennung von Leben und Tod basierende Verdrängung des Todes vorherrscht. Dabei dürfte die Ansicht kaum strittig sein, daß in der Moderne eindeutig zwischen Leben und Tod differenziert wird, auch wenn man dem Schluß, den Scheler mit seiner Verdrängungsthese daraus zieht, nicht folgen will. So sind wir es in den Gesellschaften der Moderne »gewohnt, Leben und Tod getrennt vorzustellen, selbst wenn man dabei sagt, daß der Tod selbst ein ›Phänomen‹ des Lebens sei«.[66] Doch während in modernen Gesellschaften »Lebend und Tot Gegensätze«[67] sind, existieren in frühen Lebensgemeinschaften, wie Manfred S. Frings in Auseinandersetzung mit Heraklit erörtert, Leben und Tod nicht als Gegensatz. Leben und Tod sind hier vielmehr »Ein und dasselbe«.[68] »Und es ist immer ein und dasselbe«, formuliert Heraklit in seinem 88. Fragment, »was in uns

66 Frings, a. a. O., S. 128.
67 G. Simmel, *Das individuelle Gesetz. Philosophische Exkurse*, Frankfurt am Main 1987, S. 182.
68 Frings, a. a. O., S. 127.

wohnt: Lebendes und Totes und Waches und Schlafendes und Junges und Altes. Denn dieses ist umschlagend jenes und jenes zurück umschlagend dieses.«[69] Für die Mitglieder früher Lebensgemeinschaften gilt demzufolge, daß »Leben und Tod nur zwei Weisen desselben sind« und daß »der Übergang von einem ins andere so natürlich ist wie die Folge von Tag und Nacht, wachen und schlafen.«[70] Tatsächlich sind Lebendes und Totes in einem Mitglied früher Lebensgemeinschaften »mitweltlich zusammen. Die ›in mir‹ lebenden lebensgemeinschaftlichen Ahnen und Vorfahren sprechen und handeln weiter durch mich, und ich durch sie.«[71] Von daher ist es plausibel anzunehmen und durchaus verständlich, daß Scheler in frühen Lebensgemeinschaften die Form einer Identität von Leben und Tod angelegt wähnte, die sich seiner Kulturkritik zugrunde legen ließ.

Aber verweilen wir noch etwas bei den frühen Lebensgemeinschaften. Diese basieren Frings zufolge auf einem zyklischen Zeitverständnis, das sich radikal unterscheidet von dem linearen Zeitverständnis moderner Gesellschaften. In der Lebensgemeinschaft wird die Vergangenheit nicht als vergangen erfahren: »Der in der Lebensgemeinschaft erlebte Zeitfluß fließt aus der nicht als vergangen erlebten Vergangenheit in die ständig erlebte Gegenwart. In ihr dauern Gehalte der Generationen weiter, sie sind nicht sukzessiv erlebt.«[72] Von daher steht das »Mitsein« der lebensgemeinschaftlichen Ahnen auch außer Frage: »Das nicht ›als‹ vergangen Erlebte der Mit-Ahnen schlägt in jedem meiner Akte um in lebendige Gegenwärtigkeit. Diese selbst berührt in dauernder Präsenz die lebensgemeinschaftlich mitweltlichen ›Ahnen‹.«[73]

Es ist unmittelbar einsichtig, daß diese Erlebnisrichtung V → G »eine lineare Zeitvorstellung« ausschließt:

»Es ist ja auch kein Wunder, daß bei lebensgemeinschaftlichen Gruppen ... die Zeit durchweg zyklisch aufgetreten ist. Riten, Glaube an Reinkarnationen, Wiedergeburt, Zyklenkalender (bei denen die Zeit periodisch

69 Heraklit, zitiert nach: *Die Fragmente der Vorsokratiker*, Bd. 1, Griechisch und deutsch von H. Diels, hg. von W. Kranz. Dublin 1972, S. 170 f.
70 Frings, a. a. O., S. 128.
71 Ebd.
72 Ebd., S. 123 f.
73 Ebd., S. 128

wieder anfängt), Wiederkunft von Gottheiten in Festen und Orgien sind nur weniges, was uns die Geschichte dazu beistellen könnte.«[74]

Diese zyklische Zeiterfahrung gilt freilich nicht nur für Vergangenes, sondern auch für Zukünftiges:

»In der Dauer tradierter Gehalte liegt, daß immer wieder dieselben Gehalte auch ›vorwirken‹ und sie die Gemeinschaft sozusagen ›von vorne‹ her zusammenhalten. Es liegt hier zunächst keine bewußte ›Erwartung‹, Planung von Zukünftigem, vor (wie in der Gesellschaft). Der lebensgemeinschaftliche Mensch, zum Beispiel ein No-made, lebt von der Nachwirksamkeit und aus der Vorwirksamkeit seiner natürlichen Weltsicht.«[75]

Auch diese Erlebnisrichtung G ← Z schließt Linearität aus. Zusammenfassend kann die zyklische Zeitvorstellung in der Lebensgemeinschaft also wie folgt dargestellt werden:

$$LG: V \rightarrow G \leftarrow Z$$

Im Unterschied dazu können wir nach Frings die in modernen Gesellschaften präsente lineare Zeitvorstellung folgendermaßen schematisieren:

$$MG: V \leftarrow G \rightarrow Z$$

Wie wir gesehen haben, spricht Scheler in »Tod und Fortleben« selbst von der »Nachwirksamkeit« der Vergangenheit und von der »Vorwirksamkeit« der Zukunft im Gegenwärtigsein.[76] Wiewohl er also in seinen Ausführungen zu »Tod und Fortleben« den Begriff früher Lebensgemeinschaften vermeidet und statt dessen einem Universalismus das Wort redet, steht außer Frage, daß seine Aussagen abzielen auf das dortselbst vorfindliche »Ein und dasselbe« von Leben und Tod, um es der modernen Abscheidung und Verdrängung des Todes kritisch gegenüber zu stellen.[77] Allein nur, Schelers Rekurs auf frühe Lebensgemeinschaften evoziert gewisse Schwierigkeiten, die sein Scheitern bereits programmieren.

74 Ebd., S. 124.
75 Ebd., S. 124.
76 Scheler, a. a. O., S. 19.
77 Zu Schelers Begriff der Lebensgemeinschaft vgl. allgemein M. S. Frings, *Zur Phänomenologie der Lebensgemeinschaft. Ein Versuch mit Max Scheler* (Beiheft zur *Zeitschrift für philosophische Forschung*, Heft 24). Meisenheim 1971.

Zum einen kann nicht fraglos davon ausgegangen werden, daß sich mit jeder Form einer Identität von Leben und Tod die moderne Trennung beider Phänomene aufheben läßt. Das lebensgemeinschaftliche »Ein und dasselbe« jedenfalls ist für diesen Zweck denkbar ungeeignet, kann doch ein »Todesbewußtsein«, das sich in modernen Gesellschaften im Sinne einer »klaren und leuchtenden Idee des Todes«[78] auffinden ließe, in frühen Lebensgemeinschaften gar nicht ausgemacht werden. Denn ein solches ist dortselbst nämlich noch gar nicht ausdifferenziert. Genaugenommen gibt es in Lebensgemeinschaften kein eigentliches »Todesbewußtsein«; und so überrascht es nicht weiter, daß sämtliche Belege, die Scheler seinem Leser zur Illustration anbietet, nicht auf wirklich frühe Lebensgemeinschaften referieren, sondern auf bereits verstädterte Kulturen oder auf Anschauungen, wie wir sie gestanzt in den Versen Goethes oder Rilkes vorfinden. Zur besseren Veranschaulichung des Gemeinten sei an dieser Stelle ein Vergleich gestattet: Wenn jemand für eine Gesellschaft X behauptet, in ihr kümmere man sich nur noch um die Farbe Weiß, nicht aber um die Farbe Schwarz, dann ist er zum Zwecke der Rehabilitierung von Schwarz für X schlecht beraten, sich einer Gesellschaft Y zuzuwenden, in der es weder Weiß noch Schwarz, sondern lediglich Grau gibt. Nichts anderes aber macht Scheler *in puncto* Leben und Tod. Anstatt sich auf die Suche nach einer Form von Identität zu begeben, in der sich die Differenz von Leben und Tod aufheben ließe, wendet er sich mit seiner Reprise lebensgemeinschaftlichen Gedankenguts einer Identitätsform zu, die sich als bloße Indifferenz von Leben und Tod herausstellt. Seine Kulturkritik resultiert so gesehen in einer allenthalben unbefriedigenden Entdifferenzierung. Denn ebensowenig wie die modernen Menschen leben die Menschen früher Lebensgemeinschaften »›angesichts‹ des Todes«.[79]

Zum anderen muß betont werden, daß eine umstandslose Repristination des lebensgemeinschaftlichen »Ein und dasselbe« von Leben und Tod insofern nicht gelingen kann, als dieses auf einem zyklischen Zeitverständnis beruht. Es steht zu vermuten, daß sich Scheler selbst im klaren war über die Unmöglichkeit, moderne Gesellschaften auch nur teilweise von einem linearen wieder auf

78 Scheler, »Tod und Fortleben«, a. a. O., S. 30.
79 Ebd.

ein zyklisches Zeitverständnis umzustellen. Um dennoch das lebensgemeinschaftliche »Ein und dasselbe« von Leben und Tod auch für die Moderne als gültig postulieren zu können, was in der Rede von der Nachwirksamkeit des Vergangenen und der Vorwirksamkeit des Zukünftigen im unmittelbaren Gegenwärtigsein seinen systematischen Niederschlag finden soll, stellt Scheler darauf ab, diese Vorstellung selbst gleichsam zu modernisieren. Die Lösung, die ihm in diesem Kontext beikommt, sieht vor, dem auf einem zyklischen Zeitverständnis basierenden lebensgemeinschaftlichen »Einen und demselben« einen Schuß Linearität zu injizieren. Wie erinnerlich, entwirft er die »Struktur« eines »Lebensprozesses«, die eine eindeutige »Richtung« – und damit Linearität – aufweisen soll.[80] Und er bemüht zur näheren Charakterisierung der von ihm aufgewiesenen »Todesrichtung« sogar Konnotationen und theoretische Modelle, die mit frühen Lebensgemeinschaften insofern nicht in Einklang zu bringen sind, als sie konstitutive Bestandteile des modernen Denkens darstellen. Das gilt insbesondere für die Umschreibung der Todesrichtung mit dem Begriff »Fortschritt«[81] sowie für seine Rede von dem »Spielraum« erlebbaren Lebens, der sich im Laufe der Zeit »verengern« soll.[82] Es ist klar, daß Scheler für diese Anpassung einen Preis zu

---

80 Vgl. ebd., S. 18 f.

81 Ebd., S. 20.

82 Wiewohl Scheler keine näheren Angaben über die Herkunft seines Spielraumbegriffes macht, dürfte er sich damit auf ein in der Philosophie wie Soziologie gleichermaßen prominentes gedankliches Modell beziehen, das im ausgehenden 19. Jahrhundert von dem Logiker Johannes von Kries entwickelt worden war; vgl. J. v. Kries, *Die Principien der Wahrscheinlichkeitsrechnung*, Tübingen 1886, sowie ders., *Über den Begriff der objektiven Möglichkeit und einige Anwendungen desselben*, Leipzig 1888; zur Rezeption der Kriesschen Theorie in der Soziologie vgl. G. Wagner und H. Zipprian, »Methodologie und Ontologie. Zum Problem kausaler Erklärung bei Max Weber«, in: *Zeitschrift für Soziologie* 14 (1985), S. 115-130, hier S. 122 f. Wie A. Kamlah, »Probability as a Quasi-Theoretical Concept: J. v. Kries' Sophisticated Account after a Century«, in: *Erkenntnis* 19 (1983), S. 239-251, hier S. 250, demonstriert, ging es in Kries' Spielraumtheorie unter anderem darum, »the relation of objective probabilities to time direction« klarzulegen: »It accounts for the time direction of objective probabilities, which are always predictive of forward probabilities, while retrodictive or backward probabilities are always sub-

entrichten hat. Dieser besteht darin, daß mit dem Einziehen einer linearen Dimension in die zyklische Zeiterfahrung früher Lebensgemeinschaften das Vergangene nur noch »als gelebt«[83], das Zukünftige nur noch »als zu leben« erfahren werden kann. Dadurch entgleiten jedoch die Vorstellungen einer Nachwirksamkeit des Vergangenen sowie einer Vorwirksamkeit des Zukünftigen im Gegenwärtigsein ins seltsam Ungefähre. Von einem »Ein und dasselbe« von Leben und Tod jedenfalls kann unter diesen Vorzeichen nicht länger die Rede sein.

Kurz und gut, Scheler erleidet Schiffbruch mit seinem Ansinnen, die von ihm eidetisch erschaute, auf einem linearen Zeitverständnis fußende Struktur einer Todesrichtung den an ein zyklisches Zeitverständnis gebundenen frühen Lebensgemeinschaften zu unterschieben, um auf diese Weise das dortselbst vorherrschende »Ein und dasselbe« für die modernen Gesellschaften fruchtbar zu machen. Seine Konstruktion erweist sich in der Tat als eine Klitterung von Determinanten zweier historisch exakt bestimmbarer Lagen, die, wie wir gesehen haben, wenig Anspruch auf (universale) Geltung machen kann. Wohlmeinend läßt sich seine Theorie immerhin als eine Philosophie des Alterns verstehen; eine Soziologie des Todes ist sie jedoch keinesfalls. Gleichviel, Schiffbruch zu erleiden ist für den Philosophen eines seiner »berufstypischen« Risiken.[84] Gefragt ist nun nach einer Möglichkeit, wie die in »Tod und Fortleben« ersichtliche kulturkritische Begrenztheit der Schelerschen Ausgangsposition zu überwinden ist, um wenigstens dem Obskurantismus des eidetisch Erschauten die Spitze zu brechen. Dazu abschließend ein paar Gedanken.

Es empfiehlt sich in diesem Kontext, Schelers eigene Ausführungen zum Phänomen der Zeiterfahrung heranzuziehen, wobei unsere Aufmerksamkeit vor allem seinem Begriff des »Werdeseins« zu gelten hat. Scheler expliziert diese Kategorie, indem er die zwischen »Vergangensein und Zukunftsein« konstatierbaren Übergänge »von Sosein in Anderssein« beschreibt.[85] Als Beispiel

jective.« Wie einem ein Blick in Kries' Schriften unmißverständlich vor Augen führt, ist darin nirgendwo von einem zyklischen Zeitverständnis die Rede.
83 Scheler, a. a. O., S. 20.
84 Vgl. H. Blumenberg, *Die Sorge geht über den Fluß*, Frankfurt am Main 1987, S. 10.
85 Frings, a. a. O., S. 122.

für eine solche zeitlich erfahrbare Veränderung läßt sich das Phänomen des Alterns anführen. Tatsächlich gibt es aber nicht nur Wandlungen von Sosein in Anderssein, sondern auch jene Art von »Übergang zu Gewordenheiten«, die man als Transformation »von Nichtsein in Dasein« bezeichnen kann und für die beispielhaft das Phänomen der Geburt steht.[86] Allerdings läßt sich diese Art Übergang nicht mehr allein mit dem Begriff des Werdeseins fassen, ist dieser doch an zeitliche Erfahrbarkeit, i. e. an die Kategorien Vergangensein und Zukunftsein gebunden. Scheler führt denn auch den Begriff des »vorzeitlichen Werdeseins« ein, um einen Übergang zu beschreiben, in dessen Verlauf sich die »Scheidungen von Vergangen- und Zukunftsein« allererst ausbilden müssen.[87] Ein noch nicht geborener Mensch ist außerstande, Zeit in einem recht eigentlichen Sinne zu erfahren; diese beginnt sich Scheler zufolge im Zuge der Geburt zu entfalten, und zwar in den unmittelbaren menschlichen Trieben: »Das den Trieben ›Vordringliche‹ wird das Frühere und Vordere, das ihnen ›Nachdringliche‹ das Spätere und Hintere ... Die Gabelung verläuft äußerst dynamisch aus dem Drang, in dem sie noch gar nicht ist, hervor«.[88]

Nun liegt es nahe, über Scheler hinauszugehen und auch das Phänomen des Todes in Kategorien der Zeiterfahrung zu erfassen. Dabei scheint es uns vielversprechend, Schelers Aussagen zur Geburt invers zu setzen, um so den Übergang von Dasein in Nichtsein adäquat beschreiben zu können. Es dürfte bekannt sein, daß in zahlreichen Mythen »merkwürdige Beziehungen zwischen den Alten und den Kindern«[89] gezogen werden, ein Denken, das man auch noch in der Philosophie der Moderne findet. So hat beispielsweise Hegel Parallelen zwischen der Kindheit und dem Greisentum gezogen.[90] Ohne den Gehalt von derlei Aussagen überstrapazieren zu wollen, läßt sich doch behaupten, daß Kinder und Greise Grenzpositionen markieren. Sie stehen nicht nur am Rande der Gesellschaft, sondern auch am Rande des menschlichen Daseins, insofern sie sowohl den gesellschaftlichen Zugehörig-

86 Vgl. ebd., S. 122 f.
87 Vgl. ebd., S. 122.
88 Ebd.
89 Macho, *Todesmetaphern*, a. a. O., S. 303.
90 Vgl. G. W. F. Hegel, *Werke in zwanzig Bänden*, Bd. 10: *Enzyklopädie der philosophischen Wissenschaften* III, Frankfurt am Main 1985, S. 86.

keitsbedingungen als auch denen des menschlichen Werdeseins nur in einem eingeschränkten Maße genügen: »noch nicht oder nicht mehr«.[91] Läßt sich also die Geburt als Übergang von Nichtsein in Dasein auf den Begriff des vorzeitlichen Werdeseins bringen, so können wir den Tod als Übergang von Dasein in Nichtsein entweder als »nachzeitliches Werdesein« oder besser als »Entwerdesein« bezeichnen. Ebenso wie sich im Zuge der Geburt des Menschen Zeit zu entfalten beginnt, darf behauptet werden, daß sie sich im Übergang zum Tode wieder zusammenzieht. Mit dem Schwinden der Triebe, dem Indifferentwerden des Vor- und Nachdringlichen, werden Vergangensein und Zukunftsein nichts weniger als bedeutungslos. Der anfängliche Grenzpunkt des Daseins, der mit der Geburt überschritten wird, kann demnach im Sinne eines »Noch keine Zeit haben« charakterisiert werden, der letztliche Grenzpunkt des Daseins hingegen, der mit dem Tod überschritten wird, im Sinne eines »Keine Zeit mehr haben«. »Man fällt ins Träumen«, wie Norbert Elias formulierte, »und die Welt verschwindet – wenn es gut geht«.[92]

91 Macho, a. a. O., S. 314.
92 N. Elias, *Über die Einsamkeit der Sterbenden in unseren Tagen*, Frankfurt am Main 1987, S. 99.

Klaus Feldmann
Leben und Tod im Werk von Talcott Parsons

»We are developing here the view that the ›death complex‹ is a universal that, like the ›family‹, can be found in all societies. In the primitive societies, it is diffusely embedded in other structures, much like the kinship system. In the more evolved societies, it assumes greater structural autonomy, in a sense very parallel to the modern nuclear family.«[1] In dieser Anmerkung sind drei wesentliche Aspekte enthalten: In jeder Kultur gibt es eine Institutionalisierung von Tod und Sterben. Die Todesinstitutionalisierung verändert sich gemäß der kulturellen Evolution. Durch die Differenzierung innerhalb der modernen Gesellschaften wird auch die Institutionalisierung des Todes stärker von den anderen institutionellen Systemen abgekoppelt, wird also autonomer.

Parsons ist ein »Klassiker«, der sich mehrfach explizit in seinem Werk mit dem Tod auseinandergesetzt hat, doch das Thema ist an der Peripherie und vor allem im Spätwerk angesiedelt. Parsons hat zur Todesproblematik 1963, also mit 61 Jahren, einen kurzen Aufsatz, dann 1967 gemeinsam mit Lidz und 1973 mit Fox und Lidz zwei größere Arbeiten und schließlich 1978 einen kürzeren Artikel veröffentlicht. Außerdem hat er im Rahmen seiner religions- und medizinsoziologischen Arbeiten über Sterben und Tod einige Bemerkungen gemacht.

Theorie von Parsons

Im Zentrum von Parsons' erstem Buch *The Structure of Social Action*[2] steht das Problem der *sozialen Ordnung*. Wie ist es erklärbar, daß die Menschen trotz ihrer Handlungsfreiheit sich im Rah-

1 T. Parsons und V. M. Lidz, »Death in American society«, in: E. S. Shneidman (Hg.), *Essays in self-destruction*, New York 1967, S. 167 f.
2 New York 1937.

men einer Gesellschaft im großen und ganzen im Einklang mit der herrschenden sozialen Ordnung verhalten?

Parsons war wohl nicht wie Hobbes von der Angst vor der wilden Bestie Mensch, also vor dem wilden Töten, motiviert, sondern von der zunehmenden Individualisierung und dem beschleunigten sozialen Wandel. Er vertrat die Überzeugung, daß keine Gesellschaft primär auf einem rationalistischen und utilitaristischen Individualismus aufgebaut werden könne. Die alternative altruistische Werthaltung fand er unter anderem in gesellschaftlichen Bereichen, in denen es um Leben und Tod geht, zum Beispiel in der medizinischen Profession.

Parsons beschäftigte sich in seiner zweiten Schaffensphase, aus der auch die wichtigen Todesschriften stammen, hauptsächlich mit einer sozialen Systemtheorie. Er setzte, an Durkheim anschließend, ein gemeinsames stabiles kulturelles Wertsystem auch für moderne Gesellschaften voraus.[3] In diesem Zusammenhang der Schaffung und Erhaltung eines stabilen langfristig funktionierenden Wertsystems waren für Parsons Religion und Medizin Schlüsselbereiche.

Parsons schloß an Durkheim und andere Soziologen des 19. Jahrhunderts auch in seiner Konzeption der »gesellschaftlichen Grundsubstanz« an. Diese Substanz ist nicht zeitlich oder historisch begrenzt konzipiert, sie ist also implizit mit einem »ewigen Leben« ausgestattet. Sie wandelt sich, doch sie ist evolutionär abgesichert und somit als »unendlich« konzipiert. Nach Parsons ruhte diese sozial-kulturelle Substanz auf einem organismischen System – ebenfalls »unendlich« oder »unsterblich« konzipiert, »an intergenerational chain of indefinite durability, the species«.[4]

Im folgenden werde ich die thanatosoziologisch relevanten Erörterungen von Parsons in Abschnitten behandeln, die jeweils Arbeitsschwerpunkte von ihm darstellten. Die Religions- und Medizinsoziologie bedürfen in diesem Kontext keiner weiteren Rechtfertigung. Doch die »Natursoziologie« wird manchen Leser befremden. Parsons wollte bekanntlich ursprünglich Medi-

---

3 Vgl. T. Parsons, »A tentative outline of American values«, in: *Theory, Culture and Society* 6 (1989), S. 577-612, hier S. 581 ff.
4 T. Parsons, »Death in the Western world«, in: W. T. Reich (Hg.), *Encyclopaedia of Bioethics*, New York 1978, S. 255.

zin und Biologie studieren und hat immer Wert darauf gelegt, seinen Systemansatz mit den jeweils neuesten Grundlagentheorien der Biologie zu verbinden. So ergibt sich eine spezielle Natursoziologie, in der Leben und Tod einen zentralen Stellenwert besitzen.[5]

H) Parsons' »Natursoziologie«

Parsons arbeitete in seiner Systemtheorie mit einer organischen Basis, die jedoch soziologisch unentwickelt blieb. Er überließ die wissenschaftliche Bearbeitung der Organismusproblematik der Biologie und der Medizin.[6] Der Organismus ist die passive Basis, er dient der Anpassung und steht unter der Herrschaft der (sozialisierten) Persönlichkeit.[7] Die Persönlichkeit ist als soziales Handlungssystem konzipiert, sie verfolgt Ziele, die letztlich der Erhaltung des sozialen und kulturellen Systems dienen.

In seiner voluntaristischen Handlungstheorie wurde Parsons von ökonomischen Ansätzen stark beeinflußt, wodurch eine instrumentelle Haltung gegenüber der »Natur« und dem »Körper« (*behavioral organism*) nahegelegt wurde. Die Setzung von Schwerpunkten im Makrobereich auf einen quasi-biologischen und im Mikrobereich auf einen quasi-ökonomischen Ansatz führte zu einer hierarchischen und instrumentellen Unterordnung und Vernachlässigung der individuellen körperlichen Gegebenheiten.[8]

5 T. Parsons, »Death in American society, a brief working paper«, in: *American Behavioral Scientist* 6 (May 1963, Special Issue), S. 65, Anm. 6, meint, daß in der »amerikanischen Kultur« die »Natur« als geordnet und mit den kulturellen Prinzipien verträglich konzipiert wird. Dies ist die Basis für eine kulturelle Sinngebung des Todes.

6 Vgl. M. Featherstone u. a. (Hg.), *The body. Social processes and cultural theory*, London 1991.

7 Die Trennung von Organismus und sozial handelnder Persönlichkeit ist eine Art Dualismus, der zu »Widersprüchen« führt. Da die Persönlichkeit nicht nur »sozial produziert«, sondern auch genetisch gesteuert ist, ergeben sich Schwierigkeiten, Thesen über die analytische Trennung von Organismus und Persönlichkeit »empirisch zu prüfen«.

8 Vgl. B. S. Turner, *Regulating bodies. Essays in medical sociology*, London 1992, S. 77 ff.

Parsons wollte wahrscheinlich der Soziologie eine ähnlich harte Grundlage geben, wie sie die Biologie durch die Genetik erhielt. Das Wertsystem ist als Grundprogramm des sozialen Lebens analog den Genen konzipiert[9], und die Evolution der kulturellen Wertsysteme verläuft analog der Evolution von Arten oder Lebenskollektiven.[10] Der individuelle Organismus wird von den Genen bestimmt und transzendiert, so wie die Persönlichkeit und das soziale System vom kulturellen System gesteuert und transzendiert werden.[11]

9 Der Biologe A. E. Emerson hatte in »Homeostasis and the comparison of systems« (in: R. R. Sr. Grinker (Hg.), *Towards a unified theory of human behavior*, New York 1956) eine funktionale Äquivalenz zwischen den Genen und den Symbolen angenommen. Ähnliche Überlegungen finden sich bei R. Dawkins, *Das egoistische Gen*, überarbeitete Neuauflage, Heidelberg 1994.

10 Parsons hatte die Theorie der Evolution von Gruppen oder Kollektiven in der Biologie von Emerson, a. a. O., rezipiert.

11 Parsons spricht von einer Integration der biologischen Theorie und der Theorie menschlichen Handelns, die von Durkheim und ihm angestrebt wurde. Er stellt eine überraschende Übereinstimmung zwischen den Durkheimschen Begriffen (Émile Durkheim, *Die elementaren Formen des religiösen Lebens*, Frankfurt am Main 1981, zuerst 1912) und der neueren biologischen Theorie fest. Die Unterscheidungen zwischen Genom, Keimbahn und auf der anderen Seite genetischen Strukturen in den somatischen Zellen, zwischen Genotyp und Phänotyp und auch die zwischen phylogenetischer und ontogenetischer Struktur sind nach Parsons in analoger Weise in der Analyse der Kulturen und Religionen aufzufinden. – Durkheim hat nach Parsons grundsätzliche Codes (moralische Ordnung und kognitive Struktur) entdeckt ähnlich den genetischen Codes.

Parsons interpretiert die von Durkheim berichteten Vorstellungen australischer Ureinwohner im Sinne einer Analogie zur genetischen Theorie. Der Glaube an die Wiedergeburt von Geistern der Ahnen ist nämlich so strukturiert, daß nicht die Gesamtheit des Geistes, sondern nur ein abgesplitteter Teil wiedergeboren wird, nach Parsons eine Analogie zu der Zellteilung, die bei der Befruchtung der Eizelle stattfindet, da die genetische Ausstattung des neuen Organismus nur aus Teilen des elterlichen Genoms besteht.

B) Der Tod als unentbehrliche Bedingung der Evolution des Lebens und der Kultur

Parsons und Lidz[12] erkennen das naturwissenschaftliche Grundprinzip der Einbettung des einzelnen Menschen als Mitglied der Art *homo sapiens* in den natürlichen Evolutionsprozeß an. Die naturwissenschaftliche Betrachtung sei nicht nur für die Wissenschaft, sondern für die gesamte Gesellschaft zur verbindlichen Anschauung geworden: Der Tod der Individuen ist nicht nur unvermeidlich, sondern eine unverzichtbare Voraussetzung für die Entwicklung der Arten und für die Evolution. Analog zu dieser biologischen Betrachtung konstruieren Parsons und Lidz den kulturellen Evolutionsprozeß; der Tod der Individuen sei funktional für die gesellschaftliche Entwicklung. Die Positionen und Rollen müssen immer wieder von neuen, der jeweiligen nächsten Generation angehörenden Individuen besetzt werden, um soziale und kulturelle Innovationen und Anpassungsleistungen zu ermöglichen. Der Tod ermöglicht immer neue Internalisierungsexperimente, »abgestandene« Weltkonzeptionen in den Individuen sterben mit ihnen, ohne daß dadurch die Gefahr besteht, daß die Kultur Schaden erleidet.[13]

1973 bekräftigen Parsons, Fox und Lidz[14] nochmals die Ansicht, daß eine Parallelität zwischen der Notwendigkeit des Todes im *biologischen* Sinne und im *kulturellen* Sinne gegeben sei.[15] Der Tod sei für kulturelles Wachstum und für sozialen Wandel wahrscheinlich noch wichtiger als für die Entwicklung einer tierischen Art. Folglich wenden sie sich explizit gegen Versuche moderner Technologie und Medizin, Universalien des Todes, zum Beispiel die normale Lebensdauer, zu verändern.

12 A. a. O.
13 Freilich ist damit das »normale«, kulturell geregelte Sterben gemeint, nicht verheerende Kriege, Seuchen oder Naturkatastrophen, die nicht nur viele Menschen, sondern auch Kulturteile hinwegraffen.
14 T. Parsons, R. C. Fox und V. M. Lidz, »The ›gift of life‹ and its reciprocation«, in: A. Mack (Hg.), *Death in American experience*, New York 1973, S. 1-49; auch in: *Social Research* 39 (1972), S. 367-415.
15 Hat das Individuum die natürliche und die kulturelle Reproduktion geleistet, unterliegt es einem Sterbeimperativ.

Parsons' Medizinsoziologie

Industrialisierung, Urbanisierung, technische Entwicklung und andere Eigenschaften moderner Gesellschaften haben die Anforderungen an die Individuen erhöht. Eine höhere Komplexität, ständig steigende Erwartungen und Konkurrenz führen häufig zu Streß und verstärken damit bei einem Teil der Gesellschaftsmitglieder die Motivation zum Rückzug, zum Ausweichen vor der Verantwortung und zu anderen unerwünschten Verhaltensweisen. Krankheit wird in diesem Rahmen als ein Typ abweichenden Verhaltens definiert.[16] Gesundheit der Mitglieder ist funktionale Vorbedingung für ein ordnungsgemäß arbeitendes soziales System. Gesundheit steht in einem direkten Zusammenhang mit den zentralen Eigenschaften des modernen Menschen: Unabhängigkeit, Aktivität und Selbstverantwortlichkeit.

In der Sozialisation wird durch Unterdrückung der Bedürfnisse nach Abhängigkeit und Passivität dieses Ziel im Idealfall erreicht. Durch Krankheit wird dieser Sozialcharakter geschwächt und muß deshalb im allgemeinen Interesse wiederhergestellt werden. Nicht Bestrafung, sondern eine kooperative professionelle, wissenschaftlich geleitete Bearbeitung des abweichenden Verhaltens ist anzustreben.

Aufgrund des dominanten Aktivismus und Individualismus

16 Gesundheit hat nicht eine naturhafte Existenz, sondern funktioniert als »generalisiertes symbolisches Austauschmedium«. Es geht also bei Gesundheit und Krankheit um Beziehungen in einem Machtfeld. Normalität und Abweichung von der Norm werden festgelegt. Soziale Kontrolle wird durch Professionelle ausgeübt. Die Professionellen bieten technische Lösungen für körperliche, psychische und soziale Probleme an. – Parsons blendet aus, daß das medizinische System nicht nur der Erhaltung und Wiederherstellung von Gesundheit, sondern auch von Krankheit dient, das heißt es wird nicht nur abweichendes Verhalten kontrolliert, sondern auch systematisch hergestellt. Damit wird der Begriff »abweichendes Verhalten« brüchig. Bemühungen um Lebensverlängerung dienen oft nicht der Herstellung von Gesundheit, sondern der Erhaltung chronisch kranker Körper. Außerdem gibt es im medizinischen System außer Gesundheit auch andere generalisierte Austauschmedien, Geld, Macht, Lust (Sexualität), Einfluß etc. Auch dies sprengt die Konzeption »normales versus abweichendes Verhalten« und führt zur Bildung einer Doppelmoral bezüglich des normativ festgelegten Arzt-Patient-Rollenspiels.

wird die *Krankenrolle* durch gemeinsame Arbeit mit dem Professionellen definiert und folgendermaßen bestimmt[17]: 1. Befreiung von den normalen Rollenverpflichtungen. 2. Die Vorstellung, daß die kranke Person (professionelle) Hilfe benötigt, um wieder in den Stand versetzt zu werden, ihre normalen Rollen und Aufgaben zu erfüllen. 3. Krankheit wird als unerwünscht definiert, und es wird als Pflicht des Kranken angesehen, den kranken Zustand möglichst schnell in einen gesunden umzuwandeln. 4. Es wird erwartet, daß der Kranke fachkundige Hilfe aufsucht und mit dem zuständigen Professionellen kooperiert.[18]

Es herrscht Parallelität zwischen der Rolle des Kranken und der Rolle des Arztes. Beide Rollen sind universalistisch, funktional spezifisch, emotional neutral und kollektiv orientiert.[19] Die Beziehung zum Arzt ist für den Patienten problematisch, weil die Integrität des Individuums auf dem Spiel steht. Die Unverletzlichkeit des Körpers wird zur Disposition gestellt. Der Körper wird zum Betrachten und Berühren, ja zur Verletzung freigegeben. Der Arzt durchbricht die Schamschranken und dringt in die Privatsphäre des Patienten ein. Dadurch können Angst und andere negative Gefühle entstehen. Um so bedeutsamer sind Universalismus, funktionale Spezifität und affektive Neutralität, Schutzmechanismen sowohl für den Patienten als auch für den Arzt.

17 Vgl. T. Parsons, *The Social System*, New York 1951, S. 426-437. Die Resozialisation gemäß einem von Parsons rezipierten und soziologisierten psychoanalytischen Modell vollzieht sich in vier Stufen, gesehen von der Warte des Arztes: Permissivität, das heißt den Patienten ermutigen, abweichende Ideen offen zu äußern; Unterstützung und Akzeptanz; dann jedoch Frustration, indem regressive Wünsche nicht anerkannt werden, und schließlich Belohnung für therapiegerechtes Verhalten.

18 Der Patient hat zwar ein Eigeninteresse an der Genesung, aber er hat auch eine gesellschaftlich kollektive Verpflichtung, mit dem Arzt zusammenzuwirken, um das sozial erwünschte Ziel Gesundheit zu erreichen. Parsons meint, daß nicht nur der Arzt kein Geschäftsmann sein, sondern auch der Kranke sich nicht als Konsument verhalten darf, der zum Beispiel die Ärzte beliebig wechselt oder sie nach materiellen Gesichtspunkten auswählt.

19 Im Gegensatz zur Rolle des Geschäftsmannes ist die Rolle des Arztes kollektiv- und nicht selbst-orientiert. Der Arzt ist verpflichtet, das Wohl des Patienten über seine materiellen und sonstigen Interessen zu stellen.

Die *Rolle des Sterbenden* wird in der Regel als Spezialfall der Krankenrolle definiert, was zwangsläufig zu Rollenkonflikten und Inkonsistenzen führt. Sterbende »verstecken sich« oft hinter der Krankenrolle, und Ärzte behandeln Sterbende als Kranke. Das vorgeschriebene Rollenspiel erweist sich als kontraproduktiv, wenn Sterbende wie Kranke »verpflichtet werden«, als zentrales Ziel die Heilung ihrer Krankheit anzustreben, und Ärzte einen heroischen und aussichtslosen Kampf gegen das Sterben führen.

Der *Wert des menschlichen Lebens* wird im medizinischen System absolut gesetzt, und der Arzt ist verpflichtet, es unter allen Bedingungen zu erhalten. Durch diese Rigidität gerät das medizinische System in eine zunehmende Diskrepanz zu anderen flexibleren Wertsystemen innerhalb der Gesellschaft.[20]

Diese religiös legitimierte »medizinische Ethik« ist auch ein zentrales Hindernis für einen differenzierten Umgang mit dem Tod. »One principal source of difficulty is that this ethical pattern allows little room for positive definitions of the significance and meaning of death.«[21] Vor allem wird der Tod damit rein negativ bestimmt, eine positive Definition ist kaum möglich. Er wird vom Arzt als Niederlage empfunden. Somit ist es nicht verwunderlich, daß empirische Untersuchungen in Krankenhäusern zeigen, daß Ärzte ihre Aufmerksamkeit von Sterbenden oder gar Toten eher abwenden und keine oder geringe emotionale Unterstützung liefern.[22] Teilweise entstehen Schuldgefühle bei den Ärzten, daß sie zuwenig im Dienste des obersten Wertes, nämlich der Lebenserhaltung, getan hätten. Außerdem wird die emotionale und soziale Situation des Sterbenden häufig ignoriert. Er wird dazu gedrängt, seinen Lebenswillen zu mobilisieren und einen bedingungslosen Kampf gegen den Tod zu akzeptieren. Die Autoren weisen darauf hin, daß die rigide Fixierung des Arztes, das Leben eines konkreten menschlichen Organismus zu erhalten, ihn für andere soziale

20 Außerdem entsteht dadurch notwendigerweise eine Doppelmoral, da diese Absolutwertung weder den konkreten Vorstellungen der Beteiligten noch den durch Organisation und Technologie vorgegebenen Sachzwängen entspricht.
21 Parsons, Fox und Lidz, a. a. O., S. 30.
22 Vgl. B. G. Glaser und A. L. Strauss, *Interaktion mit Sterbenden. Beobachtungen für Ärzte, Schwestern, Seelsorger und Angehörige*, Göttingen 1974; D. Sudnow, *Organisiertes Sterben. Eine soziologische Untersuchung*, Frankfurt am Main 1973.

Aspekte teilweise blind macht. Im extremen Fall wird er hero-
isch handeln, ohne auf situative und andere soziale Bedingungen
Rücksicht zu nehmen.

Im Anschluß daran gehen Parsons, Fox und Lidz stärker auf
konkrete Wandlungen im medizinischen Feld ein. Vor allem erwähnen sie die neue *Definition des Todes*, den Hirntod. Der Zusammenhang mit der Erleichterung von Transplantationen wird
von ihnen angesprochen. Die Transplantation stellen die Autoren
in einen Bezug zur jüdisch-christlichen Tradition, nämlich Leben
zu schenken und damit auch Verpflichtungen zu übertragen. Parsons, Fox und Lidz sprechen von einer potentiellen Tyrannei
menschlicher Geschenke. Organtransplantation erinnert an die
mythische Weisheit, meinen sie, daß die einzigen perfekten und
wirklich heilsamen Geschenke göttlicher Natur seien.[23]

Sozialer Wandel im Medizinbereich

Parsons, Fox und Lidz verschließen sich trotz ihres »konservati-
ven Wertmodells« nicht dem sozialen Wandel im medizinischen
Bereich, wobei sie aufgrund der impliziten kulturellen Evoluti-
onstheorie zuwenig auf die Widersprüche und Divergenzen eingehen.[24] Die Veränderungen im medizinischen Bereich bezeich-

[23] An anderer Stelle, die sich ebenfalls auf Transplantationen bezieht,
weisen sie auf Fragen und Entscheidungsprobleme hin, die offensichtlich nicht von zentralen christlichen Werten oder einer »amerikanischen Zivilreligion« abgeleitet werden können. »Still another set of
value-questions that transplantation has raised turns around the allo-
cation of scarce resources. Who should be the beneficiaries of the
limited supply of human organs for transplantation that are made
available through donation? What criteria of choice, if any, would be
compatible with the highest value-commitments of our society?«
(Parsons, Fox und Lidz, a. a. O., S. 47). All diese Fragen können mit
den Mitteln des Christentums oder der amerikanischen Zivilreligion
kaum zufriedenstellend analysiert oder beantwortet werden, ja,es besteht eher die Gefahr einer legitimatorischen Verkleisterung, wenn
man sich primär dieser Mittel bedient.

[24] Die Autoren unterschätzen den eigenständigen und wertverändern-
den Einfluß ökonomischer und technischer Entwicklungen im medizinischen System, weshalb sie diesen auch nicht differenziert

nen sie als Relativierung der ursprünglichen Ethik.[25] Im Sinne von Max Weber handelt es sich um eine Verschiebung in Richtung auf eine Verantwortungsethik. Die Autoren bezeichnen dies auch als eine rationalere Gestaltung, durch welche die Heiligkeit des Lebens ihre absolute Geltung verliert. Der Arzt wird verpflichtet, durch Kommunikation mit dem Betroffenen und mit Familienangehörigen die Probleme einer Lösung zuzuführen.[26]

Ein bedeutsamer sozialer Wandel in den Einstellungen zum Tod hat sich nach ihrer Meinung Ende der sechziger und Anfang der siebziger Jahre (in den USA) vollzogen. Noch in den fünfziger Jahren wurden etwa in der Ausbildung von Ärzten philosophische Fragestellungen oder grundsätzliche Legitimationsprobleme bei Entscheidungen über Tod und Leben kaum berücksichtigt; das heißt, es wurde eine eingeengte Form von Rationalität, Objektivität und Wissenschaftlichkeit dogmatisch angesetzt. Jetzt würden Konzepte wie Mensch, Person oder Lebensqualität stärker hinterfragt. Die Allmacht der Götter in Weiß, das Recht zu bestimmen, wer leben und wer sterben soll, werde in stärkerer Weise thematisiert. Ein Beispiel dafür sei die verstärkte Bereitschaft, über die Verbrechen von Ärzten im Nationalsozialismus zu sprechen.

untersuchen. Sie postulieren »eine neue Phase der entwickelten Modernität« (ebd., S. 41), wobei sie deren Widersprüchlichkeit nicht thematisieren, sondern ein »harmonisches« evolutionäres Wachstum in den Bereichen Gleichheit, menschliche Solidarität, »Gemeinschaft« und »Lebensqualität« annehmen. Der implizite Ethnozentrismus der zugrundeliegenden Konzepte von Kultur und Gesellschaft wird beschwörend verschleiert.

25 Doch der Hinweis auf eine vielleicht sich wandelnde medizinische Ethik (Verantwortungsethik oder »relativized ethic«) bleibt vage, da nicht die konkreten politischen, ökonomischen, organisatorischen, technologischen und sozialisatorischen Bedingungen des medizinischen Systems in die Diskussion einbezogen werden.

26 Sie weisen auf neue Aufgaben des Arztes hin, nämlich den sterbenden Patienten gemäß seinen tatsächlichen Wünschen zu betreuen und nicht mehr Lebensrettung als obersten Wert anzusetzen.

D) Parsons' Religionssoziologie

Parsons begründet in seinem *Social System*[27] Religion anthropologisch, das heißt, er geht von »universalen menschlichen Grundsituationen« aus: zeitliche Begrenzung des menschlichen Lebens, Tod, vor allem das frühzeitige Sterben[28]; Unsicherheit, Ungewißheit, teilweise durch die Abhängigkeit von einer »kapriziösen« und »unfreundlichen« Natur. Die dritte Bedingung ist sozusagen gleichzeitig ein Systemmangel im doppelten Sinn: »*jedes soziale System ist in gewisser Weise desintegriert*«[29], das heißt, die »tatsächlichen Handlungsbedingungen« entsprechen nicht unbedingt den Werten; Leistungen werden nicht entsprechend belohnt.

Parsons nennt Legitimätsprobleme, das »Böse«, die »Sinnlosigkeit«, kurz: die »Moralökonomie« als Gründe für die Notwendigkeit von Religion. Denn die »Frustrationen, die aus enttäuschten fundamentalen Werterwartungen« entstehen, vergleicht er mit dem Schmerz beim Tod einer Bezugsperson. Der »*Ausgleich*«, die Wiederherstellung des Gleichgewichts der Motivation und der Moralökonomie, ist die zentrale Funktion der Religion.[30] Reli-

---

27 A. a. O.
28 »Thus premature death, if not the mortality of men in general, is surely a frustrating phenomenon, not only prospectively for the victim but for the survivors who have been attached to him. It is a situation calling for an emotional readjustment, and a cognitive rationalization ... Above all the ›problem of evil‹ and the problem of ›meaningless‹ suffering are focal points in this situation of strain.« Ebd., S. 371.
29 Ebd., S. 163 f.
30 Parsons hebt in seinem Aufsatz von 1944 (T. Parsons, »The theoretical development of the sociology of religion«, in: ders., *Essays in Sociological Theory*. Revised edition, Glencoe, Ill., 1954, zuerst 1944) die Erkenntnis von Malinowski hervor, daß die sogenannten primitiven Völker sehr wohl einen Bereich der rationalen Zweck-Mittel-Handlung haben, indem sie Erfahrungswissen speichern und es auch traditionell anwenden können. In diesem Bereich gibt es jedoch immer »Lücken«, das heißt Ereignisse, die unvorhergesehen auftreten oder nicht in wünschenswerter Weise gestaltet werden können. In diesen Fällen werden magische und religiöse Vorstellungen zur Erklärung und auch zur Regelung der Individuum und Gemeinschaft gefährdenden negativen emotionalen und sozialen Zustände eingesetzt. Ein bedeutsames Ereignis dieser Art ist der Tod. Die Trobriander wissen

gion bietet Kompensation und Wiederherstellung des Gleichgewichts, letztlich einen transzendenten Ausgleich, die Hoffnung auf ein Leben nach dem Tod. Doch die Konkurrenz für die Transzendenz ist die diesseitige Religion des »westlichen Fortschrittsglaubens« mit ihrer Hoffnung auf eine ständige graduelle Verbesserung der Lebensverhältnisse und der Zurückdrängung des »frühzeitigen« Todes.[31] Durch die Glaubensspaltungen, das Entstehen der modernen Wissenschaft und andere Modernisierungsphänomene kam es nach Parsons zur Polarisierung »Materialismus versus Spiritualismus«.[32] Parsons meint, daß in der Moderne wieder ein neues Gleichgewicht gefunden werden kann, vor allem mit Hilfe der Wissenschaft.[33]

Vor allem gründet Parsons seine »Gleichgewichtshoffnungen« aber auf ein Modell der kulturellen Evolution. Er sieht die Vereinigten Staaten an der Spitze eines weltumspannenden evolutionären Prozesses. Die US-amerikanische Kultur und Gesellschaft werde relativ ungebrochen von christlicher Tradition und Symbolik bestimmt.[34] Säkularisierung in radikaler Form hat also nicht stattgefunden, Religion ist ebensowenig abschaffbar wie Gesellschaft oder Kultur. Die grundsätzliche Annahme von Durkheim bezüglich eines religiös fundierten Kollektivbewußtseins wird hier aufgenommen. Nach Parsons hat Bellah durch seine Konzeption einer »amerikanischen Zivilreligion« eine Lösung für das Problem eines religiösen Kollektivbewußtseins in einer säkularen

genau, daß der Tod endgültig, irreversibel ist. Doch sie wissen auch, daß die emotionalen Erschütterungen der Überlebenden diese und auch die Gemeinschaft gefährden können. Somit werden religiös fundierte Rituale eingesetzt, um diese immer wiederkehrenden Problemsituationen adäquat zu bewältigen.

31 Ebd., S. 372.
32 Vgl. T. Parsons, »Religion in postindustrial America; the problem of secularization«, in: ders., *Action Theory and the Human Condition*, New York 1978, S. 300-324 (zuerst 1974).
33 Doch die Wissenschaften sind nach Parsons auch polarisiert. Neben den materialistischen Naturwissenschaften gebe es die spiritualistischen Geistes- und Sozialwissenschaften, Wissenschaften der Handlung gegenüber den Wissenschaften des physischen Lebens.
34 Für Parsons ist das kulturelle System gleichzeitig stabil und flexibel, es wird durch den Wandel im sozialen System nicht so leicht verändert; die bewährten kulturellen Symbolstrukturen erweisen sich als (teilweise) autonom.

Gesellschaft angeboten.[35] In den Vereinigten Staaten habe vor allem das nationale Trauma des Bürgerkrieges und die Interpretation der Ermordung von Lincoln als Opfer, um das Leben der Nation zu gewährleisten, zur Bildung einer Zivilreligion beigetragen.[36]

Christentum

Parsons' zentrales Anliegen ist das Aufzeigen eines evolutionären Trends, der vor allem durch das Christentum in der abendländischen Kultur vorangetrieben wurde.[37] Durch das Christentum wurde ein neues Wertmuster durchgesetzt. Der *Monotheismus* (ein Gott steht allen Menschen gegenüber) konstituierte eine übernationale, nicht gruppenspezifisch orientierte Religion. Die menschliche Aktivität sollte darauf gerichtet sein, die Welt in Übereinstimmung mit einem göttlichen Plan zu gestalten. Somit war ein aktivistisches Muster vorherrschend. Dieser religiöse Universalismus verband sich mit der griechisch-römischen Tradition einer natürlichen Weltordnung und schließlich mit dem Universalismus des *römischen Rechts*, der eine weltliche Herrschaft über eine große Menge kulturell unterschiedlicher Gruppen ermöglichte. Wesentlich war auch noch die klare Unterscheidung der christlichen Kirche von weltlichen, kollektiven Strukturen durch die Bildung einer professionellen zölibatären Priesterschaft.

Der Protestantismus führte zu einer Erneuerung, indem die wahre Kirche unsichtbar wurde. Die schon ursprünglich im Christentum angelegte Individualisierung wurde vorangetrieben.

35 Vgl. T. Parsons, »Religious symbolization and death«, in: A. Eister (Hg.), *Changing perspectives in the scientific study of religion*, New York 1973; R. N. Bellah, *Beyond belief. Essays on religion in a post-traditional world*, New York 1970.

36 Freilich könnte man diesen Wandel von einem in konkurrierende Gruppen zerfallenen, doch immerhin mit einer universalistischen Basisideologie versehenen Christentum zu einer Nationalstaatsideologie vom Gedanken des Universalismus her auch als Rückfall interpretieren.

37 Die Wertsysteme als zentrale Kulturprogramme werden im Evolutionsprozeß einer Selektion unterworfen. Somit ist nach Parsons das christliche Wertprogramm, das sich offensichtlich bisher als das erfolgreichste erwies, auch von zentraler Bedeutung.

Die im traditionellen Christentum begründete Tendenz zur Bildung einer Elite, die weltabgewandt in mönchischen Gemeinschaften lebte, wurde durch den Protestantismus verweltlicht, gleichsam ein riesiges »Freisetzungsexperiment«, das die gesellschaftliche Dynamik erhöhte.

Die kulturelle Symbolisierung des »medikalisierten Sterbens«

Parsons, Fox und Lidz rücken die »kulturelle Symbolisierung«, vor allem die christliche Mythologie, ins Zentrum ihrer Argumentation.[38] Sie versuchen im Sinne von Lévi-Strauss die Strukturen der Mythen in den Heiligen Schriften der Juden und Christen herauszuarbeiten. Zentral erscheinen ihnen die Gabe und der Austausch, wobei sie auf die Schrift von Marcel Mauss[39] verweisen.

Im Alten Testament steht vor allem das auserwählte Volk im Vordergrund, dessen Kultur ständig von Zerstörung bedroht ist. Der Mensch ist prinzipiell gefährdet durch Gott, der im Zorn auch seine Auslöschung erwägt, dann jedoch vermittelt über die Sintflut eine Reinigung bewirkt. Das auserwählte Volk lebt in permanenter Gefahr, durch andere Kollektive aufgesogen oder ausgelöscht zu werden und ist damit immer auf Gottes Hilfe angewiesen, bleibt also in ständiger Schuld gegenüber Gott. Das Leben wird ihm immer wieder geschenkt, und für dieses Geschenk muß es entsprechende Glaubensarbeit leisten.

Im Neuen Testament ändern sich einige symbolische Aspekte. Anstelle der partikularistischen Unterstützung des auserwählten Volkes wird die Liebe Gottes universalistisch und damit seine Macht auf die gesamte Menschheit ausgeweitet. Jesus Christus vermittelt zwischen Mensch und Gott. Das Blut Christi ist ein zentrales Symbol dieser Verbindung zwischen Mensch und Gott.

38 Der Artikel von 1973 schließt an die Arbeit von 1967 an, und nach Meinung der Autoren soll die Analyse ausgeweitet und der Fokus verengt werden. Es soll die Todesorientierung in den Vereinigten Staaten mit der jüdisch-christlichen Tradition verbunden werden.
39 M. Mauss, »Die Gabe. Form und Funktion des Austauschs in archaischen Gesellschaften«, in: ders., *Soziologie und Anthropologie*, Bd. II, München 1978, S. 9-144.

Der Opfertod Christi ist ein Geschenk; mit diesem Tod wird das ewige Leben für die Menschen gewonnen. Dadurch erfolgt in gewisser Weise eine Aufhebung der ursprünglichen Situation des Verlustes der Unsterblichkeit, eine bedeutsame Statuserhöhung für den Menschen. Und durch die Sakramente wird dieser neue Bund zwischen Gott und Mensch ständig innerhalb der Kirche erneuert. Im Tode gibt das Individuum das Geschenk seines irdischen Lebens zurück und erhält das ewige Leben. Der Tod wird durch dieses Weiterleben der Individuen relativiert. Die Autoren interpretieren den Wandel der Todesvorstellungen im Alten und Neuen Testament und schließlich im protestantischen Denken:

1. Ursprünglich ist der Tod eine Bestrafung für Ungehorsam gegenüber Gott.[40]

2. Im Zentrum steht das Kollektiv des auserwählten Volkes und nicht der einzelne. Der Tod des einzelnen ist im Rahmen der Generationenfolge und damit der Erhaltung des auserwählten Volkes zu sehen; sein Weiterleben nach dem Tod ist kein bedeutsames Thema für die Juden.

3. Jesus Christus entwertet die Idee des auserwählten Volkes (des partikularistischen Kollektivs) und wendet sich an alle Menschen als einzelne; jedem wird ein Weiterleben nach dem Tode zugesichert. Die Kluft zwischen Gott und Mensch wird verringert. Auch der einzelne Mensch erhält eine Art von Unsterblichkeit.[41]

4. Der Tod bekommt eine überbiologische Bedeutung. Der einzelne, der sein irdisches Leben als Geschenk von Gott erhalten hat, muß es daher wieder zurückgeben. Und er wird nach seiner Lebensführung beurteilt.[42]

Durch den Protestantismus wurde christliches Gedankengut, das faktisch nur für eine elitäre Minderheit Geltung hatte, demokratisiert. Das Gewissen und die persönliche Leistung wurden

40 In der Bibel entsteht der Tod aufgrund einer Schuld des Menschen, das heißt aufgrund fehlenden Gehorsams gegenüber Gott. Und in dieser Schuld ist Tod mit Sexualität verbunden.

41 Aufgrund der Universalisierung und Individualisierung ergab sich die Notwendigkeit, das ideale solidarische Kollektiv ins Jenseits zu verlegen.

42 Da das Leben nach jüdisch-christlicher Tradition ein Geschenk Gottes ist, ergibt sich die Notwendigkeit eines reziproken Verhaltens, das als Dank für dieses Geschenk oder als Abtragen der Schuld zu verstehen ist.

aufgewertet. Der einzelne mußte nun bis zu seinem Tod an der Rettung seiner Seele arbeiten, die rituelle Einbettung in ein Kollektiv genügte nicht. Teilweise wurde ein diesseitiger Aktivismus als Zeichen der Erwähltheit verstanden, und der Tod des Individuums wurde gemäß der erbrachten gesellschaftlichen Leistungen bewertet.

Die Schattenseite des Protestantismus war die Ungewißheit, wieweit nun die einzelnen tatsächlich diese Aufgabe erledigt hatten, ja die Gewißheit, daß ein Teil auf jeden Fall nicht im Sinne Gottes handelte, was pessimistische Züge in einzelnen protestantischen Sekten begünstigte. Es gab weltfeindliche Strömungen, die in der Tradition des »christlichen Pessimismus« standen und das Ende des sündigen Menschen vor allem bei verminderter kollektiver Einbettung mit Angst und Schrecken betrachteten. Die individualistische, diesseitige, aktivistische Richtung setzte sich jedoch immer mehr durch.

Parsons, Fox und Lidz gehen dann auf die Parallele zwischen marxistisch-orientiertem Sozialismus und (calvinistischem) Protestantismus ein. Gemeinsam ist beiden Weltanschauungen, daß der einzelne ein neues Reich mitaufbaut, im einen Fall das Reich Gottes, im anderen den Sozialismus bzw. Kommunismus. Der Tod ist im positiven Sinne für den einzelnen die Vollendung seiner Arbeit im Dienste dieses Aufbaus. In beiden Fällen handelt es sich um eine Utopie, da gewiß ist, daß der einzelne das Entstehen des Reiches nicht irdisch erleben wird.[43]

Nach dieser Analyse der symbolischen Grundlagen der westlichen Kultur bzw. der amerikanischen Gesellschaft beschäftigen sich die Autoren mit der medizinischen Profession. Das medizinische Modell, das die Gestaltung des Sterbens in unserer Gesellschaft beherrscht, ist nach ihrer Meinung von der christlichen Mythologie des Geschenktausches zwischen Gott und Mensch geprägt. Gott gab dem Menschen das Leben und auch den Tod, und Christus opferte sein Blut und sein Leben für alle Menschen. Dieser Mythos ist nach Parsons die Grundlage modernen ärztli-

43 Die Andeutungen, die Parsons 1963 (»Death in American society«, a.. a. O.) anschloß, daß nämlich (christlicher) Fundamentalismus deflationär und (sozialistische oder kapitalistische) Sinntrivialisierung inflationär wirke, fehlen hier. Damit bekommt die christliche Symbolisierung selbst zu starkes fundamentalistisches Gewicht und die Modernisierungsdiskussion verkümmert.

chen Handelns. Der Arzt, der die entscheidenden Lebensüber-
gänge mitgestaltet: Schwangerschaft, Geburt, Menopause und
Tod, ist der weltliche Lebensspender. Er gibt nicht im gleichen
Sinne wie Gott das Leben, doch er beschützt es, und in extremen Fällen schenkt er einem Patienten auch in gewisser Weise
das Leben. Parsons, Fox und Lidz meinen, daß die Legitimität
des medizinischen Handelns auf dieser religiösen Grundlage be-
ruhe.[44]

Das medizinische Handeln ist also in das zentrale Wertsystem
der Gesellschaft zurückgebunden, und dieses ist eben nach
Meinung der Autoren letztlich noch immer religiös fundiert.[45]
Gleichzeitig zeigt sich jedoch auch ein innerer Widerspruch, denn
das medizinische Handeln wird durch eine dichotome Einstellung
gegenüber Leben und Tod bestimmt: wissenschaftliche, rationali-
stische Orientierung versus mythische, mystische, magische, existentielle Einstellung.[46] Parsons, Fox und Lidz fassen ihre eigene
Analyse als eine »Synthese« dieser scheinbar unvereinbaren Ori-
entierungen auf.

»Far from there being a necessity to choose between the ›scientific‹
attitude toward illness and health, life and death, and a ›mystical‹ ori-

44 Es bleibt freilich das Problem, daß das Leben im Christentum ein
   Geschenk Gottes war und selbst bei starker Verehrung der medizinischen Profession nur in Ausnahmefällen jemand glauben wird, daß
   sein Leben ein Geschenk des Arztes sei, das er ihm durch den Tod
   wieder zurückgebe. Das hohe gesellschaftliche Prestige der Ärzte ist
   wohl banaler durch ihre faktische und auch imaginierte (doch nicht
   primär symbolische) Macht über Leben und Tod zu erklären sowie
   durch den erfolgreichen Kampf des Ärztestandes um gesellschaftliche
   Ressourcen. Die Autoren vernachlässigen historische Bedingungen,
   die Komponenten der Macht, die Kämpfe um die Monopolisierung
   von gesellschaftlichen Funktionen und Bereichen und die Eigendyna-
   mik der Professionalisierung. Doch der Hinweis auf ideologische
   Kontinuität trotz »äußerlichem« technisch-wissenschaftlichen Wandel ist sicher beachtenswert und müßte sozialhistorisch noch näher
   untersucht werden.
45 Selbstverständlich sind die Autoren auch der Meinung, daß die Medizin wissenschaftlich orientiert autonom handelt, das heißt von religiösen Praktiken nicht direkt beeinflußt ist. Es handelt sich nur um eine
   generalisierte Wertgrundlage, die Legitimität schafft.
46 Vgl. die ähnliche Konzeption von W. Fuchs, *Todesbilder in der modernen Gesellschaft*, Frankfurt am Main 1969.

entation, we hope that we have made a modest contribution to understanding the ways in which a synthesis of these two aspects of modern culture may be possible.«[47]

E) Die Verdrängung des Todes

Parsons beschrieb im medizinsoziologischen Abschnitt seines *Social System*[48] die amerikanische Kultur als durch eine optimistische Orientierung gekennzeichnet, was sich in der Bagatellisierung des Todes zeige. Gedanken an den Tod und an die Trauer werden häufiger unterdrückt oder abgedrängt als in anderen Kulturen. Diese Ausführungen scheinen im Gegensatz zu seinen späteren Arbeiten aus den sechziger Jahren zu stehen. Doch er diagnostiziert nur eine *individuelle psychische Verdrängung*, keine *gesellschaftliche Verdrängung* des Todes.[49] In den Aufsätzen von 1963 und 1967 wählte Parsons als Einstieg die *These von der Verdrängung* des Todes[50], ausgehend von den Behauptungen von

---

47 Parsons, Fox und Lidz, a. a. O., S. 49. Die archaischen, magischen und mystischen Aspekte in der Vorstellungswelt moderner Menschen, die sich auf Krankheit, erhoffte Heilung und Tod und Sterben beziehen, lassen sich jedoch kaum aus den dominanten offiziellen christlichen Schriften ableiten. Zwar sind die Alltagstheorien moderner kranker Menschen im Detail meist wissenschaftlich falsch und teilweise mit religiösen und anderen Aspekten durchsetzt, doch in ihrer Struktur ähneln sie mehr dem (natur-) wissenschaftlichen Denken als dem mythisch-magischen. Vgl. C. Herzlich und J. Pierret, *Kranke gestern, Kranke heute*, München 1991; R. Verres, *Krebs und Angst. Subjektive Theorien von Laien über Entstehung, Vorsorge, Früherkennung, Behandlung und die psychosozialen Folgen von Krebserkrankungen*, Berlin 1986.

48 A. a. O.

49 Eine vergleichbare Unterscheidung, freilich jeweils innerhalb eines anderen theoretischen Kontexts, machen N. Elias, *Über die Einsamkeit der Sterbenden in unseren Tagen*, Frankfurt am Main 1982, S. 18 ff., und A. Nassehi und G. Weber, *Tod, Modernität und Gesellschaft. Zu einer Theorie der Todesverdrängung*, Opladen 1989, wobei diese Autoren nicht auf Parsons Bezug nehmen.

50 In seiner ersten kurzen Schrift, die dem Thema zentral gewidmet ist (»Death in American society«, a. a. O.), begründet er das Interesse an dem Thema damit, daß ein zunehmender Anteil alter Menschen in der amerikanischen Gesellschaft zu erwarten ist, daß außerdem die Ent-

Berger und Lieban[51], daß in modernen Industriegesellschaften der Tod verleugnet, verdrängt oder verborgen werde. Kritisiert wurden von den Verdrängungstheoretikern vor allem die US-Amerikaner, die – anscheinend – vor der »harten Realität des Todes« zurückscheuen, was durch die kosmetische Zurichtung der Leichen und die ästhetisierende, alle Scheußlichkeit des Sterbens und der Verwesung verbergende Begräbnisgestaltung »bewiesen« wird.[52]

Parsons und Lidz begründen in ihrem Aufsatz im Gegenzug zur kulturkritischen Haltung eine alternative Ansicht, nämlich daß die amerikanische Gesellschaft eine stabile, dem sozialen Wandel angepaßte Todesorientierung institutionalisiert habe, die nicht eine »Verleugnung«, sondern eine Weise der Akzeptanz darstelle, die dem zentralen kulturellen Muster des instrumentellen Aktivismus[53] angepaßt sei, also einer aktiven wissenschaftlich gesteuerten Kontrolle über die physische oder natürliche Umwelt, die sich vor allem im erfolgreichen Kampf gegen den vorzeitigen Tod und in der Senkung der Kindersterblichkeit zeige.[54] Parsons und Lidz meinen, eine Verdrängung des Todes sei auch aufgrund des

scheidung, Kinder zu bekommen, und das Bevölkerungswachstum ebenfalls eine Beschäftigung mit dem Thema nahelegen.

51 P. L. Berger und R. Lieban, »Kulturelle Wertstruktur und Bestattungspraktiken in den Vereinigten Staaten«, in: *Kölner Zeitschrift für Soziologie und Sozialpsychologie* 12 (1960), S. 224-236.

52 An anderer Stelle beziehen sich die Autoren auf das Unbewußte und den Todestrieb Freuds, also auf eine der Quellen der Verdrängungsthese, ohne den Zusammenhang zu thematisieren.

53 Parsons nannte den zentralen Wert der amerikanischen Gesellschaft des 20. Jahrhunderts »instrumentellen Aktivismus«, »...thus avoiding the more narrowly religious implications of Weber's phrase, innerworldly asceticism«. V. M. Lidz, »Religion and cybernetic concepts in the theory of action«, in: *Sociological Analysis* 43 (1982) 4, S. 287-306, hier S. 295.

54 Es gibt auch konservative Aspekte einer Ablehnung der Verdrängungsthese bei Parsons: Das Postulat weiterwirkender christlicher Symbolik und einer das amerikanische Kollektivbewußtsein formenden »civil religion« macht die Parsonssche Ablehnung der kulturkritischen These der Verdrängung des Todes verständlich, deren Vertreter meist von einem Bruch der modernen Gesellschaft mit der christlichen Tradition und einem Verlust eines gemeinsamen Werthorizonts ausgehen.

»Realismus der *Naturwissenschaft*« in einem Bereich, der zentral von Biologie und Medizin bearbeitet würde, kaum vorstellbar.

Parsons und seine Mitautoren führen auch Gründe für die *Akzeptanz* der Verdrängungsthese an: Parsons[55] anerkennt ein gewisses Spannungsverhältnis zwischen den Normen der Lebensverlängerung und der Akzeptanz des Todes am Ende eines »erfüllten Lebens«. Da es jedoch bisher nicht gelungen sei, die maximale Dauer des menschlichen Lebens signifikant zu verlängern, sei somit auch eine objektive Grundlage der Anerkennung des Todes gegeben – ein Hinweis, der charakteristisch für seine Versuche ist, soziale Phänomene auch biologisch zu verankern. Auch gebe es eine gewisse Form von »Apathie« gegenüber dem Tod, die jedoch nicht ein Zeichen einer Verneinung, sondern eines Konflikts sei. Dieser Konflikt ergebe sich aufgrund des beschleunigten sozialen Wandels. Ferner sei die Privatheit institutionell geschützt, und zu dieser privaten Zone gehöre eben auch das Sterben und der Tod. Dieser Rückzug aus der Öffentlichkeit werde von manchen als Verleugnung und Verneinung interpretiert.[56]

F) Die Sinngebung des Todes

Modernen Gesellschaften wird ein gravierendes Sinngebungsproblem zugeschrieben.[57] Parsons zeigte eher die positiven Leistungen der Sinngebung moderner Gesellschaften auf. Er erkannte zwar an, daß der Tod eine anthropologisch grundlegende »Störung« oder Unsicherheit im gesellschaftlichen Leben darstelle,

55 Parsons, »Death in American society«, a. a. O.
56 In der Arbeit von 1973 erinnern Parsons, Lidz und Fox an den Angriff auf die Verdrängungsthese von 1967 und schwächen ihn ab: »We now believe, however, that it is not necessary to make an either/or choice between ›acceptance‹ and ›denial‹…« A. a. O., S. 2. – Sie sagen, daß es sich um unterschiedliche Interpretationen handele, das heißt, sie würden die Apathie oder Nichtbehandlung von Todesfragen, zum Beispiel aufgrund einer stoischen Haltung bzw. puritanischer Zurücknahme, nicht als Verneinung oder Verdrängung bezeichnen.
57 Vgl. M. Weber, *Gesammelte Aufsätze zur Religionssoziologie*, 3 Bde. Tübingen 1921; A. Hahn, *Religion und der Verlust der Sinngebung. Identitätsprobleme in der modernen Gesellschaft*, Frankfurt am Main 1974, S. 86 ff.

doch er sah die modernen Gesellschaften nicht in einer Sonder-
situation, wie etwa Max Weber. Er schloß sich Weber nicht in der
Annahme an, daß »der moderne Mensch« in zunehmendem Maße
eine »rein innerweltliche Selbstvervollkommnung« anstrebe.
Auch die Akkumulation der Kulturgüter, den sozialen Wandel
und die steigenden Erwartungen interpretierte Parsons nicht als
Bedingungen für eine Sinnkrise, sondern als Zeichen eines lebens-
bejahenden Aktivismus, der auch in einer modernen teilweise
säkularisierten Gesellschaft auf »religiösen Grundlagen« beru-
he.[58]

Der Sinn des Todes ergibt sich durch eine Festlegung und Institutionalisierung des Lebenszyklus und der Leistung. Wer also
ein seiner Persönlichkeit und gesellschaftlichen Stellung entsprechendes Leistungskapital aufgehäuft und somit seine Möglichkeiten in maximaler Weise ausgeschöpft habe, der könne zufrieden
sterben. Parsons zieht zum Vergleich das Geld heran. Er meint,
daß es *deflationäre* und *inflationäre* Zustände der Sinngebung des
Todes gebe. Der deflationäre Zustand sei durch einen starken
Wunsch nach Sicherheit begründet. Im moralisch-religiösen Bereich, der analog zur Geldwirtschaft gesehen wird, sei dieser deflationäre Zustand als Fundamentalismus zu bezeichnen. Es würde versucht, die Komplexität gesellschaftlicher Bezugssysteme zu
reduzieren und rigide Normen und Werte zu installieren. Diese
übertriebene Sicherheit führe jedoch zu einer Gefährdung des
moralischen Systems, da in einem fundamentalistischen System
aufgrund der lebensfernen rigiden Normierung mit der Zeit jeder

58 Es gab sozusagen einen objektiven Grund in der Systematik von
Parsons, daß eine prinzipielle Sinnkrise nicht auftreten konnte: Das
System der kulturellen Werte war der grundsätzliche Sinngeber, so
daß selbst bei einer Vergrößerung des Anteils der abweichenden,
destruktiven Persönlichkeiten eine grundsätzliche Gefahr »theoretisch nicht vorgesehen« war. Parsons erkannte wohl, daß Kultur-
schock und Modernisierungsstreß entstanden, was er etwa am Beispiel des Nationalsozialismus diskutierte, doch dies waren für ihn
nur Übergangsphänomene, die die langfristig angelegten kulturellen
Werte nicht »beschädigen« konnten. Das kulturelle Wertsystem war
ähnlich stabil konzipiert wie der Genpool der Menschheit und die
Evolution des Lebens, die bisher ebenfalls nicht durch individuelle oder gruppenspezifische menschliche Entscheidungen in ihrer
grundsätzlichen Entwicklung beeinträchtigt werden konnten.

schuldig werde. Außerdem sei im Fundamentalismus eine absolute Autorität eingebaut, die die menschliche Verantwortlichkeit allzu sehr beschränke. Dagegen sei das inflationäre Modell utopisch und die Bezeichnung Verdrängung sei für dieses Modell vielleicht zulässig. Es handle sich um eine Art von Verharmlosung und Positivierung des Todesproblems, das heißt, ein zufriedenes, glückliches und konfliktloses Sterben werde als allgemein erreichbar angesehen. Moralische und religiöse Probleme würden in dem Zusammenhang verneint oder heruntergespielt. Der Tod sei letztlich die bedeutungs- und konfliktlose Beendigung eines Lebens.

Da bisher keine neue symbolische Struktur innerhalb der Kultur gefunden worden sei, komme es zu dem Schwanken zwischen christlichem Fundamentalismus und der Sentimentalität des positiven Denkens, der sozial und kulturell unvermittelten Idee eines glücklichen Sterbens. Hier sei ein längeres Zitat von Parsons angeschlossen, in dem seine eigenen Vermittlungs- und Sinngebungsprobleme deutlich sichtbar werden:

»It is striking that the central symbolic definition of the problem of death in our cultural heritage is that of the crucifixion, which is not only the death of the mortal Jesus, but the death of a young man[59], under conditions of maximum suffering. The suggestion is that at the highest level of religious symbolization these independent components will have to be still further differentiated from each other. Until a new symbolic structure which gives more meaning to the ultimate outcome for the individual of the positive moral responsibilities of an achievement-oriented ethic has become formulated and institutionalized, continued oscillations between ›hell-fire and damnation‹ fundamentalism – and perhaps its intellectual equivalent, existentialist ›despair‹ – and the sugary sentimentality of ›positive thinking‹ are to be expected. The stabilization of modern society requires more than effective control of nuclear armaments; it requires cultural reconstruction of the most thorough going sort.«[60]

---

59 Etwas rätselhaft erscheint der Hinweis auf »den Tod eines jungen Mannes«. Er erinnert an den starken Schmerz von Talcott Parsons nach dem frühzeitigen Tod seines Bruders (1940), den er in seiner professionellen Autobiografie entsprechend der protestantischen Arbeitsethik und dem instrumentellen Aktivismus als für ihn leistungsbehindernd bezeichnet. Vgl. T. Parsons, »Die Entstehung der Theorie des sozialen Systems«, in: ders. u. a., *Soziologie – autobiographisch*, Stuttgart 1975, S. 17 f.
60 Parsons, »Death in American society«, a. a. O., S. 65

Parsons meint, daß die Stabilisierung der modernen Gesellschaft mehr als eine wirksame Kontrolle der Atomwaffen erfordere: eine *kulturelle Rekonstruktion* sei notwendig.[61] Der Umgang mit dem Tod erweist sich als sensibler Indikator für Probleme im Bereich der Werte und für einen möglichen Wertwandel. Die tödliche Bedrohung der Kollektive durch Atomwaffen steht implizit in einem Zusammenhang mit der Orientierungsschwäche, die sich in einem Schwanken zwischen Fundamentalismus und Anomie zeigt.

In seiner letzten Todesschrift (1978) spricht Parsons von einer »Öffnung des Sinnhorizonts«, der freilich durch die empirischen und transzendentalen anthropologischen Bedingungen begrenzt werde.

»...the problem of the meaning of death in the Western tradition has, from a position of relative closure defined by the Christian syndrome, been ›opened up‹ in its recent phase. There is above all a new freedom for individuals and sociocultural movements to ›try their hands‹ at innovative definitions and conceptions.«[62]

Aspekte des Todes in der modernen amerikanischen Industriegesellschaft

Moderne und traditionelle Gesellschaften unterscheiden sich in der Art und Wirksamkeit der Kontrolle des Todes.[63] In modernen Gesellschaften besteht für die Mehrzahl der Menschen die Gewißheit bzw. eine hohe Wahrscheinlichkeit, daß sie erst nach einem relativ langen Leben eines »natürlichen« Todes sterben. Der gewaltsame frühzeitige Tod wurde zurückgedrängt. Sterben und Umgang mit den Toten wurden medikalisiert, verrechtlicht und bürokratisiert. Die demographische Situation der Industriestaaten ist folglich der Beweis einer in der Geschichte bisher einmaligen Kontrolle des Todes (und des Lebens) im Rahmen einer umfassenden rationalen Lebensgestaltung.

61 Sein Hinweis auf die nukleare Bedrohung in diesem Zusammenhang zeigt seine Wahrnehmung kollektiver Todesängste (die sich bei seiner Tochter, die 1964 Selbstmord beging, als Phobie manifestierten).
62 Parsons, »Death in the Western world«, a. a. O., S. 258.
63 Vgl. die ähnliche funktionalistische Argumentation von R. Blauner, »Death and social structure«, in: *Psychiatry* 29 (1966), S. 378-394.

Parsons und Lidz unterscheiden drei Aspekte der Todeskontrolle, bei denen es darum geht,
- den *vorzeitigen* Tod zu verhindern,
- den *gewaltsamen* Tod zu verhindern (wie Mord, Todesstrafe, Krieg etc.),
- *Schmerz und Leid*, das mit dem Sterben verbunden ist, zu minimieren.

Somit wird ein »normaler, natürlicher, unvermeidlicher Tod« und ein »zufälliger, unnötiger Tod« konstruiert. Der unvermeidliche, natürliche Tod ist gleichsam ein substantieller Rest, der sich (bisher!?) der Kontrolle entzieht.[64]

Um den kulturellen Wandel zu verdeutlichen, wenden sich die Autoren, wie schon Spencer und Durkheim, den »einfachen Formen« oder Lösungen »primitiver Gesellschaften« zu: Ahnenkult, Integration in Verwandtschaftssystemen, ständige Verbindung zwischen dem Reich der Lebenden und dem Reich der Toten. Somit sind der Tod und der Tote eine Angelegenheit des jeweiligen Kollektivs, das für einen ordnungsgemäßen Übergang mit Hilfe festgelegter Riten verantwortlich ist. Im »universalistischen Sektor« moderner Gesellschaften spielt der Tod des einzelnen jedoch kaum noch eine Rolle. Differenzierung (von Positionen und Rollen) hat die gesellschaftlichen Institutionen von personellen Abhängigkeiten weitgehend befreit. In einer modernen Gesellschaft ist der universalistische Sektor von der Familie und den Verwandtschaftsbeziehungen getrennt. Auch das Individuum ist nur mehr partiell durch die familiären und verwandtschaftlichen Beziehungen gebunden.[65] Ferner üben die religiösen Institutionen weniger Einfluß auf Familien und auf das politische und ökonomische System aus. Somit ist auch die Grundlage einer integrierten Ritualisierung aufgehoben, und der Tod wird innerhalb der gesellschaftlichen Subsysteme arbeitsteilig behandelt.

Der Tote war und seine Bezugspersonen sind zwar in vielfältiger Weise in das gesellschaftliche System verflochten, beruflich, reli-

---

64 Diese Konzeption des »natürlichen Todes« unterscheidet sich von den Vorstellungen des »gewaltsamen« Todes (durch menschliche oder nicht-menschliche Agenten), die in »einfachen« Gesellschaften (*primitive societies*) vorherrschten.

65 Rollenpluralismus und Mobilität führen zu einer Verankerung der Individuen in verschiedenen Subsystemen mit unterschiedlichen Strukturen.

giös, ethnisch, regional, organisatorisch etc.; doch die entscheidenden Verarbeitungsprobleme nach dem physischen Tod sind immer mehr privater oder »innerer« Natur. Sie betreffen das Bewußtsein und Gewissen der Mitglieder der meist kleinen Gruppe der Betroffenen. Die Autoren verweisen auf die historische Grundlage dieser Situation im Christentum, in dem die Rettung der individuellen Seele im Zentrum steht.

Trotz der Privatisierung des Todes gibt es – allerdings seltene – Ereignisse, die zu gemeinsamen Aktionen der Mitglieder von Großkollektiven führen. Die Ermordung Präsident Kennedys wird von Parsons und Lidz als Beispiel für ein solches Ereignis genannt[66], bei dem sich private und nationale Aspekte vermischen. Die solidarische Verarbeitung des Präsidentenmordes nehmen sie auch als Beleg dafür, daß die Bürger der USA nicht zur Verleugnung oder Verdrängung des Todes neigen.

Auch durch die Untersuchung der Bestattungspraktiken der Puritaner Neu-Englands und der Bürger der USA versuchen Parsons und Lidz nachzuweisen, daß trotz sozialen Wandels eine kontinuierliche Bindung an die kulturelle Wertstruktur gegeben ist. In der Anfangsphase schwankten die puritanischen Gemeinden in Neu-England zwischen stark asketischen und »zurückgenommenen« Begräbnisritualen einerseits und Versuchen, status- und solidaritätsstiftende aufwendige Feierlichkeiten einzuführen, andererseits. Im 19. Jahrhundert führten Kommerzialisierung und Professionalisierung zu einer Neugestaltung der Bestattung: *funeral homes, funeral directors*, Einbalsamierung, verschiedene Formen von Särgen, kommerziell betriebene Friedhöfe etc. Diese Veränderungen der Bestattungsformen sind im Rahmen eines umfassenden Modernisierungsprozesses zu sehen. Die Särge wurden als Statussymbole anerkannt, das Einbalsamieren ergab sich aufgrund der gestiegenen Mobilität in der Bevölkerung und hygienischer und zivilisatorischer Ansprüche als akzeptierte Lösung. Freilich führten auch diese Maßnahmen nach Parsons und Lidz partiell zu sozialen Problemen, zum Beispiel einerseits zu einer übertriebenen Funktionalisierung im Dienste des Status-

---

66 Parsons und Lidz, »Death in American society«, a. a. O., S. 159 ff. Sie erwähnen in diesem Zusammenhang auch die zentrale Rolle der Massenmedien, ohne dies jedoch soziologisch weiter zu reflektieren.

kampfes oder andererseits zu einer den Aktivismus in diesem Bereich verurteilenden asketischen Haltung.[67]

Der Suizid

Nachdem Parsons und Lidz das Todesproblem eher funktional und integrationsbetonend erörterten, diskutieren sie den Suizid konfliktorientierter.[68] Sie erörtern den Selbstmord im Anschluß an Durkheims Typologie (anomischer und egoistischer Suizid). Er wird von einem gesellschaftlichen Standpunkt als unnötiger, vorzeitiger und vermeidbarer *(adventitious)* Tod angesehen, das heißt, es sind soziale Kontrollmechanismen zur Reduktion der Selbstmordraten einzusetzen. Parsons und Lidz sprechen jedoch von einer »Tragödie«, das heißt sie weisen auf das Dilemma, daß einerseits das Recht auf Selbstbestimmung, autonome Gewissensentscheidungen und Sinnstrukturierung des Individuums und andererseits die gegen die Selbsttötung gerichteten Werte der Gesellschaft[69] und der bereits traditionelle Kampf der Industriestaaten gegen den vorzeitigen Tod aufeinanderstoßen. Hier zeigen sich Inkonsistenzen oder »Widersprüche« in der gesellschaftlichen Konstruktion von Individualität. »The main theme of this individualism is not permissiveness for self-indulgence but a sense of mission and obligation to act with maximum responsibility in contributing to the good society.«[70] Der aus religiösen Quellen stammende Aktivismus fordert auch vom einzelnen, sein Leben pflichtgemäß für die traditionellen Werte einzusetzen und es somit nicht aus egoistischen oder anomischen Gründen selbst zu zerstören.

---

67 Daß die Todesproblematik jedoch trotz sozialer Normalität einen gewissen Außenseiterstatus mit sich bringt, zeigt sich an der mangelhaften Integration der Bestatter *(funeral directors)* in der Gesellschaft. Sie werden trotz ihres starken Konformismus (ständige Betonung amerikanischer und traditioneller Werte) nicht so anerkannt wie Angehörige anderer Professionen, zum Beispiel Mediziner und Juristen.

68 A. a. O., S. 162 ff.

69 Der Suizid steht im Gegensatz zur Konzeption der »Heiligkeit des menschlichen Lebens«, die sich nach Parsons und Lidz in der westlichen Zivilisation als dominante ideologische Position entwickelt hat.

70 A. a. O., S. 163.

Gerade in einer Kultur, die in bisher einmaliger Weise eine Individualisierung auf Massenbasis nicht nur zugelassen, sondern gefördert hat, ist das Individuum gesellschaftlich besonders wertvoll. Daraus resultiert auch eine spezifische »Überwachung« der Individuen durch staatliche und andere institutionelle Organe.

Parsons und Lidz ziehen psychologische und psychoanalytische Theorien vom Unbewußten heran und weisen Suizidhandlungen in das Feld der Krankheit ein. Krankheit als unerwünschter und abweichender Zustand führt für den Kranken zur Verpflichtung, sich der Heilung zu widmen und deshalb auf jeden Fall mit therapeutischen Agenten zu kooperieren. Doch die Autoren weisen darauf hin, daß die Einstellungen und Rollenerwartungen sich ändern bzw. Abweichungen eher geduldet werden, so daß eine begrenzte Akzeptanz von gewollter Krankheit oder Selbstdestruktion sich verbreiten kann.

Der wissenschaftlichen Legitimierung einer begrenzten Akzeptanz des Suizids dient der Hinweis der Autoren auf die *Normalität von selbstdestruktiven Vorstellungen und Handlungen*, wobei Freuds »*Todestrieb*« als theoretische Grundlage für eine solche Annahme genannt wird. Auch dringt der Selbstmord in einer modernen Gesellschaft in die »normalen Todesfälle« anteilsmäßig ein – ein ebenfalls sehr wichtiger Gedanke. »Perhaps it no longer seems too radical to claim that there is a suicidal component in a very large proportion of ordinary deaths.«[71]

Sie vergleichen Suizid mit Scheidung, die inzwischen als Lösung für eine unakzeptable Ehesituation anerkannt ist. Doch sie relativieren die Analogie gleich wieder, das heißt, sie schließen sich der (damals) häufig geäußerten Ansicht von medizinischen Experten an, daß in der überwiegenden Mehrzahl der Suizide und Suizidversuche eine *psychische Krankheit* vorliege, so daß die zuständigen Professionellen dem potentiellen Selbstmörder zu Recht »den Ausweg versperren« sollten.

»However, we can conclude that, even though severe mental illness is surely involved in a very large proportion of the suicides in our society, insofar as they are egoistic suicides in Durkheim's sense, the broader cultural component should not be ignored.«[72]

Erwähnenswert sind die weiteren soziologischen Argumente, die gegen die damals vorherrschende »Severe-mental-illness«-These

71 Ebd., S. 165.
72 Ebd., S. 164

gerichtet sind: Der Kampf gegen das Leid und den Schmerz sei gesellschaftlich anerkannt und habe hohe Priorität; folglich sei der Selbstmörder, der subjektiv unerträglich leidet, gewissermaßen gerechtfertigt. Auch vom Aktivismusgedanken läßt sich eine Variante des Suizids begründen: Wenn der einzelne meint, daß seine Arbeit für die Gesellschaft im Dienste der geltenden Werte beendet sei, dürfe er »gehen«. Schließlich weisen sie noch darauf hin, daß auch in westlichen Industriegesellschaften mit Suiziden zu rechnen sei, die spezielle symbolische Bedeutung haben (altruistische Suizide nach Durkheim), und daß das Verständnis solcher Formen sich zum Beispiel vom christlichen Opfergedanken her ergebe.

Soziales Leben und Sterben
im Wandel

In einem Kapitel des Aufsatzes von 1973 werden von Parsons, Fox und Lidz unter dem Titel »Emergence of new definitions of the situation« interessante Aspekte des sozialen Lebens und Sterbens diskutiert.[73] Sie beginnen mit der medizinischen Neudefinition des Todes als Hirntod. Dadurch ergibt sich die Möglichkeit und infolge technischen Fortschritts auch die zunehmende Wirklichkeit einer »künstlichen Lebenserhaltung« trotz »medizinischer Todesfeststellung«. Manche Patienten »sterben mehrmals«. Die Definitionen von (menschlichem) Leben und Tod werden zunehmend problematisch, und verschiedene soziale Konstruktionen treten in Konkurrenz. Empfängnisverhütung und Abtreibung, historisch und kulturell alte Instrumente der Lebens- und Todesgestaltung, gewinnen in modernen Gesellschaften neue soziale Bedeutungen. In diesem Zusammenhang erwähnen die Autoren auch die genetische Beratung. Dadurch würden sich Möglichkei-

---

73 Parsons, Fox und Lidz, »The ›gift of life‹ and its reciprocation«, a. a. O., S. 33 ff. Der Terminus »sozialer Tod« bzw. »soziales Sterben« wird von Parsons und seinen Koautoren nicht verwendet. Vgl. zur Diskussion des sozialen Sterbens K. Feldmann, *Tod und Gesellschaft. Eine soziologische Betrachtung von Sterben und Tod*, Bern und Frankfurt am Main 1990, sowie ders., »Biological and social dying«, Paper presented at the XIII World Congress of Sociology, Bielefeld, 18-23 July, 1994.

ten eröffnen, bestimmte Eigenschaften von Menschen auszuwählen, zu verbessern oder auch ihr Auftreten zu verhindern.

Interessanterweise gehen die Autoren dann auch auf qualitative Aspekte der Lebenskonzeption ein. Geschlechtsumwandlung als gravierende Form des sozialen Sterbens und Wiedergeborenwerdens, ein »sozialer Identitätswandel« in der Terminologie der Autoren, und die gesellschaftliche Integration von geistig Behinderten sind Hinweise auf neue Definitionen, Grenzziehungen und institutionelle Einordnungen im Bereich von Leben und Tod.

Kritische Stellungnahmen

Parsons wird häufig unterstellt, daß er ein zu starres konsistentes Wertsystem postuliere. Doch die Todesaufsätze zeigen, daß er verschiedene, scheinbar einander widersprechende Elemente im kulturellen Wertsystem verbunden sieht, etwa christliche Symbolik und aktivistische Diesseitigkeit. Sein »vager Transzendentalismus« ermöglicht ihm Flexibilität in diesem Bereich. Er geht nicht von der naiven Annahme vieler Autoren aus, daß »Widersprüche« im kulturellen Wertsystem auch von den Personen als solche wahrgenommen würden und damit notwendigerweise zu institutionellen Konflikten führten.

Die Symbolisierungsüberlegungen wurden von Parsons, Fox und Lidz allzusehr auf die offizielle christliche Ideologie eingeengt, obwohl nicht erst im 19. und 20. Jahrhundert, sondern in der gesamten abendländischen Geschichte noch viele andere Mythen und »Erzählungen« die Wertsphäre einzelner Gruppen stark mitbestimmt haben. Daß der moderne Pluralismus auch relativ gut funktioniert, ergibt sich ja gerade aufgrund dieser reichen Kulturakkumulation und der »Interpenetration« verschiedenster Gruppentraditionen – nicht nur in Europa, sondern auch in den Vereinigten Staaten von Amerika.

Parsons wurde vor allem im Hinblick auf seine medizinsoziologischen Erörterungen Unterstützung professioneller Ideologien und Arztzentriertheit vorgeworfen. Diese Kritik hat ihre Berechtigung, doch man sollte nicht vergessen, daß seine Konzeption gegen das naturwissenschaftlich orientierte medizinische Modell von Krankheit gerichtet war und daß er an verschiedenen Stellen emanzipatorische Ansätze zeigt, die eine Veränderung der Asymmetrie zwischen Patient und Arzt anstreben bzw. vorhersagen, und zwar durch Bildung, Aufklärung und die Entwicklung der Beziehungen zwischen verschiedenen Professionen. Daß sich durch Bürokratisierung und Technisierung nicht nur »Fesselungen«, sondern auch neue »Befreiungschancen« ergeben, hat Parsons wohl gesehen, aber in seinen Todesschriften zu wenig expliziert.

Parsons verband seine Überlegungen zum Ärztestand nicht mit einer allgemeinen Professionstheorie, die Herrschaft und Staat als wichtige Faktoren einbeziehen muß. Leben und Tod werden von verschiedenen, im großen und ganzen staatstreuen Professionen verwaltet: neben den Ärzten sind vor allem noch die Juristen zu nennen, doch auch Priester bzw. Angehörige der großen Kirchen üben in verschiedenen modernen Staaten noch einen bedeutsamen Einfluß aus.

Parsons hat in seinen Überlegungen zwar auf den zunehmenden Anteil alter Menschen in den Industriestaaten hingewiesen, doch demographische Faktoren in seine theoretischen Ausführungen nicht differenziert einbezogen.

Der rechtzeitige oder sozial gute Tod wird zwar von Parsons und seinen Mitautoren nicht diskutiert, doch implizit ist dieser Begriff enthalten: 1. In der Annahme, daß der Tod der einzelnen ein für das soziale System notwendiges Ereignis sei. 2. Durch die Einführung des Begriffes des frühzeitigen Todes. 3. Durch die Warnung vor einer Verlängerung der Lebenszeit durch neue medizinische Technologien. Todesnormierungen, Euthanasie bzw. der Wunsch, in bestimmter Weise zu sterben, und der Widerstand gegen medizinische und rechtliche Maßnahmen und Organisationen werden erst in der Schrift von 1973 am Rande erwähnt.

Die Veränderungen im Bereich des sozialen Sterbens, die Verlängerung aller drei Sterbeformen, des sozialen, psychischen und physischen Sterbens, die Segregation der Sterbenden und der Wandel der Todeserwartungen wurden von Parsons und seinen Mitautoren kaum diskutiert. Auch blieb das Töten allzusehr ausgespart. Der moderne Staat besitzt das Monopol der Gewalt und damit auch des Tötens. Die Industriestaaten haben ein bizarres Potential an Ressourcen zum Töten angehäuft. Daß diese latente gigantische Tötungsbereitschaft in den Strukturen der kulturellen, sozialen und Persönlichkeitssysteme verankert ist und den

Umgang mit Sterben und Tod mitbestimmt, ist sehr wahrscheinlich. Parsons' Abkehr von der Weberschen Sicht der Moderne rächte sich. In diesem Zusammenhang ist auch zu bemerken, daß der Zweite Weltkrieg bzw. der Krieg im allgemeinen und die damit zusammenhängende Vernichtung von Kollektiven und lokalen Kulturen kaum einen Niederschlag in Parsons' Werk gefunden haben.[74] Die keineswegs abgestorbenen christlichen und anderen abendländischen Mythologien zur Rechtfertigung des Tötens (von Feinden, Tieren, »sozialen Tatsachen« etc.) und auch die neuen »technisch-wissenschaftlichen Mythen« wurden von Parsons und seinen Koautoren ignoriert.

Parsons als Vertreter der *Mainstream*-Soziologie setzte soziale Tatsachen (Institutionen, Systeme, Kulturen etc.) voraus, die zwar »lebendig« sind, jedoch nicht den »Makel der Sterblichkeit« tragen.[75] Die historischen Grundlagen dieser soziologischen Tradition bedürfen noch einer genauen Untersuchung.[76] Die Todesproblematik verhilft jedenfalls überraschenderweise zu rekonstruktiven Einsichten in die Welt der Soziologie. Das implizite kollektive Unsterblichkeitsversprechen vieler soziologischer Theorien bedarf in der Epoche eines realen Weltvernichtungspotentials der Explikation.

74 Baum bemängelt »Parsons' ...explicit avoidance of the issue of collective forms of death«. R. C. Baum, »A revised interpretative approach to the religious significance of death in Western societies«, in: *Sociological Analysis* 43 (1982) 4, S. 328. »Wie führende Vertreter des Neoparsonianismus selbst zugestehen, hatte Parsons nicht nur bezüglich der Gegenwart, sondern auch gegenüber der geschichtlichen Rolle von Kriegen Schwierigkeiten, diese im Rahmen seines differenzierungstheoretischen Evolutionismus einzuordnen. Kriege sind in diesem theoretischen Rahmen ebenso wie soziale Bewegungen nur die Träger umgreifender Differenzierungsprozesse; sie können schlimmstenfalls den Gang dieser Prozesse ein wenig ablenken oder behindern, aber nicht wirklich entscheidend beeinflussen.« So H. Joas, »Zwischen machtpolitischem Realismus und pazifistischer Utopie – Krieg und Frieden als Thema der soziologischen Theorie« in: H. P. Dreitzel und H. Stenger (Hg.), *Ungewollte Selbstzerstörung*, Frankfurt am Main 1990, S. 150 f.

75 Tatsächlich erscheint die soziologische Konstruktion des sozialen Systems der christlichen Symbolisierung eines idealen solidarischen ewigen Jenseitskollektivs ähnlich, nur eben ins Diesseits verschoben.

76 Vgl. den Beitrag von Fuchs-Heinritz in diesem Band.

Wirkungsgeschichte

Zuletzt noch einige Bemerkungen zur Wirkung der Todesarbeiten von Parsons, Lidz und Fox. Die Wirkung dieser Arbeiten im Rahmen der Soziologie und im speziellen der Thanatosoziologie der letzten dreißig Jahre ist äußerst gering. Auch in den Vereinigten Staaten bezogen sich nur wenige Thanatosoziologen auf Parsons, und – was noch schwerer wiegt – es wurde kaum inhaltlich differenziert darauf eingegangen. Selbst Renée C. Fox und Theodore Lidz haben sich in späteren einschlägigen Arbeiten kaum auf die mit Parsons gemeinsam verfaßten Artikel bezogen. Auch in den wichtigen deutschen thanatosoziologischen Schriften ab Mitte der sechziger Jahre wurden diese Arbeiten von Parsons nicht einbezogen.[77] Die medizinsoziologische Konzeption von Parsons wurde dagegen so bestimmend für die fachwissenschaftliche Diskussion, daß seine Ausführungen zur Krankenrolle in einschlägigen Werken fast immer diskutiert und häufig auch heftiger Kritik unterworfen wurden. Doch auch in diesem Rahmen wurde auf seine Arbeiten zu Tod und Sterben in der Regel nicht Bezug genommen.

Warum diese Mißachtung eines Klassikers? Dies ist um so erstaunlicher, als die Todesproblematik in der soziologischen Literatur sowieso selten behandelt wurde und deshalb die wenigen Ausführungen mehr Beachtung hätten finden müssen – zumindest im Rahmen der Thanatologie. Die Arbeiten sind weder uninteressant noch informationsarm. Auch sind sie nicht so ab-

---

77 Gemeint sind folgende Schriften: A. Hahn, *Einstellungen zum Tod und ihre soziale Bedingtheit. Eine soziologische Untersuchung*, Stuttgart 1968; W. Fuchs, *Todesbilder in der modernen Gesellschaft*, a. a. O.; N. Elias, *Über die Einsamkeit der Sterbenden in unseren Tagen*, a. a. O.; G. Schmied, *Sterben und Trauern in der modernen Gesellschaft*. Opladen 1985; A. Nassehi und G. Weber, *Tod, Modernität und Gesellschaft*, a. a. O. Schmied bezieht sich in einer Anmerkung auf die Arbeit von 1967, allerdings in eigenartig mißverständlicher Weise: Er behauptet, daß Parsons und Lidz ähnlich wie Berger und Lieban (1960) argumentieren, obwohl Parsons ausdrücklich gegen diesen Aufsatz Stellung nimmt. Vor allem ist erstaunlich, daß Nassehi und Weber auf die Argumente von Parsons und Lidz bezüglich der Verdrängung des Todes nicht eingehen, worauf auch R. E. Wiedenmann, »Tod, Kultur und Gesellschaft. Literaturbericht«, in: *Sociologia Internationalis* 30 (1992), S. 117-124, hier S. 123, hinweist.

strakt, »blutleer« und schwer verständlich wie so manche Ausführungen in seinen Hauptwerken. Die plausibelste Erklärung: Die Argumentation paßte nicht in die *Mainstream*-Thanatologie. Parsons, dem man häufig theoretischen Konservatismus und Konformismus vorgeworfen hat, ein Außenseiter, ein Abweichler? Worin könnte diese Abweichung bestehen?

Erstens wendet er sich – zumindest in den Arbeiten der sechziger Jahre – ausdrücklich gegen die Verdrängungsthese. Diese wurde jedoch in den meisten thanatologischen Schriften aufgegriffen und emphatisch bejaht. Zweitens postulierte er das christliche Symbolsystem als legitime Basis moderner Institutionen und Professionen. Dies war vor allem für Vertreter der Säkularisierungsthesen und auch für die meisten Modernisierungstheoretiker unakzeptabel.[78] Drittens schrieb er gemeinsam mit den anderen Autoren relativ nüchtern und leidenschaftslos, während die Erfolgsautoren (zum Beispiel Gorer, Mitford, Kübler-Ross und Lifton) eher eine emotionalisierte Diskussion initiierten. Viertens entsprachen psychologische, ethnologische und historische Erörterungen des Themas mehr den Erwartungen auch der sozialwissenschaftlichen Leser als soziologische Analysen.

78 Gleichzeitig war diese zwar affirmative, aber letztlich soziologisierende und damit verwissenschaftlichende »Entzauberung« der christlichen Mythologie auch für »christliche Sozialwissenschaftler« nicht attraktiv. Vor allem die Interpretation des moralisch-religiösen Bereichs mit Hilfe des Geldsystems (Parsons, »Death in American society«, a. a. O., S. 64) erschien wohl als »Entweihung«.

Friedhelm Guttandin
Der Schrecken des Todes
Zur Institutionenlehre Arnold Gehlens

1. Ästhetik des Todes

Arnold Gehlen hat in seinem wenig beachteten[1] Aufsatz über »Die Struktur der Tragödie« davon gesprochen, daß der Tod sich dem denkenden Zugriff, den rationalen Erkenntnisabsichten entzieht, »weil ja der Tod des anderen ein absoluter Abbruch aller Kommunikation ist und der eigene noch im Dunkel der Zukunft liegt«.[2] Nicht etwa von den Wissenschaften, sondern nur im Medium der Kunst, und da insbesondere in der Tragödie, könne das Wesen des Todes zwar nicht erkennbar gemacht, aber zur Anschauung gebracht werden. Es kennzeichne die »Paradoxie« der Ästhetik, daß sie sich auf einen Gegenstand beziehe, dessen »Wesen und Substanz« begrifflichem Denken verschlossen bleiben müsse.[3]

»Aber wenn wir die Tragödie nicht begreifen, so begreift sie sich selber. Der entscheidende Punkt muß ja der sein, daß die verworrenen und gereizten Mächte sich da plötzlich im Tode zu einer unendlichen Klärung und Ordnung zusammenschließen, den jeder der leidenschaftlich Betei-

---

1 Rehberg hat in der Aussprache zu seinem Vortrag auf diesen Aufsatz angespielt. Karl-Siegbert Rehberg, »Existentielle Motive im Werk Arnold Gehlens. Persönlichkeit als Schlüsselkategorie der Gehlenschen Anthropologie und Sozialtheorie«, in: Helmut Klages und Helmut Quaritsch (Hg.), *Zur geisteswissenschaftlichen Bedeutung Arnold Gehlens*. Vorträge und Diskussionsbeiträge des Sonderseminars 1989 der Hochschule für Verwaltungswissenschaften Speyer, Berlin 1994, S. 538.
2 Arnold Gehlen, »Die Struktur der Tragödie«, in: ders., *Gesamtausgabe*, Bd. 2, *Philosophische Schriften* II, Frankfurt am Main 1980, S. 212.
3 Zum Verhältnis von Tragödie und Paradoxie, allerdings ohne Bezugnahme auf Gehlen, vgl. Hans Ulrich Gumbrecht, »Inszenierte Zusammenbrüche oder: Tragödie und Paradox«, in: ders. und K. Ludwig Pfeiffer (Hg.), *Paradoxien, Dissonanzen, Zusammenbrüche. Situationen offener Epistemologie*, Frankfurt am Main 1991, S. 471 ff.

ligten als Erlösung und sinnvolle Wendung auf sich nimmt. Das tragische Geschehen, sage ich, begreift sich selbst, wenn es, zur äußersten Mächtigkeit erbittert, in sein Gegenteil, den Tod, geworfen wird und sich im Tode ordnet und einigt und leuchtend zu sich kommt.«[4]

Dieses Nicht-erkennen-Können bezieht Gehlen nicht nur auf das Verhältnis von Ästhetik und tragischem Zur-Anschauung-Bringen des Todes, sondern auch auf die tragische Struktur der Handlung:

»Das ist der tiefsinnige Kern der Tragödie, daß keine der Personen ein Wissen um das, was da geschieht, haben soll, sondern daß das Geschehen sich selbst ausspricht und begreift, indem es sich als Katastrophe verklärt. Der Tod reinigt die verworrenen Schicksale. Deshalb ist in allen großen Tragödien der Handelnde in einem entscheidenden Punkte im Nichtwissen.«[5]

Die Struktur der Tragödie, wie Gehlen sie beschreibt, ergibt sich aus der Zuordnung unterschiedlicher Typen des Wissens um den Tod, die wiederum aus verschiedenen Beobachterpositionen[6] resultieren. Da sind zuerst einmal die in das tödliche Geschehen verstrickten Helden. Ihre paradoxe, von ihnen selbst nicht durchschaute Situation – in der Einheit und Gegensätzlichkeit von subjektiver Unschuld und objektiver Schuld begründet –, aus der sich Zusammenbruch und Paralyse ihrer Handlungsmöglichkeiten ergeben, findet die Vollendung im Tod. Für das Spiel der Tragödie und der in es einbezogenen Zuschauer ist der Tod nicht wie für den tragischen Helden Schluß- und Höhepunkt der paradoxen, tragischen Verstrickung, sondern das Element ihrer Ent-

4 Gehlen, »Die Struktur der Tragödie«, a. a. O., S. 202 f.
5 Ebd., S. 206. »Diese Worte, die ich hier gebrauchte: reinigend, verklärend, erleuchtend sollen alle dasselbe bezeichnen: daß das verworrene und heroische, wesentlich blinde Handeln in der Katastrophe, im Tode, ›des Bewußtseins Form‹ annimmt. Deshalb ist es wesentlich, daß die Beteiligten nicht selber das Bewußtsein aussprechen, sondern entscheidend im Nichtwissen sind, entweder ganz ausdrücklich, oder per accidens, als Verblendete.« Ebd., S. 207.
6 Instruktiv hierzu Niklas Luhmann, »Tautologie und Paradoxie in den Selbstbeschreibungen der modernen Gesellschaft«, in: *Zeitschrift für Soziologie* 16 (1987) 3, S. 160 ff.; und ders., »Sthenographie und Euryalistik«, in: Gumbrecht und Pfeiffer (Hg.), a. a. O., S. 58 ff.

paradoxierung: Der Tod reinigt und erhellt, wie Gehlen sagt, indem er jene nicht mehr entscheidbare und paralysierende Gemengelage auflöst.

Die Tragödienzuschauer nehmen eine Beobachterposition erster Ordnung ein, die es erlaubt, nicht nur die immanente Spannung zwischen den Gegensätzen erfahren zu können, sondern auch die Aufhebung dieser Spannung durch den Tod als sinnvoll nachzuvollziehen. Für die begriffliche Erfassung dieser Spannung als Paradox und dieses Todes als Entparadoxierung bedarf es einer Erweiterung dieser Beobachterposition, die von der Ästhetik eingenommen wird. Der Sachverhalt, daß sich die Ästhetik selbst noch einmal auf eine paradoxe Situation einläßt, indem sie sich rational mit dem Tod, über den man nichts aussagen kann, auseinandersetzt, weist darauf hin, daß Gehlen, der diese Paradoxie reflektiert, eine Beobachterposition zweiter Ordnung bezieht.

Die Tragödie sei unmodern, sagt Gehlen, weil die Menschen der Moderne zunehmend den Sinn für ein tragisches Geschehen – auf der Bühne oder jenseits von dieser – verlieren; denn um ein tragisches Schicksal haben zu können, müsse es »unmöglich sein, sich mit einer Entschuldigung aus dem tragischen Konflikt zurückzuziehen«[7] Der Hinweis darauf, daß man dies oder jenes nicht gewollt habe, daß es einem leid tue, und der Sachverhalt, daß man sich mit diesem Hinweis zu »entschulden« sucht oder wenigstens um »Entschuldung« bittet, löst jede naive tragische Verstrickung auf. Nur der von objektiven Ordnungen beherrschte Mensch ist tragikfähig, »während vom Reflektierenden sich die Mächte zurückziehen«[8] Es ist diese reflektierende Haltung, die letztlich zu dem Verzicht darauf führt, überhaupt ein Schicksal haben zu können.[9]

Über Jahrhunderte galt das Recht auf ein Schicksal – wenn auch mitunter auf ein miserables – als ein Privileg, das nur wenigen zukam. Aus der Perspektive Gehlens scheint es nun so, daß nicht etwa das Recht auf ein Schicksal demokratisiert worden ist, sondern daß man derzeit Schicksalhaftigkeit allgemein zu vermeiden sucht. Dies trifft neben der Tragödie, die sich anschauend auf den

7 Gehlen, »Die Struktur der Tragödie«, a. a. O., S. 207.
8 Ebd.
9 Vgl. ebd., S. 204.

Tod bezieht, insbesondere auf die praktische Haltung zum Tode zu: »... und dies ist das Selbstopfer für einen höchsten Glauben, und besonders das Christentum hat diese Idee zum großen Motiv einer zweitausendjährigen Bemühung des menschlichen Geistes« gemacht.[10]

Nur die Menschen, die die »Naivität« besitzen, sich von den großen Mächten wie den Göttern, dem Staat, den sittlichen Gesetzen erfassen und in ihrem Handeln durch und durch leiten zu lassen, sind tragikfähig. Und umgekehrt ist die Unreflektiertheit Bedingung dafür, daß diese Mächte überhaupt als objektive, als »Sachzwänge« auftreten können. In Zeiten der Aufklärung und Intellektualität dagegen reklamieren die Individuen ihr Recht gegen jene Sachzwänge und objektiven Gewalten. Anstelle eines möglicherweise tragischen, tödlichen Schicksals beansprucht man schließlich das Recht auf Selbstverwirklichung.[11]

In diesem frühen, 1934 zum erstenmal veröffentlichten philosophischen Aufsatz deutet Gehlen nicht nur einzelne der Motive an, die er später in seinen soziologischen Schriften stärker entwickeln wird, sondern er eröffnet insbesondere den Zugang zu der Perspektivik, aus der heraus er dann seine soziologischen Analysen betreibt: Seine Institutionenlehre ist, was zu zeigen sein wird, *sub specie mortis* geschrieben.

2. Überleben

Das Überleben ist die erste Aufgabe, die sich nach Gehlens Anthropologie dem Menschen stellt.[12] Auch das Tier will leben: Es frißt, und bei Angriffen verteidigt es sich oder flieht. Aber im Unterschied zum Tier ist der Mensch für seinen Überlebenskampf nur mangelhaft ausgestattet. Instinktarm, waffenlos ist er mit einer ihm feindlichen Welt konfrontiert. Der »Mensch wäre, der rohen Natur wie ein Tier ausgesetzt, mit seiner ihm angeborenen

10 Ebd., S. 212.
11 Vgl. Johannes Chr. Papalekas, »Institutions-Abbau und Subjektivismus. Zur Aktualität Arnold Gehlens« in: Klages und Quaritsch (Hg.), a. a. O., S. 821.
12 Vgl. Bernard Willms, »Homo Homini Faber. Anthropologische Tradition und anthropologische Aktualität«, in: Klages und Quaritsch (Hg.), a. a. O., S. 214.

Physis und seiner Instinktmangelhaftigkeit unter allen Umständen lebensunfähig«.[13]

Es stellt sich für den Menschen also die fundamentale Frage, mit welchen Mitteln er den Kampf ums Überleben bestreiten will. Seine defizitäre Ausstattung erstens im Vergleich zum Tier und zweitens im Verhältnis zur feindlichen Natur zwingt ihn, sein Überleben zu organisieren. Das Überleben wird dem Menschen zu einer Aufgabe und zur Aufgabe schlechthin: er kann nicht einfach leben, wie das Tier, sondern hat sein Leben zu führen.

Im Unterschied zu Geisttheoretikern, die davon ausgehen, daß der Mensch keinen Instinkt nötig habe, weil er denken könne, stellt Gehlen die These auf, daß der Mensch das Denken nötig habe, zum Denken um seines Überlebens willen gezwungen sei, weil er kaum über angeborene Instinkte verfüge. So gesehen ist der Mensch infolge seiner biologischen Mangelausstattung gezwungen, intelligent sich seine Lebensbedingungen zu schaffen.

Die »Natur hat dem Menschen eine Sonderstellung angewiesen, oder anders gesagt, sie hat im Menschen eine sonst nicht vorhandene, noch nie ausprobierte Richtung der Entwicklung eingeschlagen, sie hat ein neues Organisationsprinzip zu erschaffen beliebt. Zu diesem gehört, daß der Mensch in seinem bloßen Dasein eine Aufgabe vorfindet, daß sein Dasein seine eigene Aufgabe und Leistung wird, ganz elementar: es ist schon für ihn eine beträchtliche Leistung, nächstes Jahr noch zu leben, und zu dieser Leistung müssen die gesamten Fähigkeiten des Menschen von ihm selbst gebraucht werden«.[14]

Infolge seines Mangels an spezialisierten Organen und Instinkten ist der Mensch im Gegensatz zum Tier in keine arteigene Umwelt eingepaßt und folglich auf intelligente Veränderung vorgefundener Naturumstände angewiesen. Da er sinnesarm, waffenlos, nackt, in seinem Gesamthabitus embryonisch erscheint, ist er, um zu überleben, zur Naturbeherrschung gezwungen. Mithin steht er vor der Aufgabe, seine in biologischer Hinsicht konstitutiven Mängel in Chancen der Lebensfristung umzuwandeln. Das heißt, seine Defizite, die ihn, so die Ausgangslage, in die Defensive

13 Arnold Gehlen, »Philosophische Anthropologie. Zur Selbstbegegnung und Selbstentdeckung des Menschen«, in: ders., *Anthropologische und sozialpsychologische Untersuchungen*, Reinbek bei Hamburg 1986, S. 17 f.
14 Arnold Gehlen, Der Mensch. *Seine Natur und seine Stellung in der Welt*, Wiesbaden 1986, S. 17.

gebracht haben, dienen als Startbasis für eine offensive Beherrschung der Natur. Eine prinzipielle Harmonie mit der Natur, wie sie zwischen Natur und Tier gegeben ist, ist dem Menschen mithin versagt.

Gegen die Natur und nicht etwa in einer harmonischen Übereinstimmung mit ihr führt der Mensch seinen Überlebenskampf.

»Der Mensch ist also organisch ›Mängelwesen‹ (Herder), er wäre in jeder natürlichen Umwelt lebensunfähig, und so muß er sich eine zweite Natur, eine künstlich bearbeitete und passend gemachte Ersatzwelt, die seiner versagenden organischen Ausstattung entgegenkommt, erst schaffen, und er tut dies überall, wo wir ihn sehen. Er lebt sozusagen in einer künstlich entgifteten, handlich gemachten und von ihm ins Lebensdienliche veränderten Natur.«[15]

Diese Ersatzwelt, diese »künstliche« Natur, ist für Gehlen die »Kultursphäre«. Die Mittel zur Naturbeherrschung, die Technik, treten mithin nicht etwa in einen Gegensatz zur Kultur, sondern sind konstitutiv für dieselbe.

Ein weiterer Aspekt wird für das Entstehen der Kultur als der Sphäre, die dem Mängelwesen Mensch das Überleben möglich macht, entscheidend.[16] Neben seiner Instinktarmut und seiner natürlichen Waffenlosigkeit besitzt der Mensch einen weiteren Defekt, nämlich seine Weltoffenheit: In keiner natürlichen Weise einer speziellen Umwelt irgendwie eingefügt, ist er der überwältigenden Vielzahl von Eindrücken und Einflüssen ausgeliefert. Die damit einhergehende Überlastung mit Orientierungslosigkeit muß abgebaut werden, indem das Chaos der Eindrücke reduziert und systematisch organisiert wird. Durch den Aufbau einer Kultursphäre, die dies leistet, gewinnt der Mensch überhaupt erst so etwas wie Koordinaten für sein Handeln, mithin eine Orientierungsfähigkeit:

»Im Unterschied zum Tier nämlich ist der Mensch einer bestimmten, unendlich offenen Welt mit einer Fülle unvorhergesehener Möglichkeiten ausgeliefert. Keine der Umwelt genau angepaßten Organe sind ihm gegeben, die, von wenigen und zweckmäßigen Instinkten beansprucht, ihm nur den Ausschnitt der Welt erschließen, der lebenswichtig ist, und

15 Gehlen, »Philosophische Anthropologie«, a. a. O., S. 48.
16 Kritisch zum Menschen als Mängelwesen: Alfred Heuß, »Gehlens Anthropologie und der ›Ursprung‹ der Geschichte« in: Klages und Quaritsch (Hg.), a. a. O., S. 235 ff.

alles andere schonend verdunkeln. Sondern waffenlos, instinktlos, unspezialisiert, d. h. unangepaßt ist der Mensch in eine Welt geworfen, die eben deshalb so ungeheuer inhaltsreich ist, weil sie ein Wesen mit Eindrücken überwältigt und überschwemmt, das der schützenden organischen Borniertheit entbehrt, die das Tier hat, das in seinem Leibe leben darf, weil die Umwelt mit diesem harmoniert.«[17]

Diese natürliche Unangepaßtheit an eine spezifische Umwelt zwingt den Menschen, um seines Überlebens willen, sich eine eigene Welt, in der er zu existieren vermag, aufzubauen. Es geht, über Naturbeherrschung hinaus, um die Konstitution eines Orientierungssystems, das dem Menschen trotz des Defekts der Weltoffenheit zielgerichtetes Handeln allererst ermöglicht; denn in einer Welt, die ihm als völlig unstrukturiert, chaotisch erschiene, wäre Handeln nicht möglich. Bei diesem Orientierungssystem, das den infolge seiner Weltoffenheit potentiell von Eindrucksfluten überforderten Menschen entlastet, handelt es sich um die Institutionen.

Gehlens These von der Weltoffenheit der Menschen besagt primär, daß eine naturgegebene und spezifische Welt qua Umwelt für den Menschen nicht auszumachen sei. Daher hat der Mensch sich eine »Welt« zu schaffen, die dasselbe leistet, und zwar in ganz entsprechender Weise wie die Umwelt für das Tier. »An genau der Stelle, wo beim Tier die ›Umwelt‹ steht, steht daher beim Menschen die Kulturwelt, das heißt der Ausschnitt der von ihm bewältigten und zu Lebenshilfen umgeschaffenen Natur.«[18] Das Interesse Gehlens richtet sich nicht etwa darauf, wie eine Kultur beschaffen sein müßte, um die menschliche Natur zu befriedigen, sondern er fragt hier danach, welche Kulturleistungen bewältigt werden müssen, um die menschliche Natur überhaupt am Leben zu erhalten. Aus dieser Perspektive erweist sich Kultur in der Kombination von Technik und Institutionen als überlebenswichtig für den Menschen. Die »Kultursphäre« ist »das sozusagen vom Menschen in die Welt hineingebaute Nest«.[19]

Gehlens Ansatz, die Kultur des Menschen als eine für diesen notwendige Antwort auf seine biologische Mangelhaftigkeit zu bestimmen, vollzieht eine entscheidende Weichenstellung nach:

17 Gehlen, »Philosophische Anthropologie«, a. a. O., S. 33.
18 Gehlen, *Der Mensch*, a. a. O., S. 38.
19 Gehlen, »Philosophische Anthropologie«, a. a. O., S. 21.

Die im Mittelalter vorherrschende Überzeugung von der Wohlversorgtheit des Menschen durch die göttliche Schöpfung wurde
zu Beginn der Neuzeit von einer prinzipiellen Mangelperspektive
abgelöst. Eine von Gott geschaffene und gestaltete Welt galt im
Mittelalter auch dann, wenn sie dem Menschen Schwierigkeiten
bereitete, als grundsätzlich in Ordnung. Hunger, Elend, Krankheiten waren durchaus bekannt, aber sie wurden als Folge der
strafenden Gerechtigkeit Gottes oder aus der Perspektive von
Konsumtion und Distribution betrachtet und dementsprechend
im Sinne der Genügsamkeit oder der Umverteilung, etwa durch
Almosen, reguliert. Der Gedanke einer systematischen Ausgestaltung der Welt konnte sich erst durchsetzen, sobald, wie das zu
Beginn der Neuzeit der Fall war, die Auffassung von der prinzipiellen Wohlversorgtheit des Menschen durch die Perspektiven
der grundsätzlichen Mangelhaftigkeit der Weltordnung abgelöst
wurde.[20] Die These des Mangels sollte von da an als Rechtfertigung für die unbeschränkte Gestaltung von Natur und Gesellschaft herhalten. Der Gedanke von der mangelhaften Ausstattung
des Menschen, die die Anthropologie Gehlens als eine der Grund-
bedingungen menschlichen Lebens überhaupt auffaßt, konnte
sich in dieser radikalen Weise erst nach dem Niedergang der mittelalterlichen Ordnungsvorstellungen in nachfolgenden säkularen Harmoniekonzeptionen durchsetzen. »Überleben« war im
Mittelalter ein Thema lediglich für den Untertanen, die beherrsch-
ten Unterschichten, deren Schicksal es war, nicht über ausreichen-
de ökonomische oder militärische Mittel zu verfügen, und die
daher, von vornherein in die Defensive gedrängt, zusehen mußten,
wie sie der Willkür und Bedrückung ihrer Herren irgendwie ent-
gehen oder zu einer Umverteilung der Positionen (›die Letzten
werden die Ersten sein‹) gelangen könnten. Universalisiert sich
die Mangelperspektive, wie dies zu Beginn der Neuzeit der Fall
ist, so wird »Überleben« als Thema des mit Macht schlecht ver-
sorgten Untertanen zum Thema des Menschen schlechthin. Die
Untertanenperspektive wird zur Voraussetzung von Philosophie
und Anthropologie. Damit verschiebt sich also auch die Stellung
des Todes im Leben: Der Tod steht nicht mehr nur am Ende des
Lebens, sondern rückt an dessen Anfang vor. Kann der Tod nicht

---

20 Vgl. dazu Hans Blumenberg, *Säkularisierung und Selbstbehauptung*,
   Frankfurt am Main 1974, S. 159 f.

von Anfang an überwunden werden, so kommt es überhaupt nicht zu einem Leben. Das Thema der Überwindung des Todes, traditionell ein Thema, das auf ein Jenseits als einer Sphäre, die in der Überwindung, in der Transzendenz des Diesseits erreicht wird, hinweist, wird von Gehlen aus der neuzeitlichen Problemperspektive umgeformt. Es stellt sich jetzt die Frage, wie der Tod überwunden, transzendiert, werden kann, um dem Mängelwesen Mensch allererst ein Diesseits zu ermöglichen.

3. Transzendenz ins Diesseits

Der Mensch, will er sich am Leben erhalten, muß fähig sein, die primären Zwecke und Motive, die sich ihm aufdrängen, zurückzustellen. Wäre er ein Wesen, das allein auf die direkte Befriedigung seiner Bedürfnisse festgelegt ist, könnte er nicht überleben. Er muß in der Lage sein, Ferninteressen wie zum Beispiel den Hunger von morgen wahrzunehmen; er muß dieses Morgen sachlich vorbereiten. Ohne »Vorbereitung ›des morgen‹«, sagt Gehlen, »wird dieses morgen nichts enthalten, wovon er leben könnte«.[21] So gesehen ist der Mensch das auf die Gestaltung von Zukunft notwendig festgelegte Wesen. Angewiesen auf eine langfristige Daseinsvorsorge, benötigt er eine Handlungsebene, auf der er unabhängig von seinen primären Zwecken und Motiven – und auch gegen sie – seine Welt zu gestalten vermag. Gehlen nennt diese Fähigkeit »Transzendenz ins Diesseits«.[22] Das ist ein raffinierter Terminus.

Es heißt »Transzendenz ins Diesseits« und nicht etwa ins »Jenseits«, zum Leben und nicht etwa zum Tod. Transzendenz meint zudem eine Höherbewegung, bezieht sich auf ein »höheres« Diesseits als dies die nackte Existenz, die bloße Daseinsfristung darstellt, nämlich auf Kultur. Der Mensch transzendiert zum Zwecke seines Lebens seine Natürlichkeit und mutiert dieserart zum Kulturwesen. Kultur ist die höhere, transzendente menschliche Diesseitigkeit. Der Terminus »Transzendenz« zeigt an, daß es sich um eine Sphäre handelt, die jenseits des Reiches der Bedürfnisse, der

---

21 Gehlen, *Der Mensch*, a. a. O., S. 51.
22 Arnold Gehlen, *Urmensch und Spätkultur. Philosophische Ergebnisse und Aussagen*, Wiesbaden 1986, S. 16 ff.

primären Antriebe, angesiedelt ist. Gehlen geht, was das Handeln der Menschen betrifft, von einer niederen, weil bedürfnisorientierten, und einer höheren, transzendenten Handlungsebene aus, wobei die höhere der niederen vorausgesetzt ist und nicht etwa umgekehrt: Schon die Werkzeuge, elementare Bedingungen erfolgreicher Bedürfnisbefriedigung, sind Resultate eines Denkens und Handelns, das auf einer höheren, transzendenten Ebene vollzogen wird. Die Werkzeuge, mit denen die Menschen arbeiten, sind geronnene, wirklich gewordene Darstellungen dieser Transzendenz. Es gibt nach Gehlen beim Urmenschen eine elementare Neugierde, die nach dem Selbstwert der Dinge fragt. Die Erfindungen des Rades, der Wurflanze, des Messers, von Pfeil und Bogen sind nicht Ergebnisse eines an der primären Bedürftigkeit orientierten zweckrationalen Bewußtseins, sondern sie sind Ausdruck einer sekundären Zweckmäßigkeit.[23] Kennzeichen für eine Ebene der sekundären Zweckmäßigkeit oder Transzendenz ist das neutrale, weltoffene Sachinteresse an der Beschaffenheit von Dingen, deren primäre Nützlichkeit erst einmal gar keine oder eine sehr geringe Rolle spielt.

»Wird ... ein Stein behauen, so wird seine Eignung zu einer bestimmten Verwendung herausgeholt. Dabei sind schon gewisse Prozesse der Abstraktion im Spiel, die mindestens vorschweben müssen ... Nämlich gesetzt, man wolle aus dem Feuerstein eine Klinge absprengen, so muß konzipiert sein: der Vorgang oder das Entwurfs- oder Wirkungsschema des ›Schneidens überhaupt‹, der ›Schneidewirkung überhaupt‹ ...«[24]

Ein solches Wissen findet nach Gehlen nicht etwa im Interesse an Bedürfnisbefriedigung und einer primär darauf ausgerichteten Arbeit, sondern in einem davon unabhängigen experimentierenden Verhalten sein Fundament. Die Orientierung am »Sacherfolg oder Sachmißerfolg umschreibt einen autonomen, aus sich selbst lebenden Bereich menschlichen Handelns – er ist schon im Spiel angelegt«.[25] Auf dieser Ebene des Handelns werden die Motive statt aus dem Bedürfnis aus der Sache selbst entnommen. Dieses Handeln startet nicht mehr in der primären Antriebssphäre, sondern bei Sachverhalten, und endet anstatt bei antriebsgesetzten Zwecken bei veränderten Sachverhalten. Es entsteht ein eigen-

23 Vgl. Gehlen, *Urmensch und Spätkultur*, a. a. O., S. 13.
24 Ebd., S. 11.
25 Ebd., S. 12.

ständiger Handlungskreis aus »Wahrnehmung, Handlung, Ding-
reaktion, Sacherfolg oder Sachmißerfolg«.[26]

Beim solcherart spielerischen Experimentieren vollzieht sich die
Entwicklung neuer Gegenstände, die erst danach auch in
ihrer Brauchbarkeit als Werkzeuge entdeckt werden können, das
heißt, deren Eignung zu Zwecken der primären Bedürfnisbefriedigung sich erst im nachhinein herausstellt. »So verfährt die Technik auch heute: sie stellt erfinderische Mittel bereit für noch nicht
vorhandene Zwecke«.[27] Ein auf Zukunft ausgerichtetes Handeln,
wie zum Beispiel das Herstellen von Werkzeugen, läßt sich nicht
in der menschlichen Natur und ihren Bedürfnissen festmachen,
sondern wird durchgesetzt, indem sie überspielt werden. Der
Mensch ist bei Gehlen eben nicht nur ein Mängelwesen, sondern
auch ein Phantasiewesen.[28] Wenn der Mensch Zwecken dient, die
seiner unmittelbaren Motivlage gegenüber höher gelagert sind,
oder wenn er sich für einen Sachzusammenhang interessiert, dessen Nützlichkeit ihm von seinem derzeitigen Entwicklungsstand
aus verborgen ist, so bewältigt er damit, im Falle des Urmenschen,
ohne es zu wissen, eigene gegenwärtige oder künftige Probleme,
auf deren Lösung er niemals hätte direkt zugehen können.

4. Schrecken des Todes

Angesichts der Plastizität, der Weltoffenheit, der energiegelade-
nen und zugleich instinktreduzierten Beschaffenheit des Menschen sind Institutionen notwendige Entlastungsformen. Allein
mit ihrer Hilfe kann der Mensch seine Bedürfnisse mit einiger
Sicherheit befriedigen und mit seinesgleichen zusammenleben;
nur mittels der Institutionen bringt es der Mensch zu einem vor-
aussehbaren, regelmäßigen Verhalten. Freilich kann die Kreation
der Institutionen ebensowenig wie die der Werkzeuge direkt vom
Bedürfnis nach Überleben her in Angriff genommen werden. Sie
sind nicht als Mittel zur Sicherung menschlichen Lebens konzipiert worden – was nicht ausschließt, daß sie gewissermaßen in
einem zweiten Schritt auch diesem nützlich sein können. Die

26 Ebd.
27 Ebd., S. 13.
28 Vgl. Henning Ottmann, »Gehlens Anthropologie als kulturalistische
   Theorie« in: Klages und Quaritsch (Hg.), a. a. O., S. 470.

Institutionen dienen erst einmal einem eigenen Zweck. Dies zeigt schon Gehlens Hinweis auf den Selbstzweckcharakter der Institutionen: »Der moderne Mensch lebt im Schnittpunkt sehr zahlreicher Institutionen, die dem Einzelnen gegenüber ... Selbstzweckautorität geltend machen«.[29]

Das Bewußtsein, das den Institutionen zugeordnet ist, ist etwas anderes als das instrumentale Denken, das subjektive Zwecke verwirklicht. Die Institutionen sind nach Gehlen nicht aus den Notwendigkeiten herzuleiten, die sich aus der biologischen Konstitution des Menschen ergeben; ihre Zweckmäßigkeit für diese Natur ist vielmehr sekundär.[30] Die Institutionen sind nicht das Ergebnis eines instrumentellen Bewußtseins, das direkt auf ein bestimmtes Ziel zugeht, sondern Folgen eines von der Außenwelt provozierten Verhaltens, dessen Zweckmäßigkeit sich erst hinterher herausstellt.

Die Institutionen drücken in ihrem Entstehen etwas ganz anderes aus als instrumentelle Zweckmäßigkeiten. In seinem zweckpraktischen Handeln bleibt der Mensch in seiner bekannten Welt, aber in den Institutionen baut er heraus in eine Welt, die ihm fremd und überlegen ist. Es findet hier eine Höherentwicklung statt, die gar nicht vom instrumentellen Bewußtsein her gesteuert werden kann. Diese Entwicklung geht immer über das hinaus, was jeweils vom zweckpraktischen Denken her gewußt wird. Sie besteht daher nicht darin, daß rationale Zwecke realisiert werden, sondern darin, daß übermächtige Eindrücke verarbeitet werden.

Es handelt sich hier um eine Haltung gegenüber Eindrücken und Daten, die nicht als Mittel für Zwecke, sondern als Appell auftreten, sogenannte »Appelldaten«. Zu diesen Appelldaten gehören all jene Eindrücke, die erstens für das Erlebnis des Übermächtigen stehen und die zweitens aufgrund dieser Übermacht kein zweckpraktisches, auf Veränderung, Beeinflussung ausgerichtetes Handeln erlauben. Gehlen sieht im sichtbar gewordenen Tod, in der »Leiche ein ›Appelldatum‹ ersten Ranges«.[31] Anhand der Leiche oder gar »des im Todeskampf erstarrten Gesichtes«[32] erfährt der Mensch ein schockierendes Rätsel.

29 Gehlen, *Urmensch und Spätkultur*, a. a. O., S. 61.
30 Vgl. Helmut Schelsky, »Zur soziologischen Theorie der Institution«, in: ders. (Hg.), *Zur Theorie der Institutionen*, Düsseldorf 1970, S. 23.
31 Gehlen, *Urmensch und Spätkultur*, a. a. O., S. 143.
32 Arnold Gehlen, »Über die Verstehbarkeit der Magie«, in: ders., *Stu-*

»Wenn dieses »ursprünglich als ›Macht‹ erscheint, und zwar als rätselhafte Macht, so bedeutet das nicht nur den Eindruck des Überwältigenden und Gefahrdrohenden. Viel tiefer greift darin der Eindruck eines Verpflichtenden, das doch noch nicht definiert ist, und das sich als die Kehrseite eines affektstarken, zwangshaften Handlungsbedürfnisses ausweist, für das es keine selbstverständlichen Bahnen gibt«.[33]

Der Instinktreduktion beim Menschen entspricht die Entdifferenzierung der Auslöserseite. Während das Tier auf Sachverhalte, die ihm begegnen, eindeutig reagiert, ist die Reaktion des Menschen auf Sachverhalte, die ihn betreffen, in hohem Maße unbestimmt. Diese Entdifferenzierung der Auslöser und der von ihnen ausgehenden Wirkungen bedeutet jedoch nicht, daß der erregende Eindruck, der von unwahrscheinlichen, gefährlichen, schrecklichen Sachverhalten wie dem Tod ausgeht, verlorengeht. Es verhält sich lediglich so, daß die von den Auslösern ausgehende Wirkung unbestimmten Charakter hat. Situationen der Ohnmacht, zum Beispiel angesichts des Todes, lassen eine ungerichtete Handlungsenergie frei werden. Der Schrecken spricht beim Menschen »die Tiefenschichten unbestimmt-plastischer Instinktresiduen« an, erweist sich als Appell, der einen Antwortdruck, »das Bedürfnis, etwas zu tun«, erzeugt, ohne daß diesem Bedürfnis zum Handeln ein Objekt zur Verfügung stünde.[34] Der übermächtige rätselhafte Tod wirkt als Appelldatum, das als »das zwingende Gefühl einer ›unbestimmten Verpflichtung‹ erlebt wird«.[35] Aus diesem durch den Schrecken des Todes angeregten Gefühl der unbestimmten Verpflichtung entsteht, wie zu zeigen sein wird, das Ritual, und dieses wiederum gilt nach Gehlen als der Ursprung der großen Institutionen.

Neben den unbestimmt-plastischen Instinktresiduen, die auf den Schrecken des Todes als Appelldatum ansprechen, ist eine weitere anthropologische Voraussetzung für das Ritual, »daß es Erfüllungszustände ohne Bedürfnisse gibt«[36], denn dies erlaubt ein Handeln als Antwort auf das Appelldatum Tod, das sich nicht in zweckpraktischer Weise auf den Tod als Objekt bezieht, son-

dien zur Anthropologie und Soziologie, Neuwied und Berlin 1963, S. 88.
33 Gehlen, Urmensch und Spätkultur, a. a. O., S. 138.
34 Ebd.
35 Ebd., S. 137.
36 Ebd., S. 80.

dern als Fähigkeit selbst sich zufrieden gibt. Dies ist das Grundelement des Ritus. Riten treten in Ohnmachtssituationen auf. Sie ermöglichen Handlungen auch da, wo eine technische Bewältigung der äußeren Lage nicht möglich ist. Sie sind Handlungsanweisungen für Situationen wie der Todeserfahrung beim Anblick des Leichnams, in denen man eigentlich nichts mehr tun kann. So gesehen handelt es sich hier um den Modus des »zwecklosen Handelns«.[37] Nach Gehlen existiert ein Unterschied zwischen Problemsituationen, die sich handlungspraktisch lösen lassen, und solchen, die auf diese Weise nicht bewältigt werden können, Situationen, in denen sich die Handelnden als ohnmächtig erleben.

Im Umgang mit als übermenschlich und übermächtig erfahrenen Mächten wie dem Tod bedient sich der Mensch ritueller Praktiken. Es ist das Unabänderliche, Nichtverfügbare, in dessen Macht er sich weiß. Das »Bedürfnis nach einem rituellen Verhalten gegenüber dem Komplex Tod-Toter (Leiche)-Totengeist ist weltverbreitet gewesen und unabhängig von wirtschaftlichen Voraussetzungen, also in diesem Sinne primär«.[38] Da, wo nichts mehr getan werden kann, entstehen aufgrund der Affekte, die sich in solchen existentiell bedrohlichen und ausweglosen Situationen bilden, Handlungsimpulse, die irgendwie abreagiert werden müssen. Die Riten ermöglichen es, handelnd auf ungewöhnliche, außerordentliche Situationen zu reagieren. So praktiziert man beim Ritual

»ein Handeln, das sich auf sich selbst beziehen muß, weil es am Gegenstand nichts verändern darf, ihm also nur zugeordnet werden kann. Die so in sich aktiv vollzogene Reflexion des Verhaltens heißt Stilisierung, die Handlung besteht, von außen gesehen, in einer Normierung oder Stilisierung ihrer selbst«.[39]

Die strukturelle Gleichheit von Ritual und Institution besteht, soweit läßt sich dies schon sagen, in ihrem Selbstzweckcharakter[40]: Sie haben ihren Zweck in sich selbst; das Handeln, das sie konstituiert, dient nicht der lebenspraktischen Bedürfnisbefriedi-

---

37 Ebd., S. 155.
38 Ebd., S. 20.
39 Ebd., S. 80.
40 Vgl. Helmut Klages, »Erkenntnispotentiale der Kulturanthropologie Arnold Gehlens«, in: Klages und Quaritsch (Hg.), a. a. O. S. 614 f.

gung. Was dem Ritual (im Vergleich zu den Institutionen) noch fehlt, sind Dauer und obligatorischer Charakter. Dazu im folgenden mehr.

5. Entscheidung zum Dasein des Todes

Die Erfahrung, die dem Ritus zugrunde liegt, ist die Erfahrung der ungeheuren Fremdheit und Überlegenheit der Welt, die sich in den außerordentlichen Appelldaten, in Naturereignissen, Krankheit und Tod ausdrückt. Riten fördern keine angstfreien Zustände, sondern stellen Spannungen her und machen die Spannungen aushaltbar. Nicht um die Auflösung des Schreckens angesichts des Todes, sondern um das Aushalten dieser Erfahrung geht es beim Ritus. Indem der Ritus die Erfahrung des Schreckens verdoppelt, von der ursprünglichen Erlebnissituation abkoppelt und beliebig wiederholbar macht, sorgt er dafür, daß die Affekte bzw. Angstzustände nicht einfach abgeleitet, sondern präsent gehalten werden. So wird eine Spannung stabilisiert, die sich sonst entladen würde. Die Darstellung von oder durch den Ritus

»löst das Ereignis vom zufälligen Geschehen, von der einmaligen Situation, vom Vorgefundenen ab, sie macht es dauernd und sozusagen gültig, immer gegenwärtig. Und die Affektspannung, weit entfernt sich zu erledigen oder umzuschlagen, wird gerade damit stabilisiert, weil sie aufgenommen wird in die Entscheidung zum Dasein dieser Schrecknisse«.[41]

Die Stabilisierung von Spannungen bedeutet die Orientierung oder Fixierung eines Affekts im Hinblick auf Sachverhalte, gegenüber denen nicht gehandelt werden kann. Solcherart auftretende Spannungen werden durch rituelles Verhalten festgehalten. Dem Affekt oder dem Gefühlsstoß, der hier ausgelöst wird, entspricht kein abzusättigendes Bedürfnis, daher wird mit einem stilisierten Verhalten ohne Sachveränderung reagiert.

Friedrich Jonas hat in seiner Interpretation der Institutionenlehre Gehlens deutlich gemacht, daß der Schrecken des Todes und die Stabilisierung der dabei auftretenden Spannung durch rituelles Verhalten der Ursprung der Institutionen ist. In seinem Aufsatz über die Verstehbarkeit der Magie bringe Gehlen als Beispiel die Herstellung von Masken, die das im Todeskampf

41 Gehlen, »Über die Verstehbarkeit der Magie«, a. a. O., S. 88.

erstarrte Gesicht darstellen. Der Tod eines Mitmenschen löse einen Affekt aus, der nicht, wie etwa der Affekt des Hungers, im Hinblick auf Sättigung orientiert werden kann. Alle möglichen Krankheiten vermöge der Mensch zu besiegen, nur nicht den Tod. Gegenüber Krankheiten könne man sinnvolle Handlungskreise aufbauen, aber gegenüber dem Tod könne man sinnvollerweise nur die auftretende Affektspannung stabilisieren. Was Gehlen in diesem Zusammenhang als »die Entscheidung zum Dasein dieser Schrecknisse«[42] bezeichne, werde im *Urmenschen* etwas abgeflacht »zur Entscheidung zum Dasein des Gegenstandes.«[43] Das Ritual, die mimische Antwort auf Appelldaten, bedeutet die Entscheidung zum Dasein von Schrecknissen, die weit über das hinaus gehen, was vom einzelnen in Handlungen bewältigt werden könne. Hier, wo der Mensch erfährt, wie wenig er mit seiner Macht vermag, entstehen die Institutionen.[44] Der Mensch kann weder wie das Tier alle diejenigen Zusammenhänge ausblenden, die nicht lebenspraktisch bewältigt werden können, noch kann er, wie es etwa ein Gott könnte, alle mächtigen Ereignisse, die ihm begegnen, in den Zusammenhang seiner Zwecke einordnen. Für den Menschen besteht das produktive Verhalten allein darin, das Dasein dieser Schrecknisse zu bejahen.[45]

Gehlen macht deutlich, daß die Fundamente der Institutionen nicht dort liegen, wo ein lebenspraktisches Verhalten möglich ist, sondern dort, wo nicht mehr gehandelt werden kann, wo eine Spannung stabilisiert wird, etwas bejaht wird, was größer ist als der Mensch.

42 Ebd.
43 Gehlen, *Urmensch und Spätkultur*, a. a. O., S. 83.
44 Vgl. Friedrich Jonas, *Die Institutionenlehre Arnold Gehlens*, Tübingen 1966, S. 63 ff.
45 »Die Darstellung gerade der in hohem Grade furchtbesetzten Gestalten ist als eine sehr hohe moralische Leistung anzusehen, weil man der eigenen Angst und Gier in den Rachen griff und ihren Gegenstand ›festmachte‹. Indem sie zu Wesenheiten erhoben werden, geht eine Entscheidung zum Dasein in ihre Darstellung ein, die ›Herausforderung‹ wird angenommen, die in ihrer Macht und der menschlichen Abhängigkeit von ihnen liegt. So finden wir ... bei den heutigen Primitiven die Unzahl schreckenerregender Masken und Fratzen, die man letzten Endes doch nur aus der Erfahrung im Todeskampf verzerrter Gesichter verstehen kann.« Gehlen, *Urmensch und Spätkultur*, a. a. O., S. 153.

Ein Verhalten, wie es im Ritual zum Ausdruck gebracht wird, hebt den Schrecken des Todes und die mit ihm einhergehende Affektspannung aus der Zufälligkeit der Ereignisse heraus und stellt sie auf Dauer. Im Ritual oder Kultus wird das Erlebnis des Todes und der todbringenden Elemente ein dauernder und sichtbarer Bestandteil der menschlichen Umwelt, was allererst eine stabile Einstellung zu diesem »Thema« erlaubt. Eine Form, in der die Menschen dem Tod in ritualisierter, kultivierter Weise begegnen, ist der Ahnenkult. »Archaisch und sogar altpaläolithisch ist zweifellos eine Affektspannung gegenüber der Leiche: die Angst vor dem Toten muß sich gleichzeitig mit der Anhänglichkeit an den einst Lebenden ausdrücken: ein ziemlich reiner Fall einer stabilisierten Spannung«.[46] Außerdem gibt es »den Kult gefürchteter Tiere, den von sichtbaren Dingen jeder Art mit unverstehbaren Eigenschaften, den von Toten, den Kult von Personen, die auf sonderbare oder bemerkenswerte Weise umkamen«.[47]

An den archaischen Zuständen glaubt Gehlen sowohl die dem Menschen zufolge seiner biologischen Konstitution gestellte Aufgabe wie die Bedingungen und Mittel ihrer Bewältigung am reinsten und am eindringlichsten aufweisen zu können. Er versteht die archaischen Vorgänge als »Reindarstellung« der dem Menschen immer (konstitutionell) gestellten Aufgabe. Dies gilt insbesondere für die Entstehung des Kultus oder des Rituals.

»Denn alle menschlichen Gesellschaften, so einfach sie sein mögen, kennen eine Gesamtinterpretation der Welt und ihrer eigenen Rolle in dieser Welt, die letztlich doch noch auf Handlung bezogen ist. Gerade soweit ich nämlich die Welt dem menschlichen Eingriff entzieht, so weit sie der verändernden und nutzschaffenden Aktion keine Handhabe bietet, also in ihren unveränderlichen Beständen, wird sie auf einen Sinn hin interpretiert, und an diese Interpretationen wenigstens werden Handlungsfolgen geknüpft, nämlich symbolische. Es erscheint also unter dem Gesichtspunkt, den ich hier vortrage, eine Philosophie oder Weltanschauung oder Mythologie als eine Sinninterpretation gerade der nicht zu verändernden Weltbestände, wobei diese Deutungen zu Motiven für ein zunächst kultisches oder rituelles Handeln werden, das sich zu dem Teil der Welt verhält, mit dem man sich abzufinden hat, wie etwa dem Tode.«[48]

46 Ebd., S. 83.
7 Ebd., S. 139.
8 Gehlen, »Philosophische Anthropologie«, a. a. O., S. 21 f.

Hier sind Symbol- und Formanalyse als Verfahren einer Kultursoziologie systematisch in einer Theorie der Entstehung der Kultur, die nun nicht nur in Gegensatz zur Natur, sondern auch zur Gesellschaft als der Sphäre instrumentellen, zweckpraktischen Handelns gerät, verortet. Kulturanalyse ist Analyse jener symbolischen Handlungsform und ritualisierenden Antworten auf unabänderliche Sachverhalte, die hingenommen werden müssen. Entscheidend wird nun für die Argumentation Gehlens, daß aus dem Ritus und dem Kultus die Institutionen entstehen. Dies freilich in einer nichtintendierten Weise: Die Institutionen, deren Entstehung sich der Frage nach Zweck und Nutzen entzieht, stellen nicht direkt intendierte, sondern »Nebenerfolge des rituellen Verhaltens« dar.[49] Die Institutionen sind nicht das Ergebnis eines instrumentellen Bewußtseins, das direkt auf ein bestimmtes Ziel zugeht, sondern Folgen eines von der Außenwelt provozierten Verhaltens, dessen Zweckmäßigkeit sich erst noch herausstellt. Die sozial konstitutive Bedeutung des Rituals deutet sich schon in seinem Vollzug an: Denn es handelt »sich um ein rhythmisch-motorisches Geschehen, einen Gruppentanz, kurz um einen ›Sozialrausch‹«.[50] Bei diesen darstellenden Tänzen konstituieren sich die »primären Institutionen«.[51] Zum Thema wird nun die »Fähigkeit des archaischen Menschen, die seine Religion sehr wesentlich ausmacht, nämlich: die großen Mächte der Wirklichkeit, und zwar der unausweichlichen, vitalen und tatbegründenden Wirklichkeit, zur Grundlage des Zusammenlebens zu machen«.[52] Am deutlichsten wird dieser Sachverhalt beim Totemismus.[53]

»Es gibt oder gab ... über die ganze Erde hin Gruppen, die sich mit bestimmten Tieren ›identifizierten‹ und deren Namen trugen, das Totemtier galt meist als ›Ahn‹ dieser Gruppe, und für sie pflegte die Tötung und das Essen des Totemtiers verboten zu sein. Dieser Komplex Deszendenz (Gruppenahne) – Tötungsverbot – Speiseverbot bildet also den Kern des Phänomens.«[54]

49 Gehlen, *Urmensch und Spätkultur*, a. a. O., S. 217.
50 Ebd., S. 152.
51 Gehlen, »Über die Verstehbarkeit der Magie«, a. a. O., S. 89.
52 Gehlen, *Urmensch und Spätkultur*, a. a. O., S. 154.
53 Vgl. Dieter Claessens, *Instinkt, Psyche, Geltung. Zur Legitimation menschlichen Verhaltens*, Köln und Opladen 1970, S. 38 f.
54 Gehlen, *Urmensch und Spätkultur*, a. a. O., S. 202.

Für Gehlen ist der Totemismus ursprünglich eine rituelle Praxis, in welcher eine Gruppe von Urmenschen das für sie so bedeutsame Tier nachahmt und ihm auf diese Weise »Selbstwert im Dasein« zuerkennt. Durch das rituell-darstellende Verhalten fördert der Urmensch die Herausbildung eines Selbstbewußtseins sowie eines Gruppenbewußtseins. Auf dieser für den Zusammenhalt der Gruppe und ihr Selbstverständnis entscheidenden rituellen Praxis baut sich eine ganze Reihe sekundärer Zweckmäßigkeiten auf. Einmal führt die Identifizierung mit dem Tier zum Verbot, es zu töten und zu essen. Ausgedehnt auf die durch das Tier repräsentierten Gruppengenossen, bewirkt dieses Verbot sowohl die weitgehende Wiedergewinnung einer mit der Instinktreduktion dem Menschen verlorengegangenen Tötungshemmung als auch die Überwindung der Menschenfresserei.

Die Institutionalisierung des totemistischen Kultes leistet mithin mindestens zweierlei: Sie konstituiert einen sozialen Verband, und sie setzt innerhalb dieses Verbandes das Tötungsverbot durch. Dieses Tötungsverbot richtet sich gegen eine instinktartige Aggressionsneigung, die als tierisches Erbe den Menschen beherrscht. Doch während beim Tier die Aggressionsneigung in vorgezeichneten Bahnen verläuft, bedeutet die beim Menschen gegebene Entdifferenzierung der Instinkte für ihn selbst eine große Gefahr.

Es sind die Institutionen, die die menschliche Aggressions- und Tötungsbereitschaft hemmen, kanalisieren und zähmen. Gehlen wird nicht müde, davor zu warnen, was geschehen könnte, sobald man die Institutionen – die ja den Menschen erst zum Kulturwesen machen – schleifen sollte.

»Diese Institutionen wie das Recht, die monogame Familie, das Eigentum sind selbst in keinem Sinne natürlich und sehr schnell zerstört. Ebensowenig natürlich ist die Kultur unserer Instinkte und Gesinnungen, die vielmehr von jenen Institutionen von außen her versteift, gehalten und hochgetrieben werden müssen. Und wenn die Stütze wegschlägt, primivisieren wir sehr schnell.«[55]

Werden die Institutionen abgebaut, aufgelöst, ohne daß gleichwirksame an ihre Stelle treten, dann droht der Verlust der Sicherheit und die Freisetzung der »schreckenerregenden Natürlichkeit des Menschen«[56] Der Mensch wird kultiviert und befriedet durch

55 Gehlen, »Philosophische Anthropologie«, a. a. O., S. 59.
56 Gehlen, Urmensch und Spätkultur, a. a. O., S. 145.

die Institutionen, deren Entstehung letztlich auf den Schrecken vor dem Tod zurückgeht. Und nur der Erhalt der Institution kann garantieren, daß der von seiner Natur her hochgradig und unspezifisch aggressive Mensch friedlich bleibt. Aber auf welche Weise können die überlebenssichernden und friedensstiftenden Institutionen in ihrem Bestand gesichert werden? Die Antwort Gehlens lautet: Durch die menschliche Bereitschaft, sich dem Tode auszusetzen. Diese Antwort wird im folgenden anhand zweier Skizzen dargelegt.

6. Gefahren allzu großer Entlastung von Not und Tod: Guillotine und Gaskammer

Die Institutionen, abgeleitet aus der schreckenerregenden Erfahrung des Todes, entlasten den Menschen im Zuge ihrer Entwicklung zunehmend von existentiell bedrohlichen Ausgangslagen. Je perfekter die Institutionen funktionieren, desto eher kann der in sie integrierte Mensch vergessen, daß es eigentlich um Tod und Überleben geht. Der Erfolg der Institutionen, was die Daseinssicherung und -versorgung des Menschen angeht, läßt diesen zunehmend sorglos werden. Die Sorglosigkeit betrifft auch die Institutionen, die in ihrem Selbstwert nicht mehr akzeptiert werden. Die normative Verpflichtung des Menschen auf die Werte der Institutionen wird zugunsten subjektiver Zwecke zurückgestellt oder abgelehnt. Hierbei handelt es sich um einen Beitrag zum Verfall der Institutionen. Die Ursache für den Übergang von der Bejahung des Selbstwertes der Institution zur subjektiven Zwecksetzung sieht Gehlen im Biologischen. Die Vielheit und die unspezifische Wirkung menschlicher Antriebe läßt es nur zu unstabilen sozialen Gefügen kommen, so daß die Bedingungen hoher Kulturschöpfungen in einem unwahrscheinlichen Gleichgewichtszustand vieler Unstabilitäten liegen.[57] Die geringe Stabilität der Institutionen ist ein Beweis dafür, wie schwer es dem Menschen fällt sein Antriebsleben zu organisieren. Die Gefahr, daß aus gelungenen Entlastungsvorgängen, das heißt errungenen Lebenschancen Mittel werden für eine allgemeine Enthemmung der Zwecksetzung, ist immer gegeben. Der Weg zum Verfall ist immer der wahrscheinliche.

57 Vgl. Gehlen, *Der Mensch*, a. a. O., S. 56 und S. 68.

Von diesem Punkt aus geht Gehlens Argumentation in zwei Richtungen. Nach vorn beschreibt er die tödlichen Konsequenzen der zunehmenden Subjektivierung der Zwecke; rückwärts führt diese Subjektivierung auf eine derzeit übermäßige Entlastung des Menschen von Not und Tod zurück.

Hinter der These von der zu großen Entlastung von den die Existenz bedrohenden Einflüssen steht der Gedanke, daß der Kampf ums Überleben, die Auseinandersetzungen mit den Schrecken des Todes, das menschliche Leben überhaupt erst in Form bringen, mithin die Institutionen entstehen lassen, die den Innen- und Außenhalt der gleichermaßen gefährlichen wie gefährdeten Natur des Menschen garantieren. Es gibt

»eine zu große Entlastung von den einschränkenden und hemmenden Einflüssen primitiverer und gesunderer Verhältnisse ... Wir haben uns den Tod sehr kunstvoll aus den Augen manövriert, der spielt sich hinter weißgelackten Türen ab. Leute, die schwere körperliche Arbeit leisten, wirken allmählich rückständig, wie die Bauern, bevor sie selber verstädterten. Es bildet sich eine neuartige, noch nie dagewesene Aristokratie der Leute mit gutem Einkommen: der Lebensstandard wird klassebildend. Es ist dies der erste Fall einer Aristokratie ohne Risiko, und natürlich fehlt es ihr entsprechend an Autorität, nämlich an moralischer Autorität.«[58]

Es ist die Auseinandersetzung mit der existentiellen Not und der Erfahrung des Todes, die den Menschen zu einem Handeln veranlaßt, aus dem die Rituale und Institutionen entstehen. In einer ersten Phase, nämlich der des Urmenschen, wirkt sich die Entlastung, die von der Institutionalisierung der Lebensvollzüge ausgeht, positiv aus, nämlich sowohl in Hinsicht auf die Befriedung des von Natur aus aggressiven Menschen wie auch in Hinsicht auf die Freisetzung geistiger Energien, die sich nun unabhängig von der Bewältigung von Notlagen entfalten können.

Wird die Entlastung in einer zweiten Phase der Entwicklung der Institutionen, nämlich derjenigen der Spätkultur, jedoch zu groß, dann tritt das ein, was Gehlen »Enthemmung« nennt. Und zwar werden erstens die Aggressionen nun nicht mehr durch harte Arbeit und Kampf ums Überleben abgeführt oder gebunden, die hemmenden Regulationen gehen verloren, die Einschränkung der Bereitschaft zur Tötung von Artgenossen wird abgebaut. Dies hat

58 Gehlen, »Philosophische Anthropologie«, a. a. O., S. 64 f.

gerade unter dem Gesichtspunkt der modernen Waffentechniken, die dabei zum Einsatz gebracht werden können, fatale Konsequenzen:

»Die beiden wichtigsten Formen dieser Ableitung [des Aggressionstriebes, F. G.] sind mit Sicherheit jahrtausendelang die schwere körperliche Arbeit und der Kampf von Gruppen untereinander gewesen. In den früheren kleinteiligen Gesellschaften, als wenige Leute periodisch miteinander rauften, gab es vielleicht mehr inneren Frieden in der Welt als jetzt. Denn inzwischen ist folgendes geschehen: Wir haben die großen polizierten und befriedeten Massengesellschaften moderner Staaten und die Maschine, die dem Menschen die Arbeit abnimmt und erleichtert. Die beiden großen Kanäle, in denen die Menschen jahrtausendelang den Aggressionstrieb abführten, sind verstopft: nämlich die schwere körperliche Arbeit und die doch bis zur Erfindung des mühelosen Tötens mit der Feuerwaffe recht harmlosen dauernden Fehden und Raufereien.«[59]

Neben der Freisetzung einer dem Menschen natürlich gegebenen Aggressionsbereitschaft führt eine allzugroße Entlastung von Not und Tod zweitens zu dem, was Gehlen »Subjektivierung« nennt und deren tödliche Folgen er beklagt. Zunächst sind es die Institutionen, die überhaupt ein freies, verantwortliches, das heißt ein subjektives Verhalten möglich machen. Sie formen die unmittelbaren Motive um in Gesinnungen, die sie mitverpflichten. Auf der Grundlage dieser mitverpflichteten Gesinnungen entsteht Freiheit, Subjektivität. Mit fortschreitender Entlastung verlagert sich die Schwerpunktbildung des menschlichen Verhaltens zunehmend in die höchsten Funktionen, also in die bewußten und geistigen. Der Mensch muß sein Leben führen, das heißt, er muß sich selbst zum Thema seines Handelns machen, und je mehr er sich von den Belastungen, die damit verbunden sind, entlastet, desto ausgeprägter wird die Selbstwertthematik oder Subjektivität. Subjektivität ist nicht nur ein Mittel, um das Leben zu führen, sondern sie reichert sich mit Eigenwert an und erhebt sich – letztlich in Konkurrenz zu den Institutionen – zum Selbstzweck.[60]

59 Ebd., S. 60 f.
60 »Seit die Zivilisation diesen Kurs genommen hat, experimentiert der Mensch mit sich selbst an einer Stelle, an der er es noch nie tat. Indem er versucht, sich ganz grundsätzlich dem Joch der Umstände zu entziehen, liefert er sich an etwas aus, das er noch zu wenig kennt und

In der Spätkultur sind die bloßen Überlebensbedingungen in fast perfekter Weise durch die institutionalisierten Funktionszusammenhänge gesichert. Die Unterwerfung unter die unerhörten Sachzwänge der industriell-wissenschaftlichen Kultur gewährt in diesem Sinne ein Höchstmaß an Entlastung. »Subjektivität« gilt als Inbegriff der aus solcher »Entlastung« erwachsenden Gefahren.[61] Deren zentraler Grund ist nach Gehlen Freisetzung von nicht mehr beanspruchter »Antriebsenergie«, die damit zurückfällt in ihre ursprüngliche Undifferenziertheit und Orientierungslosigkeit. »Subjektivität« bedeutet für Gehlen primär und fundamental eine Rechaotisierung der Antriebe und Bedürfnisse:

Es »ist so, als ob die Phantastik, die Exzesse der Sensibilität und der Affekte, die Wucherung und Ausartungsbereitschaft der Seele immer bereitlägen, aber von außen her, vom Zwang der Umstände, von der Not, vom Eigensinn der Natur in Form und Gesetz gehalten würden. Entlastet sich der Mensch zu sehr vom Ernst der Wirklichkeit, von der Not, vom ›Negativen‹ ..., dann breitet sich das alles hemmungslos aus.«[62]

Schlimmer werde es freilich noch, sobald das direkte Ausleben der Subjektivität zum Programm wird. Ein solcher naiver Idealismus zeitige verhängnisvolle Konsequenzen. Es sei einer der entscheidenden Irrtümer des Idealismus, unmittelbare Subjektivität als Lebensprogramm zu propagieren. In diesem Punkt hat nach Gehlen der Idealismus den Menschen als Geisteswesen in fataler Weise überschätzt, weil umgekehrt als biologisches Mängelwesen unterschätzt.

»Merkwürdig, daß das Ernstnehmen menschlicher hoher Möglichkeiten, wenn es sich direkt ins Leben hinein auswirken will, in so hohem Grade destruktiv sein kann. Wer das Gefühl der Freiheit und der großen Bestimmung des Menschen enthusiastisch realisieren, wer diese ungeheure Entlastung dahinströmend darleben will, wer in diesem Gedanken sein Herz höher schlagen fühlt, der ist nach einem rätselhaften Verhängnis der Schrittmacher der Guillotine. Diesen Idealismus bezeichnet scharf das

wovon er die Meinungen des frivolsten Optimismus hat: das ist er selbst.« Gehlen, »Philosophische Anthropologie«, a. a. O., S. 67.
61 Vgl. dazu Helmut Schelsky, »Ist Dauerreflexion institutionalisierbar? Zum Thema einer modernen Religionssoziologie« in: ders., *Auf der Suche nach Wirklichkeit. Gesammelte Aufsätze*, Düsseldorf und Köln 1965, S. 265.
62 Gehlen, »Philosophische Anthropologie«, a. a. O., S. 65.

Wort Mommsens von dem Richtbeil, das unbewußt hinter dem bewußten Gedanken einherwandelt, die blaue Blume der Romantik in dieser Varietät gehört in die Teufelsbotanik, ihr Standort ist in der Nähe von Richtstätten und Gaskammern.«[63]

Um dies zu verhindern, dürfe der Mensch nicht versuchen, seine Subjektivität auf direktem Wege auszuleben, sondern er müsse darangehen, das Verhältnis zu sich selbst sowohl als einzelnem als auch als Sozialverband zu objektivieren, mithin zur Institution zu entfremden. Ein dauerndes, stabiles Verhältnis zu sich selbst könne er nur indirekt herstellen, daher müsse er sich in der Entäußerung seiner selbst, in den Institutionen wiederfinden. Die Freiheit und Würde des Menschen besteht nach Gehlen letztlich darin, sich von den Institutionen konsumieren zu lassen:

»Die Institutionen sind die großen bewahrenden und verzehrenden, uns weit überdauernden Ordnungen und Verhängnisse, in die die Menschen sich sehenden Auges hineinbegeben, mit einer für den, der wagt, vielleicht höheren Art von Freiheit als der, die in ›Selbstbetätigung‹ bestünde ... Und die Institutionen wie Ehe, Eigentum, Kirche, Staat entfremden zwar die Menschen von ihrer eigenen unmittelbaren Subjektivität ..., aber sie schützen sie auch vor sich selbst ...«[64]

Es war Jacob Taubes, der Ende der sechziger Jahre frontal gegen die Position Gehlens argumentierte: Zwar sei, wie Gehlen dies beschreibt, der Ursprung der Kultur im Ritus, zuerst des magischen, dann des religiösen, zu suchen; aber seit der Aufklärung trete der mythischen Gewalt der aus dem Ritual geborenen Institutionen die Macht des Subjekts entgegen. Gegen den von Gehlen formulierten Anspruch der Institutionen an die Individuen, sich in ihrem Dienste konsumieren zu lassen, verweist Taubes auf die Emanzipation des Menschen: »Institution im Zeitalter der Subjektivität muß den Anspruch des Individuums als Subjekt in alle Formen der Vergesellschaftung mit hineinnehmen.« Emanzipationsgeschichtlich handele es sich bei der Institutionentheorie Gehlens um einen »Regreß aufs molochitische Opferritual der Primitiven«.[65] Freilich wurde mit der Etablierung der Institutio-

---

63 Arnold Gehlen, »Über die Geburt der Freiheit aus der Entfremdung«, in: ders., *Gesamtausgabe*, Bd. 4, *Philosophische Anthropologie und Handlungslehre*, Frankfurt am Main 1983, S. 378.
64 Ebd., S. 379.
65 Jacob Taubes, »Das Unbehagen an den Institutionen. Zur Kritik der

nen jenes Opferritual permanent. Auschwitz und Hiroshima bestätigten als Höhepunkte die Regel. Aus der geschichtsphilosophischen Perspektive von Taubes ist der von den Institutionen geforderte »Tod des Subjektes ... unverkennbar als letzter Opfergang markiert. Sein Tod ein mythisches Opfer«.[66] Gehlens Apologie der Institutionen sei ein »Regreß des Bewußtseins, darin der mündig gewordene Mensch wieder entmündigt wird.« In einer historischen Situation, in der der »ökonomische Schleier« über dem Verhältnis von Herrschaft und Knechtschaft zerrissen ist, werde »Gewalt durch die Herrschaft der übermächtigen Institutionen inthronisiert und in der Theorie der Institution als Mysterium zelebriert«.[67]

Nicht mehr die Ökonomie, wie Marx dies für seine Zeit noch angenommen hatte, sondern die Institutionen bilden derzeit das Fundament für Herrschaft. In einer Gesellschaft, die sich längst schon von der rein existentiellen, wirtschaftlich begründeten Not emanzipiert hat, kehrt die Unterscheidung von Herr und Knecht auf der Ebene der Kultur (Institution als zentrale Kulturschöpfung) wieder. Nicht mehr ihre ökonomischen, sondern ihre kulturellen Beziehungen sind entscheidend für die gegenwärtige kritikwürdige Verfassung menschlicher Vergesellschaftung. Aus der von Taubes vorgeschlagenen Perspektive ist die Kritik der politischen Ökonomie abzulösen durch eine Kritik an der Kultur. Gehlen wie Taubes bewegen sich auf einer beiden gemeinsamen Analyseebene, was überhaupt erst den frontalen Zusammenprall ihrer Positionen ermöglicht: Gehlen befürchtet den Tod der Institutionen, verursacht durch Subjektivität, die er als ein Spezifikum der modernen Kultur seziert, und Taubes warnt vor dem Tod des Subjekts, das von den Institutionen verschlungen werden könnte. Die Gemeinsamkeit und Gegensätzlichkeit beider erstreckt sich bis in die Beispielgebung hinein: die Gaskammern als Folge von desorientierter Subjektivität bei Gehlen und Auschwitz als Konsequenz subjektloser Institutionen bei Taubes.

Folgt man den Überlegungen Gehlens, so kommt der Mensch um die Schrecken des Todes nicht herum. Glaubt er, den Tod aufgrund der Entlastung aus dem Leben abgeschoben zu haben,

soziologischen Institutionenlehre«, in: Helmut Schelsky (Hg.), *Zur Theorie der Institutionen*, Düsseldorf 1970, S. 75.
66 Ebd., S. 74.
67 Ebd., S. 70.

so holt der Tod ihn durch die Hintertür in Gestalt einer enthemmenden Aggressionsbereitschaft und einer zum systematischen Töten bereiten entfesselten Subjektivität wieder ein. Um dies zu vermeiden, so Gehlens Entscheidung, kommt es darauf an, den Tod von vornherein im Auge zu behalten, ihn nicht vergessen oder vermeiden zu wollen, sondern sich ihm zu stellen. Der Mensch hat, so läßt sich pointiert formulieren, den Tod im Lebensplan zu akzeptieren, um das Leben selbst auf einem höheren Niveau führen zu können.

Von hier aus rückt auch Gehlens These vom Überleben als erster Aufgabe des Menschen in ein neues Licht. Wer überleben will, indem er dem Tod den Rücken zu kehren sucht, wird von diesem in jedem Fall eingeholt. Überleben heißt mithin nicht Vermeiden des Todes, Fristung des Lebens, sondern – auf kultiviertem Niveau – das Aushalten der Spannung, die die permanente Präsenz des Todes mit sich bringt. Dies ist nicht ohne Risiko, aber den Gefahren des Todes kann ja auf keinen Fall aus dem Wege gegangen werden. Ein Mensch, ein Volk, das nur sich selbst erhalten will, das bloß überleben will, gliche dem Knecht in Hegels *Phänomenologie*, der dem Tod, der ihn in einem Kampf mit seinem Herrn eventuell erwartete, nicht ins Auge sehen kann und der darum Knecht bleibt[68], ohne doch – so ließe sich im Sinne der Argumentation Gehlens fortfahren – den Tod aus seinem Lebensplan wirklich verbannt zu haben.

7. Verfall oder Erstarrung der Institutionen

Gehlens Ableitung der Institutionen aus dem Ritual zeigt, daß er den Menschen als ein Wesen sieht, das sich in Verhältnissen orientieren, zurechtfinden, stabilisieren muß, denen gegenüber es zweckpraktisch gar nicht handeln kann. Die Weltoffenheit des Menschen heißt gerade, daß er sich auf Phänomene einzulassen hat, die bei weitem das übertreffen, was er mit seinem praktischen Vorgehen bewältigen könnte. Allein instinktiv, wie das Tier, oder

68 Vgl. Georg Wilhelm Friedrich Hegel, *Phänomenologie des Geistes*, in: ders., *Werke in zwanzig Bänden*, Bd. 3, Frankfurt am Main 1974, S. 149.

rein zweckpraktisch orientiert wäre er nicht in der Lage, das Dasein von Schrecknissen zu bejahen. Die Institutionen entstehen nicht aus einem bestimmten rationalen Zweck, sie entstehen in letzter Instanz vor einem Appelldatum aus der Notwendigkeit, sich von dem Druck eines vom Todesschrecken ausgelösten Gefühlsstoßes zu entlasten; daran schließen sich in Gehlens Ableitung das Gefühl der unbestimmten Verpflichtung, die stabilisierte Spannung, die Institutionalisierung des Rituals an. Zwar ist die biologische Beschaffenheit des Menschen, nämlich seine Instinktreduziertheit, entscheidend beteiligt an der Konstitution der Institutionen, aber die Institutionen leisten primär nichts für das Mängelwesen Mensch: sie haben ihren Zweck allein in sich. Freilich stellt sich, haben sich die Institutionen erst einmal konstituiert, eine sekundäre Zweckhaftigkeit heraus: Ohne diese wäre das Mängelwesen Mensch überhaupt nicht existenzfähig. Aus der Perspektive der biologischen Mangelhaftigkeit des Menschen erweisen sich die Institutionen für dieses als im wörtlichen Sinne notwendig – nur mit ihrer Hilfe vermag er seine Not zu wenden. Allerdings sind die Institutionen – wie das ihre Ableitung bei Gehlen ja deutlich macht – nicht aus dem Wissen um diese Notwendigkeit entstanden. Es mag zwar ein Motiv der Menschen sein, um ihres Überlebens willen die einmal entstandenen Institutionen erhalten zu wollen; aber der eigentliche – primäre – Zweck der Institutionen deckt sich nicht mit diesem Motiv, ist von diesem unabhängig.

Das nachträgliche Entdecken und Ausnutzen der für den Menschen nützlichen Aspekte der Institutionen bedeutet deren Stabilisierung nach rückwärts. Die Eigenwertgeltung eines bestimmten Verhaltens wird durch die in ihm entdeckte sekundäre Zweckmäßigkeit motiviert und neu verfestigt. Stabilisierung nach rückwärts heißt also, daß die Zweckmäßigkeit eines bestimmten Verhaltens für den Menschen erkannt wird.

»Alle Institutionen der Arbeit, der Herrschaft, der Familie usw. haben heute so wie stets einen direkten Erfüllungswert für menschliche Primärbedürfnisse, aber sie verselbständigen sich gegenüber dem Menschen und man handelt von ihnen her, im Sinne ihrer Erhaltung, ihrer Eigenforderungen, ihrer Gesetze. Zugleich unterwirft man sich damit sehr drastischen Regulationen, Einschränkungen und Limitierungen im eigenen Antriebsbereich.«[69]

69 Gehlen, *Urmensch und Spätkultur*, a. a. O., S. 18.

Institutionen sind von ihrem Wesen her nicht nützlich, und nur von daher vermögen sie – in zweiter Hinsicht – auch nützlich zu sein. Verfällt jedoch ihr höherer, weil nicht am Nutzen orientierter Charakter, so geht auch auf Dauer ihre Nützlichkeit verloren. Das heißt, im Sinne des Nutzens bedarf es eines institutionstragenden Ethos, der auf Höheres, Nicht-Nutzenorientiertes, abzielt. Freilich trägt die zunehmende Orientierung der Menschen an der Stabilisierung nach rückwärts zur Demontage des institutionstragenden Ethos bei.

Der Trend zur Stabilisierung nach rückwärts bedeutet, daß das instrumentelle Bewußtsein sich die Realität der Institutionen aneignet. Aus einem indirekten Verhalten zu der in ihm liegenden Möglichkeit zur Steigerung wird ein direktes lebenspraktisches Verhalten, das nicht mehr über das Bekannte hinausgeht, sondern in ihm möglichst komfortabel leben will. Die großen Kultureinrichtungen, die bisher um ihrer selbst willen gefördert wurden, werden jetzt vom Subjekt angeeignet. Man betreibt sie, weil man sich von ihnen Nutzeffekte verspricht.

Setzt sich diese Perspektive allmählich durch, so geraten der Selbstzweckcharakter der Institutionen und damit diese selbst ins Zwielicht. Gegen die Institutionen kann dann, wie die Aufklärer und deren Nachfolger dies tun, argumentiert werden, die Unvollkommenheit und Entfremdung des menschlichen Wesens sei nur als historisch vorübergehender Sachverhalt anzusehen. Die Institutionen mit ihrem ursprünglich unbedingten Verpflichtungscharakter seien nicht Wirkung, sondern Ursache der Erniedrigung und Entfremdung des Menschen. Nach der Emanzipation oder Revolution sei die Gesellschaft als eine kontraktuelle zu konzipieren. Auf jeden Fall seien die Institutionen permanent auf ihre Nützlichkeit hin abzufragen. Diese Kritiken sind für Gehlen Symptome eines allmählich zu Ende gekommenen Verfallsprozesses der Institutionen. Gehlens Theorie stellt sich solcher Aufklärung diametral entgegen.

Wenn der Mensch sich in der Kultur unbefriedigt oder entfremdet vorkommt, so liegt das nicht an der Kultur per se, sondern daran, daß Triebverzicht und Selbstentfremdung zu den notwendigen Bildungsvoraussetzungen des Menschen gehören, durch die er sich aber von seinen elementaren Belastungen zu distanzieren und am Leben zu erhalten vermag. Nicht die Zivilisation setzt den Menschen unter Druck, sondern seine Ausstattung, die ihn darauf verweist, zu lernen, mit Drucksituationen, Mängellagen, fertig zu werden. Der Mensch baut sich seine Zivilisation, seine Institutionen auf, weil er sich nur so von dem Druck, unter dem er ständig steht, entlasten kann. So gesehen besteht der Preis des Überlebens in dem Akzeptieren der Entfremdung.

Die Kritiken an den Institutionen gelten Gehlen als Symptome für den zunehmenden Verfall ihres Selbstzweckcharakters. Vom Standpunkt der Institutionenlehre Gehlens stellt sich die Geschichte in einer einheitlichen Hinsicht dar: An deren Anfang steht ein Zustand der umfassendsten und unbedingtesten Institutionalisierung; der Urmensch wurde von seinen Institutionen noch mit Haut und Haaren verschlungen. Danach kommt es zu einer fortschreitenden Ausdehnung der Sphäre des zweckrationalen, nützlichkeitsorientierten auf Kosten des rituellen, darstellenden Verhaltens. Und schließlich, am Ende der Geschichte, findet der völlige Abbau jedes ursprünglich rituell-darstellenden Verhaltens zugunsten der Herrschaft der instrumentellen Einstellung statt. Gehlen beschreibt diesen Endzustand unter den Stichworten »Subjektivität« und »Kristallisation«. Die These der Kristallisation, des Erstarrens der Institutionen, scheint mit der von dem drohenden Verfall in Konkurrenz zu treten. Zuerst einmal gilt es die Verfallsthese zu betrachten, um danach die Kristallisationsthese von dieser abzuheben.

Die Verfallsthese geht davon aus, daß Institutionen, ebenso wie der Mensch, riskiert und schnell zerstört sind.[70] Gehlen stellt die

»Frage, was eigentlich vor sich geht, wenn Institutionen gesprengt oder erschüttert werden. Das geschieht jedesmal bei geschichtlichen Katastrophen, bei Revolutionen oder Zusammenbrüchen von Staatsgebilden oder Gesellschaftsordnungen oder ganzen Kulturen, auch bei gewaltsamer Intervention aggressiver Kulturen in friedlichere. Der unmittelbare Effekt besteht in einer Verunsicherung der betroffenen Personen, und zwar bis in die Tiefe hinein: Die Desorientierung ergreift die moralischen und geistigen Zentren, weil auch dort die Gewißheit des Selbstverständlichen gestrandet ist.«[71]

Vor dem Hintergrund der Mängelwesenhypothese wird die Notwendigkeit stabiler Institutionen, deren Gehalt von sozial einge-

70 Vgl. ebd., S. 105.
71 Gehlen, »Philosophische Anthropologie«, a. a. O., S. 72.

wöhnten Entscheidungen mitbestimmt wird, anhand der sicheren Folgen im Falle ihrer Eliminierung plausibel gemacht.[72]

Neben diesen abrupten Zerstörungen von Kulturen und deren drastischen Konsequenzen spielt auf lange Sicht der eher schleichende Zerfall der Institutionen im Zuge dessen, was Zivilisation heißt, eine bedeutendere, weil globale Rolle:

> »Wenn die äußeren Sicherungen und Stabilisierungen, die in den festen Traditionen liegen, entfallen und mit abgebaut werden, dann wird unser Verhalten entformt, affektbestimmt, triebhaft, unberechenbar, unzuverlässig. Sofern nun auch normalerweise der Fortschritt der Zivilisation abbauend wirkt, nämlich Traditionen, Rechte, Institutionen schleift, insofern vernatürlicht er den Menschen, primitiviert ihn und wirft ihn zurück auf die natürliche Instabilität seines Instinktlebens.«[73]

Dadurch, daß die Institutionen zu Organisationen, das heißt zu Mitteln für soziale Funktionen werden, dienen sie nicht mehr zur Stabilisierung von Spannungen, und diese entladen sich von nun an in einer allgemeinen Enthemmung der Zwecksetzung und der damit einhergehenden Entfaltung der Subjektivität.

Fragt man, wie unter den Bedingungen der Freilassung einer derart fruchtlosen, ja dekadenten Subjektivität dennoch die notwendige Sicherheit und Stabilität des Daseins geleistet werden könne, so heißt die Antwort bei Gehlen: Kristallisation. Das haltlose Treiben der Subjektivität, wie Gehlen sie beschreibt, ist nur möglich, wenn das Lebensnotwendige von einem zu völliger Autonomie umgeschlagenen Übermechanismus der Daseinsvorsorge bereitgestellt wird. Der einzelne hätte, sofern er überhaupt bewußt Stellung bezieht, das Ganze als notwendig zu übernehmen und seine Stelle darin in mannigfachen festgenormten Rollen als »Funktionär« und Konsument zu suchen. Es handelt sich um eine Subjektivität ohne Subjekte.[74] Also einerseits die Totalisierung der objektiven Kultur, die den Menschen als ethisch handeln-

72 Zerschlägt man die Institutionen eines Volkes, dann wird die ganze elementare Unsicherheit, die Ausartungsbereitschaft und Chaotik im Menschen freigesetzt. Wir alle haben das mehrfach beobachtet, und auch die verdeckte, aber nicht weniger unheimliche Analogie zu den Verfallserscheinungen der Naturvölker, wenn die europäische Zivilisation mit Geld, Schnaps und Schule dort eindrang und die überlieferten Normen zerstörte.« A. a. O., S. 23 f.

73 Ebd., S. 59.

74 Vgl. Rehberg, »Existentielle Motive im Werk Arnold Gehlens«, a. a. O., S. 525.

den prinzipiell nicht mehr benötigt, und daher andererseits eine nahezu völlige Beliebigkeit der Subjektivität mit ihrer Tendenz zum Konsumismus. Hier ist die Krise des Subjekts, der Selbstthematisierung der Menschen als Subjekte, zu verorten. Konstituierte sich das Subjekt der Aufklärung im Gegensatz zu einer ihm fremden Welt, deren Übermacht es theoretisch begründet zu überwinden hoffte, so stellt sich diese Welt nunmehr als ein »Sachzusammenhang« dar, der sich dem geplanten Eingriff seitens der Subjekte entzieht.[75] Die Objektivität der Kultur ist von einer Macht, gegenüber der alle subjektiven Meinungen und Vorstellungen gleichgültig werden. Weil es gleichgültig und ungefährlich geworden ist, weil es nichts mehr zu verändern vermag, kann sich das Subjektive breit entfalten. Die menschliche Haltung, das Ethos, welches das Handeln ausrichtete und in der Vergangenheit Anstöße zu Veränderungen, zur Geschichte, gab, bewegt nun nichts mehr. Von daher wird auch verständlich, weshalb Gehlen, der ja in seiner Verfallsthese ein Aufweichen der Objektivität der Institutionen von der subjektiven Seite her konstatierte, nun die Möglichkeit in Betracht ziehen kann, daß sich die Objektivität der Institutionen von den zur Beliebigkeit gewordenen Subjektivitäten loslöst.[76] Gehlen regt an,

»mit dem Wort Kristallisation denjenigen Zustand auf irgendeinem kulturellen Gebiet zu bezeichnen, der eintritt, wenn die darin angelegten Möglichkeiten in ihren grundsätzlichen Beständen alle entwickelt sind. Man hat auch die Gegenmöglichkeiten und Antithesen entdeckt und hineingenommen oder ausgeschieden, so daß nunmehr Veränderungen in den Prämissen, in den Grundanschauungen zunehmend unwahrscheinlich werden. Dabei kann das kristallisierte System noch das Bild einer erheblichen Beweglichkeit und Geschäftigkeit zeigen ... Es sind Neuigkeiten, es sind Überraschungen, es sind echte Produktivitäten möglich, aber doch nur in dem schon abgesteckten Feld und auf der Basis der schon eingelebten Grundansätze, diese werden nicht mehr verlassen.«[77]

75 Vgl. Friedhelm Guttandin, *Genese und Kritik des Subjektbegriffs. Zur Selbstthematisierung der Menschen als Subjekte*, Egelsbach, Köln und New York 1993, S. 9.

76 Vgl. Horst Baier, »Die Geburt der Systeme aus dem Geist der Institutionen. Arnold Gehlen und Niklas Luhmann in der Genealogie der ›Leipziger Schule‹«, in: Klages und Quaritsch (Hg.), a. a. O., S. 71 ff.

77 Arnold Gehlen, »Über kulturelle Kristallisation«, in: ders., *Studien zur Anthropologie und Soziologie*, a. a. O., S. 321.

Die hier diagnostizierte Beweglichkeit auf stationärer Basis korrespondiert einem substanzlosen Treiben der Subjektivität.

Das Problem der kulturellen Kristallisation, der Erstarrung der Institutionen, besteht nicht etwa darin, daß sich gegenüber den Menschen Institutionen mit ihren je eigenen Zwecken konstituiert hätten – diesen Sachverhalt betrachtet Gehlen ja als ungeheuer produktiv –, sondern darin, daß es kein Spannungsverhältnis mehr gibt zwischen den (nunmehr kristallisierten) Institutionen und der (in subjektive Beliebigkeiten abgerutschten) Lebensführung der Menschen.[78] In der Restitution dieses Spannungsverhältnisses durch eine die Subjektivität eliminierende asketische Haltung, die anknüpft an das »alte« Institutionenethos einer herrisch-heroischen Todesbereitschaft, sieht Gehlen eine letzte Chance. Das Neue und vielleicht auch Verzweifelte dieser Situation besteht darin, daß im Unterschied zum Urmenschen, dem die Institutionen eine stabilisierte Spannung auferlegt hatten, nunmehr von den Menschen erwartet wird, quasi voluntaristisch eine Spannung zu erzeugen und beizubehalten.[79]

8. Verachtung des Todes oder Verachtung des Lebens

Die Institutionen und die Kultur sind älter als die je einzelnen Menschen und werden diese überleben. Der Mensch, der zum Auf- und Ausbau der Institutionen, der Kultur beiträgt, kämpft gegen die Vergänglichkeit. »Der wesentliche Inhalt des kulturellen Lebens, wenn man den auf eine allgemeine Formel bringen will, ist der Kampf gegen die Vergänglichkeit.«[80]

Gerade in seinem Beitrag zur Aufrichtung und zum Erhalt einer ihn in zeitlicher und moralischer Hinsicht übersteigenden Instanz vermag der Mensch seine Erfüllung zu finden. Die Größe des Menschen besteht darin, sich dem Höheren hingeben zu können. Hat Max Weber in dem Sachverhalt, daß ein Mensch, wie der

78 Vgl. Johannes Weiß, »Kulturelle Kristallisation, Post-Histoire und Postmoderne«, in: Klages und Quaritsch (Hg.), a. a. O., S. 858.

79 Vgl. Jürgen Habermas, *Philosophisch-politische Profile*, Frankfurt am Main 1981, S. 125 f.

80 Gehlen, *Urmensch und Spätkultur*, a. a. O., S. 88.

moderne Wissenschaftler, sein Leben einem nahezu unendlichen Fortschritt widmet, der seinen eigenen Beitrag irgendwann einmal überholt haben wird, eine dramatische Veränderung der Seinslage gesehen – denn ein solcher Mensch könne nicht mehr, wie noch seine Vorfahren, davon ausgehen, daß er sein Leben abgerundet beenden werde, daß mit dem Tod ein Kreis von Lebenserfahrung und -bestimmung sich schließen werde[81] –, so sieht Arnold Gehlen in der Hingabe des Menschen an die verobjektivierte Kultur, an die auf Dauer gestellten Institutionen, dessen höhere Aufgabe.

»Das letzte Ziel eines verändernden Tätigseins ist gerade dann, wenn es als ›schöpferisch‹ gilt, eine sinnerfüllte Wirklichkeit mit der Dauer ›unendlich‹, mindestens mit diesem Anspruch.«[82]

Ihre Betätigung an den kulturellen Aufgaben, am Ausbau und Erhalt der Institutionen verleiht den Menschen Würde, und zwar in zweierlei Hinsicht. Erstens überträgt sich die Würde der Institutionen auf diejenigen, die in ihnen wirken, und zweitens verleiht die Tatsache der selbstlosen Hingabe an eine höhere Aufgabe, die Gleichgültigkeit gegenüber dem eigenen Leben, per se schon Würde. Mehr noch als für diejenigen, die sich nur für den Bestand der großen Institutionen engagieren, gilt dieser Sachverhalt für die, die Institutionen gestiftet haben.[83]

Vom Ansatz Gehlens her wird für das institutionen-konservative Ethos das Zurückweisen der utilitarischen Fragestellung als zu kurz greifende entscheidend. Die Institutionen bedürfen im Sinne ihrer Bestandserhaltung eines Handelns der Menschen, das in selbstloser Weise den Selbstzweckcharakter der Institutionen anerkennt.

»Selbstwert im absoluten Sinne haben diejenigen Dinge, Wesenheiten, Institutionen usw., auf die ein Verhalten bezogen ist, das ihrem Eigenda-

---

81 Vgl. Max Weber, »Wissenschaft als Beruf«, in: ders., *Gesammelte Aufsätze zur Wissenschaftslehre*, Tübingen 1973, S. 594 f.

82 Gehlen, *Urmensch und Spätkultur*, a. a. O., S. 94.

83 »Darüber hat sich die Menschheit nie getäuscht, wenn sie die großen auctores in ihr Gedächtnis aufnahm, die Entdecker und Staatengründer, einen Prometheus, Theseus, einen Caesar und Columbus, und wenn sie die mythischen Gründer ihrer Institutionen benannte. Denn diese wiesen den zahllosen anderen den einzigen jedermann zugänglichen Weg zur Würde: sich von einer Aufgabe konsumieren zu lassen.« A. a. O., S. 97.

sein und ihrer Wirklichkeit selbst und als solcher gilt, und zwar virtuell bis zur Aufgabe jedes Daseinswertes (für die eigenen Bedürfnisse). Im Grenzfalle fällt also dieses Verhalten mit der Aufgabe des eigenen Lebenswillens zusammen.«[84]

Bei aller Bereitschaft zum Tode macht es einen wesentlichen Unterschied, ob man das Leben oder ob man den Tod verachtet. Bei Gehlen bleibt auf den ersten Blick merkwürdig unklar, für welche der beiden Varianten er sich entscheidet. Einerseits setzt er auf heroische Todesverachtung, und andererseits plädiert er für Askese, mithin für die Verachtung des Lebens. Am ehesten läßt sich dieser Eindruck der Unentschiedenheit auflösen, wenn man jede der beiden Möglichkeiten jeweils einer historischen Etappe zuordnet: Die asketische Lebensverachtung ist in der Spätkultur eine letzte Möglichkeit, Würde zu bewahren; die heroische Todesverachtung gehört den früheren Kulturen an, in denen Kriege und kämpferische Auseinandersetzungen häufig waren.

Die großen Institutionen, insbesondere der Staat, verlangen vom Menschen Opferbereitschaft, im Extremfall bis hin zur Bereitschaft, in den Tod zu gehen. Während der Urmensch von seinen Institutionen noch mit Haut und Haaren verschlungen wurde, erscheinen den modernen Menschen die Institutionen als Verhängnisse, in die sie sich sehenden Auges begeben. Gehlen betont, daß der Staat als Gefahrengemeinschaft zu betrachten sei und daher die genuine Aufgabe des Staates in der Gewährleistung von Sicherheit, zuerst seiner eigenen, dann auch der der Privatleute, bestehe.[85] Im Sinne dieser Sicherheit sei Kriegs- und Kampfbereitschaft verlangt. Dies bedeute, daß die Gesellschaft zum Zwecke der Kriegsbereitschaft rational durchorganisiert werden müsse. Im Zuge der Realisierung von Rationalität im Kriegswesen würden, ähnlich wie in den Bereichen der Wirtschaft und der Finanzen, Sachzwänge entstehen, die auf die Einengung und Reduzierung individueller Entscheidungsspielräume hinauslaufen.[86] Daher konkretisiere sich das dem Staat gemäße Ethos als Dienst- und Pflichtethos[87]: Die »kalte Sprache des Sachzwan-

84 Ebd., S. 17.
85 Vgl. dazu Arnold Gehlen, *Moral und Hypermoral. Eine pluralistische Ethik*, Wiesbaden 1986, S. 104, S. 112.
86 Vgl. ebd., S. 90 f.
87 Vgl. ebd., S. 110.
88 Ebd., S. 104.

ges«[88] fordere Gehorsam. Die Bedeutung dieses Pflichtethos erweise sich daran, daß es in der Vergangenheit zum Ruhme sowohl des preußischen Staates wie auch der sozialdemokratischen Partei beigetragen habe.[89]

Aus der Sicht eines humanitären Ethos könne das Staatsethos als durchaus böse erscheinen, aber »die im Palast des Staates residierenden Tugenden sind nicht die des Eigenheims, sie zehren offen vom Leben«.[90] Mithin wird klar, was das Staatsethos letztlich verlangt, nämlich mit Disziplin und Gehorsam »dem Tode schon im Lebensplan in den Rachen zu sehen«.[91] Im Sicherheitsstaat bedeutet das »Sichbeugen unter den Sachzwang« die Bereitschaft, sein Leben zu opfern, es herzugeben.

Das von Gehlen so umrissene Staatsethos, das in extremer Weise die Bereitschaft zum Tode zum Programm erhebt, kann freilich in einer Zeit, in der die alten Haltungen sich in Subjektivismen zerfasern, nicht mehr als selbstverständlich vorausgesetzt werden; im Gegenteil: eine solche Haltung ist eher unwahrscheinlich.

»Besonders kritisch aber steht es um die kriegerischen Tugenden. Seit Menschengedenken und über Jahrtausende hin sind Kriege geführt worden, allerdings in einer vergleichsweise handwerksmäßigen, vortechnischen Weise, und Kriege wurden wie Seuchen der göttlichen Zulassung, nicht aber der Initiative einzelner Menschen zugeschrieben. Ihnen waren hochgewertete Tugenden wie Tapferkeit, Offenheit, Gehorsam zugeordnet, überhaupt prägte gerade diese Seite der Kultur dem Leben insgesamt einen männlichen Stil auf, und die ungeheure Distanz zur heutigen Zeit wird in der Feststellung deutlich, daß die kriegerische Tugend allein adelte.«[92]

Die alten Kampfestugenden gehören einer vergangenen Zeit an, die durch den nunmehr seit zwei Jahrhunderten laufenden »Weltprozeß der Industrialisierung« abgelöst worden ist. »In ihm werden mehr oder weniger langsam, aber gleich gründlich wohl alle Lebensformen, Ideale und Normgesinnungen der vorindustriellen Hochkulturwelt neu definiert oder umgestaltet oder gar aus der Welt geschafft, zerbrochen und zerkrümelt ... So ist auch das Zeitalter der Könige nach 5000jähriger Dauer zu Ende gegangen,

89 Vgl. ebd., S. 75.
90 Ebd., S. 119
91 Ebd., S. 90.
92 Gehlen, »Philosophische Anthropologie«, a. a. O., S. 136.

sein Institutionsgefüge, seine Ethik erwiesen sich als nicht vereinbar mit den Bedingungen der Industriegesellschaft, in der man
jedes Ethos ausleben kann, auch das der höchsten Humanität,
bloß nicht das Ethos des Kampfes von Mann zu Mann.«[93]

Aus der Perspektive einer Subjektivität, die sich in Konkurrenz
zu den Institutionen zum Selbstzweck erhebt, muß eine Haltung,
die den Opfertod für Institutionen einkalkuliert, als widersinnig
und inhuman erscheinen. Sobald man die Institutionen verantwortlich macht für Knechtschaft und Entfremdung, sich das Be-
heben von Notlagen eher durch einen kontraktuellen Zu-
sammenschluß der Menschen als durch Institutionen vorstellen
kann, wird man in dem Gedanken eines notwendigen Opfers nur
Widersinn sehen. Gegen diese Perspektive, die in der Industriegesellschaft zu dominieren scheint, setzt Gehlen seine These der
asketischen Eliten: Sobald der Mensch seine Freiheit zu subjektiven Zwecken gebraucht, im gesteigerten Lebensgenuß den
Zweck seiner Tätigkeit sieht, tritt nach Gehlen seine parasitäre
Veranlagung hervor.

Der Wille, sein Leben diszipliniert zu führen, muß gegen die
parasitäre Neigung, die die Welt zum Gegenstand des Genusses
machen will, durchgesetzt werden. »In einer Welt der Maschinen-
kultur und des steigenden, wohlverteilten Lebensstandards ist das
keine geringe Entscheidung.« Es geht gegen die »tief in der
Konstitution des Menschen angelegte parasitäre Komponente, die
Gesellschaft als Parasiten-Kolonie«.[94] Hinter der Subjektivität
steht der Parasit. Überall dort, wo Institutionen ihm Anstrengungen zumuten, Pflichten auferlegen, beginnt er zu revoltieren.

»Die ewige Revolution gegen die Bestimmung des Menschen zur Kreatur,
zur harten Notwendigkeit und zu mühseligen Pflichten, diese ewige
Revolution, aus der der Mensch immer natürlicher und immer schreckenerregender hervorgeht, sie wird nicht eher beendet sein, als bis irgendwel-
che Eliten und ›schöpferische Minderheiten‹ die ungemeine Herausforderung annehmen, die in der konsequenten und kommandierenden, aber
sinnlosen Entwicklung liegt: in dem Trend zum Wohlleben auf der Welt-
ebene.«[95]

Es ist die Verachtung des Lebens, die von Gehlen unter den Bedingungen einer weltweit sich ausbreitenden Industriegesellschaft

93 Ebd., S. 73.
94 Gehlen, *Urmensch und Spätkultur*, a. a. O., S. 258.
95 Gehlen, »Philosophische Anthropologie«, a. a. O., S. 67.

für kleine Eliten zum Programm erhoben wird. Gegenüber den Versuchungen der Subjektivität sollen sich jene kleinen Eliten auf asketische Haltungen verpflichten.[96] Gefordert wird eine »asketische Tendenz, in der man sich sozusagen zum Baustein im Ordnungsgefüge macht«[97], um durch diese gegenüber dem Leben zum Ausdruck gebrachte Verachtung die letzte Chance, Würde zu bewahren, zu nutzen. An anderer Stelle sagt Gehlen, »daß per saldo am Leben nicht eben viel daran ist ...«[98]

96 Zum Verhältnis von Tod, Askese und Institution vgl. Wolfgang Lipp, »Kultur und Leben – Risiko und Katastrophe«, in: Klages und Quaritsch (Hg.), a. a. O., S. 444 f.
97 Gehlen, Urmensch und Spätkultur, a. a. O., S. 72.
98 Arnold Gehlen, »Das Ende der Persönlichkeit?«, in: ders. Studien zur Anthropologie und Soziologie, a. a. O., S. 335.

Armin Nassehi
Ethos und Thanatos
Der menschliche Tod und der Tod des Menschen
im Denken Michel Foucaults

Der Tod ist ein zentrales Thema im Denkens Michel Foucaults, ohne daß Foucault so etwas wie eine griffige Theorie des Todes, des Sterbens oder des gesellschaftlichen Umgangs mit der menschlichen Endlichkeit vorgelegt hätte. Ähnlich wie sein Gesamtwerk, das stets um eine Position zwischen der Kontinuität mit dem eigenen Denken und der Diskontinuität von thematischen Brüchen und theoretischen Perspektivenwechseln ringt, liegt auch dieses Thema nicht als Bündel eindeutiger Thesen vor.[1] Wer das Thema bei Foucault aufzuspüren sucht, stößt vielmehr auf sehr unterschiedliche Thematisierungsebenen und Perspektiven. Da jene unterschiedlichen Ebenen und Perspektiven je nur im Kontext der jeweiligen Werkphase Foucaults verständlich werden können, werde ich im folgenden die verschiedenen theorieimmanenten Orte des Todesthemas aufsuchen. Ich orientiere mich dabei weniger an der breit geführten Auseinandersetzung um die Kontinuität oder Diskontinuität des Foucaultschen Werkes, sondern nehme das Todesthema selbst als differenzierenden Indikator, der mich drei Stadien unterscheiden läßt: in einem ersten Schritt den Tod als Generator von Individualität, in einem zweiten Schritt die menschliche Endlichkeit als Künderin des Endes des Menschen und schließlich in einem dritten Schritt das Verhältnis von Endlichkeit und Selbstsorge.

---

1 Das Foucaultsche Werk mit dem wohlwollenden Urteil einer durchgehaltenen Kontinuität zu versehen oder mit dem mahnenden Zeigefinger auf Brüche und Disparitäten zu stoßen verkennt die Anlage des Gesamtwerks, die offenbar keinem Werkplan und keiner vorgängigen Denkmatrize folgt. Foucault sieht sich eher als Suchender in einem Labyrinth, in dem er sich selbst stets verliert: »Man frage mich nicht, wer ich bin, und man sage mir nicht, ich solle der gleiche bleiben: das ist eine Moral des Personenstandes; sie beherrscht unsere Papiere. Sie soll uns freilassen, wenn es sich darum handelt, zu schreiben.« Michel Foucault, *Archäologie des Wissens*, Frankfurt am Main 1973, S. 30.

1. Der Tod als Generator
von Individualität

In seinen ersten beiden Veröffentlichungen, in der Studie *Psychologie und Geisteskrankheit* und in der buchstarken Einleitung zu Ludwig Binswangers *Traum und Existenz*[2], ist Foucaults Denken noch ganz Heideggers *Sein und Zeit* und der phänomenologisch-daseinsanalytischen Psychologie verpflichtet. Foucault wendet sich hier gegen eine naturwissenschaftlich-objektivistische Psychologie. Ähnlich wie Heidegger der Anthropologie falsche ontologische Voraussetzungen vorwirft – sie frage, als ob sie bereits wüßte, was der Mensch sei[3] – und ähnlich wie dieser die Existenz der Essenz vorordnet[4], besteht Foucault darauf, die inneren Existenzbedingungen des kranken Individuums zu beobachten und gewissermaßen die Existenz des Kranken als Konstrukteur seiner Krankheit zu sehen. »Die Intuition, die sich mit einem Sprung ins Innere des krankhaften Bewußtseins versetzt, sucht die pathologische Welt mit denselben Augen zu sehen wie der Kranke: die Wahrheit, die sie sucht, ist keine objektive, sondern eine intersubjektive.«[5] Nicht was die Krankheit selbst sei, sondern wie sie sich in Akten der Existenz konstituiert, ist Foucaults Thema. Die Krankheit wird hier als »neue Existenz«[6] verstanden, als eine Existenz, die sich vor allem durch Störungen im Selbstverhältnis des Kranken ausdrückt. Gemäß der daseinsanalytischen Methodik lokalisiert Foucault diese Störungen vor allem in der inneren Zeitlichkeit. »Die Anhäufung des Vergangenen kann sich für ihn nicht mehr auflösen; und entsprechend können Vergangenheit und Gegenwart nicht mehr auf die Zukunft vorlaufen; keine je erworbene Sicherheit ist eine Garantie gegen die Gefahren, die sie birgt; in der Zukunft ist alles absurd möglich.«[7] Dieses gestörte

---

2 Michel Foucault, *Psychologie und Geisteskrankheit*, Frankfurt am Main 1968 (franz. Original 1954); ders., »Einleitung«, in: Ludwig Binswanger, *Traum und Existenz*, Bern und Berlin 1992, S. 7-93 (franz. Original 1954).
3 Vgl. Martin Heidegger, *Sein und Zeit*, 15. Auflage, Tübingen 1979, S. 45 ff.
4 Ebd., S. 42.
5 Foucault, *Psychologie und Geisteskrankheit*, a. a. O., S. 72.
6 Ebd., S. 76.

Selbstverhältnis hindert den Kranken daran, sich im Schnittpunkt der Zeiten und sozialer Anforderungen zu verorten und eine vernünftige Existenz zu führen. Er fällt dem Anderen der Vernunft, dem Wahnsinn anheim.

Diese Konstruktion der Abweichung setzt einen Begriff von Normalität voraus, den Foucault aus einer daseinsanalytischen Perspektive gewinnt. In der Binswanger-Einleitung erwähnt er explizit ein – man könnte in Anlehnung an Heidegger sagen »uneigentliches« – Selbstverhältnis des Kranken, das sich etwa darin zeigt, daß der Tod nicht als letzter Bevorstand von formgebender Bedeutung für die endliche Existenz ist. »Zukunft ist nicht mehr das, wodurch die Existenz auf ihren Tod vorgreift und sowohl ihre Einsamkeit wie auch ihre Faktizität annimmt, sondern dasjenige, wodurch sich die Existenz von ihrer Endlichkeit losreißt.«[8] Der Tod als immanenter Bevorstand fungiert in dieser Frühphase des Werks von Foucault als derjenige Horizont, vor dem die Individuierung des Menschen sich vollzieht. Keineswegs formuliert Foucault damit aber eine anthropologische Wesensaussage. Über die Heideggersche Daseinsanalytik hinaus ordnet er nicht nur die Existenz des Menschen seiner Essenz voraus, sondern historisiert diese Existenzweise zugleich: Schon in dieser frühen Phase seines Werkes ist es Foucault nicht um ein vermeintlich zu entbergendes »Wesen« des Menschen zu tun, sondern um eine historisch relative »Beziehung des Menschen zum geistesgestörten Menschen und zum wahren Menschen«.[9]

In seiner Studie *Die Geburt der Klinik*, deren erste Fassung 1963 erschienen ist, nimmt Foucault denn auch das Motiv der Individuierung des Menschen durch sein Verhältnis zum Tod auf, jedoch nun nicht mehr in phänomenologisch-daseinsanalytischen Begriffen, sondern in einer historisch verfahrenden *Archäologie des ärztlichen Blicks*.[10] Foucault rekonstruiert hier nicht den Fortschritt der medizinischen Wissenschaften hin zu einer rationaleren Beobachtung der Krankheit und des Wahnsinns. Diese den Fortschrittsideen der Aufklärung und Verwissenschaftlichung verpflichtete Selbstbeschreibung der Medizin versucht Foucault

7 Ebd., S. 81.

8 Foucault, »Einleitung«, a. a. O., S. 75.

9 Foucault, *Psychologie und Geisteskrankheit*, a. a. O., S. 10.

10 Michel Foucault, *Die Geburt der Klinik. Eine Archäologie des ärztlichen Blicks*, München 1973 (franz. Original 1963).

vielmehr mit den Methoden der »Archäologie« als bloße Diskurspraktiken zu decouvrieren. Nicht um eine Geschichte der Ideen oder der Erkenntnisse ist es ihm zu tun, sondern um die Frage, »nach welchem Ordnungsraum das Wissen sich konstituiert hat, auf welchem historischen Apriori und im Element welcher Positivität Ideen haben erscheinen, Wissenschaften sich bilden, Erfahrungen sich in Philosophien reflektieren, Rationalitäten sich bilden können, um sich vielleicht bald wieder aufzulösen und zu vergehen«, wie es in *Die Ordnung der Dinge* heißt.[11] Foucaults Gegenstand ist die *episteme* der modernen Humanwissenschaften, es sind die »Formen der Sichtbarkeit«[12], die nun selbst sichtbar werden, da sich mit dem Verschwinden der *klassischen episteme* die Identität von Signifikat und Signifikant aufgelöst hat.[13]

Den großen Einschnitt in der Geschichte der abendländischen Medizin macht Foucault dort aus, wo »die klinische Erfahrung zum anatomisch-klinischen Blick wird«[14], und das heißt in erster Linie, wo der Tod und nicht mehr das Leben den ärztlichen Blick bestimmt. Nicht mehr die Beobachtung des Kranken, die Entzifferung gestörter Lebensdaten und die Sammlung von krankhaften Symptomen ist nun der Grund ärztlichen Wissens, sondern die Öffnung der Leiche. Der neue ärztliche Blick »fordert vom Tod Rechenschaft über das Leben und über die Krankheit [...]. Die Nacht des Lebendigen weicht vor der Helligkeit des Todes.«[15] Die Pathologie ist für Foucault ein Indiz für ein völlig neues Verhältnis zum Tode. War der Tod für die Medizin des 18. Jahrhunderts noch der Endpunkt der medizinischen Erfahrungsbildung, letztlich der große Antipode des am Leben orientierten Mediziners, taucht er nun im Horizont des ärztlichen Blicks auf: »Die pathologische Anatomie, die eine Technik des Leichnams ist, muß dem Begriff des Todes einen strengen, vor allem instrumentellen Status verleihen.«[16] Zugleich ändert sich aber auch seine Kulturbedeutung. Entzog sich der Tod gerade wegen seines oppositionellen Charak-

11 Michel Foucault, *Die Ordnung der Dinge. Eine Archäologie der Humanwissenschaften*, Frankfurt am Main 1971 (französisches Original 1966), S. 24.
12 Foucault, *Die Geburt der Klinik*, a. a. O., S. 206.
13 Vgl. ebd., S. 15, und Foucault, *Die Ordnung der Dinge*, a. a. O., S. 377.
14 Foucault, *Die Geburt der Klinik*, a. a. O., S. 160.
15 Ebd., S. 160 f.
16 Ebd., S. 155.

ters dem Zugriff der wissenschaftlichen *episteme* und war er deshalb noch jene geheimnisumwitterte Macht, die nach Sinngebung und symbolischer Aneignung verlangte, wird er nun geradezu zum Komplizen des Arztes, reduziert sich damit aber auch auf den ärztlichen Blick, auf die humanwissenschaftliche *episteme*, die seine Sichtbarkeit auf den instrumentellen Aspekt der humanwissenschaftlich-medizinischen Bestimmung des Lebens einschränkt.

Im Gegenzug und zugleich als Folge der nun medizinischen Bemühungen um die Sichtbarkeit des Todes als Indikator für die Lebensprozesse, in erster Linie symbolisiert durch die Öffnung des toten Körpers – würde man die Geheimnisse des Lebens schon dann entziffern wollen, wenn es noch andauert, man müßte sein Ende in Kauf nehmen –, geht aber auch seine vormalige Eindeutigkeit als Ende, als Zäsur, als das ganz andere verloren: »Der Tod ist also vielfältig und zeitlich gestreut: er ist nicht jener absolute und privilegierte Punkt, an dem die Zeiten anhalten und kehrtmachen.«[17] Er wird vielmehr als komplexer Prozeß sichtbar gemacht, und je sichtbarer er wird, um so mehr verliert er selbst seine Eindeutigkeit. Diese auf den ersten Blick widersprüchliche Entwicklung ist folgendermaßen zu verstehen: Als der Tod noch das ganz andere des Wissens um das menschliche Leben war, mußte er *als Tod* bestimmt werden, durch Religionen und kulturelle Chiffren einer Sinngebung zugeführt und durch Unsterblichkeitsversprechen entdramatisiert werden. Eine Kultur aber, die das ganz andere ihres Selbstverständnisses bekämpft und mit Macht hinter die Mauern von Gefängnissen und Kliniken und in die Eigenwelt des Wahnsinns einsperrt, wählt gerade die *Einschließung des Fremden*, um seiner Herr zu werden. Der ärztliche Blick entdramatisiert den Tod, indem er ihn als *Spiegel des Lebens*[18] einholt. Wie die Psychologie den Wahnsinn wissenschaftlich sichtbar macht, um die Opposition gegen die Vernunft, gegen die cartesianische Hybris der Rationalität handhabbar zu machen und um das Fremde der Vernunft zum Schweigen zu bringen[19], schaut die Medizin dem Tod ins Auge, um seine Fremdheit nicht sehen zu müssen.[20] Wie Foucault in *Psychologie und Geisteskrankheit* und

17 Ebd., S. 156.
18 Vgl. ebd., S. 160.
19 Vgl. Michel Foucault, *Wahnsinn und Gesellschaft*, Frankfurt am Main 1969 (franz. Original 1961).
20 Foucault, *Die Geburt der Klinik*, a. a. O., S. 180.

Wahnsinn und Gesellschaft letztlich auf der Folie des Wahnsinns die kulturelle Selbstkonstituierung des Menschen in seiner neuzeitlichen Rationalität *ex negativo* vornimmt, so ist es in *Die Geburt der Klinik* der Tod, der durch seine humanwissenschaftlich hergestellte Sichtbarkeit nun zur anthropologischen Grundkategorie wird. Die Individualität des Menschen – in phänomenologisch-daseinsanalytischen Begriffen: seine jemeinige Existenz – wird über den Tod bestimmt: »Es ist von entscheidender und bleibender Bedeutung für unsere Kultur, daß ihr erster wissenschaftlicher Diskurs über das Individuum seinen Weg über den Tod nehmen mußte«[21], einen Weg, der von der vormodernen Erfahrung des Todes als Gleichmacher, als »universaler Geste«[22] in der Renaissance zum modernen Tod des Individuums führt: »In ihm kommt das Individuum zu sich selbst, in ihm entkommt es der Monotonie und Nivellierung der Lebensläufe; in dem langsamen, halb unterirdischen und doch schon sichtbaren Herannahen des Todes wird das gemeine Leben endlich Individualität.«[23]

Was Foucault am Beispiel des medizinischen Blicks auf den Tod durchbuchstabiert, durchzieht zugleich seine Mitte der fünfziger Jahre an Heidegger und Binswanger geschulte Begrifflichkeit. Was er dort noch quasi normativ vertreten hatte – die eigentliche Selbstwahl des Daseins im Sein zum Tode –, wird nun als historische Bedingung der Konstitution des Menschen als Individuum analysiert. Was der Pathologie die konkrete Leiche als Endpunkt einer individuellen Krankheitsgeschichte ist, ist der modernen Kultur der individuelle Tod, der Tod, der zugleich seine Gestalt verloren hat und für dessen Recht sich der gesamte Diskurs des Todes in der Moderne einsetzt: der individuelle Tod als Drohung und als Bedrohtes zugleich. Indem der Mensch seine Endlichkeit entdeckt, entdeckt er zugleich die Unendlichkeit der Welt, die seine individuelle Gestalt und seine Autonomie radikal einschränkt – und doch erst ermöglicht. »Die Teilung, die der Tod bezeichnet, und die Endlichkeit, deren Spiegel er aufdrückt, knüpfen paradoxerweise die Universalität der Sprache an die zerbrechliche aber unersetzbare Form des Individuums.«[24] Die Individualität des Menschen und die neue, anthropologische Struktur des

21 Ebd., S. 207.
22 Ebd., S. 185.
23 Ebd.
24 Ebd., S. 208.

Denkens setzen zweierlei frei: zum einen das Bewußtsein um die Grenze der endlichen, sterblichen Individualität angesichts der Transzendenz der Sprache als gesellschaftlicher Struktur, zum anderen mutet sich die anthropologische Struktur des Wissens »die fundierende Rolle des Ursprungs«[25] zu, denn es ist nun die Idee des endlichen Menschen als unendlicher Struktur, die am Horizont des humanwissenschaftlichen Diskurses erscheint. Bereits in *Die Geburt der Klinik* nimmt Foucault damit ein Motiv vorweg, das er einige Jahre später in *Die Ordnung der Dinge* ausformulieren sollte.

2. Der menschliche Tod und der Tod des Menschen

Die mit der modernen, anthropologischen *episteme* entstandene Spannung von Endlichkeit und Unendlichkeit ist nicht deckungsgleich mit der klassischen Differenz von Zeit und Ewigkeit. Das frühere Verständnis war dadurch bestimmt, daß die Welt durch ein heilbringendes Hereinragen der Ewigkeit in die Zeit an der Sinnhaftigkeit der Repräsentation teilhaben konnte: Mit Gottes Präsenz in der Geschichte konnte die *Dia*bolik von Synchronie und Diachronie *sym*bolisch eingeholt werden.[26] Der anthropologische Diskurs dagegen bindet die invariante, i. e. unendliche Struktur des Menschen unhintergehbar an seine ihn erst individuierende Endlichkeit. Der Mensch, so Foucault, taucht nämlich erst in dem historischen Moment auf, an dem er ein funktionales Äquivalent für die klassische Repräsentation, also für die Identität von Signifikant und Signifikat entdeckt hatte, nämlich seine »Kraft, sich Repräsentationen zu geben«.[27] Sich Repräsentationen zu geben, das heißt seine Welt selbst zu erfinden und die Geschichte selbst in die Hand zu nehmen, wurde nun eine empirische Angelegenheit, was zugleich bedeutet, daß die Repräsentation selbst paradoxerweise ihre Kraft verlieren mußte. Diese Leerstelle füllten die Anthropologie und die Humanwissenschaften aus. War die

25 Ebd.
26 Vgl. dazu ausführlich Armin Nassehi, *Die Zeit der Gesellschaft. Auf dem Weg zu einer soziologischen Theorie der Zeit*, Opladen 1993, S. 292-303, vor allem S. 298.
27 Foucault, *Die Ordnung der Dinge*, a. a. O., S. 378.

klassische Repräsentation schon deshalb gültig, weil es sie gab, müssen die anthropogenen Synthesen und Analysen neu bestimmt werden: »Diese empirischen Synthesen mußten woanders als in der Souveränität des ›Ich denke‹ gesichert werden. Sie mußten dort gesucht werden, wo genau jene Souveränität ihre Grenze findet, das heißt: *in der Endlichkeit des Menschen* ...«[28]

Die anthropologische Struktur erkennt, daß der Mensch als endliches Wesen stets nur zu endlicher Erkenntnis in der Lage ist, zugleich aber der Ort ist, an dem die Bedingung von Erkenntnis überhaupt aufscheint. Der Mensch ist »eine seltsame, empirisch-transzendentale Dublette, weil er ein solches Wesen ist, in dem man Kenntnis von dem nimmt, was jede Erkenntnis möglich macht«.[29] Der Mensch stößt auf die Bedingungen der Möglichkeit von Erkenntnis überhaupt in dem Augenblick, in dem er zugleich der Bedingung ihrer Unmöglichkeit ansichtig wird, des Todes nämlich. Die »empirisch-transzendentale Dublette« trachtet danach, die Lücke, die der Verlust der klassischen *episteme* hinterlassen hat, zu schließen. Deshalb hat das moderne Denken, so Foucault, den Menschen stets in seiner Endlichkeit als Subjekt, als das der Welt Zugrundeliegende, als *hypokeimenon*, zu denken versucht und mußte in transzendentalen Bedingungen, die zeitlos und apriorisch gedacht wurden, die empirische Bedingung des Humanums, seine Endlichkeit, kompensieren.[30]

Foucaults Analytik der Endlichkeit erschöpft sich aber keineswegs in dieser Herleitung der Anthropologie. Er zeigt zugleich, daß die Anthropologie und die Humanwissenschaften, die den Menschen erst hervorgebracht haben, ihn letztlich auch aus dem Horizont des Denkens wieder verschwinden lassen. Er beschreibt Diskursverschiebungen, welche – auf eine Formel gebracht – »aus

28 Ebd., S. 410 (Hervorhebung von A. N.).
29 Ebd., S. 384.
30 Diese Kompensationsfunktion läßt sich am deutlichsten an Kants Postulat der Unsterblichkeit der Seele studieren. Kant stellt dieses »Postulat der reinen praktischen Vernunft« auf, um im Gedanken der Unendlichkeit der Existenz des »vernünftigen Wesens« die »völlige Angemessenheit des Willens [...] zum moralischen Gesetze« überhaupt denkbar zu machen, eine Angemessenheit, deren empirische Wesen ihrer Endlichkeit wegen nicht fähig sind. Immanuel Kant, *Kritik der praktischen Vernunft*, hg. von Wilhelm Weischedel. Frankfurt am Main 1974, S. 252 f.

der Endlichkeit des Menschen sein Ende haben werden lassen.«[31] Foucaults These lautet, daß der anthropologische Diskurs im Gewahrwerden der menschlichen Endlichkeit und in der Selbstkonstitution des Menschen als empirisch-transzendentaler Dublette zugleich das Ende des Menschen, den Tod des Subjekts eingeleitet hat. Zwar vertraute das moderne Denken zunächst auf die Kompensationsleistung des Transzendentalen, doch die damit erst möglich gewordenen Humanwissenschaften begannen sogleich, die Bedingungen jener endlichen Erkenntnis des Menschen zu destruieren. Eine Metaphysik des Unendlichen, so Foucault, war in dem Moment noch möglich und nötig, in dem die Regeln der Repräsentation noch galten. Ersetzen aber der Mensch und seine empirisch begrenzte Erkenntnis nach seiner Erfindung durch die Humanwissenschaften den Raum der Repräsentation, können die Humanwissenschaften ihren Gegenstand nicht anders als endlich denken, in dem Doppelsinne endlich, daß das Erkenntnissubjekt endlich ist und damit auch der Mensch als grundlegende moderne*episteme*. »Die Philosophie des Lebens denunziert die Metaphysik als Schleier der Illusion, die der Arbeit denunziert sie als entfremdetes Denken und Ideologie, die der Sprache als kulturelle Episode.«[32] Was nun beginnt, ist die anthropologische Struktur, hergestellt durch die Humanwissenschaften, die vor allem in Theorien des Lebens, der Arbeit und der Sprache die ontologischen Bedingungen des Menschen beschrieben haben. Gleichzeitig aber ist zu beobachten, daß die Humanwissenschaften nicht zuletzt wegen ihrer Fundiertheit in der Endlichkeit ihrer eigenen Relativität gewahr wurden. Die Humanwissenschaften sind per se instabil, weil sie durch methodische Reflexion immer wieder auf die Zirkularität ihrer Grundlagen stoßen. Die Modernisierung der Humanwissenschaften besteht demnach nach Foucault insbesondere darin, sich selbst zu historisieren und sich im Feld einer historisch relativen *episteme* zu verorten.

Die »Folge ist, daß die Humanwissenschaften, während sie das behandeln, was Repräsentation (in einer bewußten oder unbewußten Form) ist, eben das als ihren Gegenstand behandeln, was für sie die Bedingung der Möglichkeit ist. Sie sind also stets von einer Art transzendentaler Beweglichkeit belebt. Sie hören nicht auf, sich selbst gegenüber eine kritische

31 Foucault, *Die Ordnung der Dinge*, a. a. O., S. 460.
32 Ebd., S. 383.

Wiederaufnahme zu praktizieren. Sie gehen von dem, was der Repräsentation gegeben wird, zu dem, was die Repräsentation möglich macht, was aber wiederum eine Repräsentation ist.«[33]

Die Humanwissenschaften werden auf ihre Begrenztheit gestoßen, indem sie der Endlichkeit ihrer Voraussetzungen gewahr werden: Sie sehen nur das, was zu sehen sie sich durch ihre eigene *episteme* zumuten, und die moderne *episteme* lernt an sich selbst, daß sie das, was sie sieht, *als episteme* und nicht als Abbild einer wie auch immer beschaffenen objektiven Wirklichkeit sieht. Diese – wenn ich so sagen darf – Selbstkritik der anthropologischen Vernunft ist es für Foucault, die nicht nur aus der basalen Erfahrung der Endlichkeit des Menschen und damit auch seiner Erkenntnismöglichkeiten resultiert, sondern die auch die epistemologischen Grundlagen erschüttert, den Menschen als Menschen zu denken.

Jedoch sind es nicht die Humanwissenschaften selbst, die die von ihnen vorbereitete Destruktion ihrer eigenen Grundlagen konsequent zu Ende führen. Die entscheidende Rolle bei der Selbsterschütterung der Humanwissenschaften weist Foucault den *Gegenwissenschaften* Psychologie, Ethnologie und Linguistik zu, die, zwar aus den Humanwissenschaften hervorgegangen, stets die Relativität jeder epistemologischen und ontologischen Aussage betonen.[34] Auf philosophischem Gebiet ist es vor allem Nietzsches Gedanke der ewigen Wiederkehr des Gleichen und der Tötung Gottes durch den Menschen, der für Foucault das Ende des humanwissenschaftlichen und transzendentalphilosophischen Paradigmas markiert.[35] Wenn der Mensch tatsächlich ein Produkt der Humanwissenschaften ist und wenn die Humanwissenschaften insbesondere durch den *gegenwissenschaftlichen* Diskurs ihr Fundament verlieren, so Foucault, dann ist es auch nicht mehr möglich, den Menschen zu denken. So resultiert letztlich aus der modernen Erfahrung des menschlichen Todes der Tod des Menschen.[36]

33 Ebd., S. 436.
34 Vgl. ebd., S. 447 ff.
35 Vgl. ebd., S. 459 ff.
36 Vgl. auch Wilhelm Schmid, *Auf der Suche nach einer neuen Lebenskunst. Die Frage nach dem Grund und die Neubegründung der Ethik bei Foucault*, Frankfurt am Main 1991, S. 132 f.

Foucaults Diagnose, der Mensch werde »verschwinden«[37], ist zugleich ein Postulat. Foucault behauptet damit selbstverständlich nicht, daß es keine Menschen mehr gibt[38], sondern fordert ein Denken ein, das die Chiffren der anthropologischen Struktur aufgibt, um so die »Theologisierung des Menschen«[39] zu überwinden. Seine Forderung gipfelt darin, der epistemologischen Relativität der herrschenden *episteme* radikal ins Auge zu sehen:

»In unserer heutigen Zeit kann man nur noch in der Leere des verschwundenen Menschen denken. Diese Leere stellt kein Manko her, sie schreibt keine auszufüllende Lücke vor. Sie ist nichts mehr und nichts weniger als die Entfaltung eines Raums, in dem es schließlich möglich ist, zu denken.«[40]

Damit schließt Foucault an die grundlegende Erfahrung an, daß mit der komplexer werdenden modernen Gesellschaft sich die Systeme, Strukturen, Kombinatoriken, Formen, die Machtprozeduren und Diskurspraktiken quasi verselbständigt haben und letztlich keinen Platz mehr für die romantische Vorstellung des Menschen als Zentrum der Welt lassen. Es ist der sprachliche Kosmos und seine dynamische Struktur, der der Individualität des Menschen entgegensteht: »...das ›Ich spreche‹ läuft dem ›Ich denke‹ zuwider.«[41] Indem die überindividuelle Struktur der Sprache dem Menschen gegenüber autonom wird, ist der Tod des Menschen, der Tod der Subjektivität besiegelt. Der Mensch war nur eine Episode; er »hat sich gebildet, als die Sprache zur Verstreuung bestimmt war, und wird sich wohl auflösen, wenn die Sprache sich wieder sammelt«[42]; er »verschwindet wie am Meeresufer ein Gesicht im Sand«.[43]

Jene Differenz zwischen »Ich spreche« und »Ich denke«, das heißt zwischen sprachlich strukturierter Welt und Individualität, ist der Fokus, an dem Foucaults Arbeiten der siebziger Jahre ansetzen. Sein Hauptthema ist nun Macht, nicht verstanden im Sinne der Herrschaft eines Machthabers über einen Ohnmächti-

37 Ebd., S. 460.
38 Vgl. Michel Foucault, *Von der Subversion des Wissens*, München 1974, S. 28.
39 Schmid, a. a. O., S. 139
40 Foucault, *Die Ordnung der Dinge*, a. a. O., S. 412.
41 Foucault, *Von der Subversion des Wissens*, a. a. O., S. 56.
42 Foucault, *Die Ordnung der Dinge*, a. a. O., S. 461.
43 Ebd., S. 462.

gen, sondern im Sinne eines pulsierenden Geflechts von Beziehungen, von diskursiven Wahrheiten, die sich als gesellschaftliche Wahrheiten durchsetzen und andere verhindern, von gesellschaftlichen Mustern, die die herrschende *episteme* bestimmen.[44] Es ist gewissermaßen die Macht selbst, die die Welt hervorbringt; sie ist keine destruktive Kraft. »In Wirklichkeit ist die Macht produktiv; und sie produziert Wirkliches. Sie produziert Gegenstandsbereiche und Wahrheitsrituale: das Individuum und seine Erkenntnisse sind Ergebnisse dieser Produktion.«[45] Foucaults Analytik der Macht macht sich diese Produktionsverhältnisse zum Gegenstand: Sie zeigt etwa, wie sich Straf- und Disziplinarpraktiken immer mehr von unmittelbarer physischer Gewalt in Richtung einer inneren Zurichtung der Individuen wandeln. »Die Macht wird tendenziell unkörperlich und je mehr sie sich diesem Grenzwert annähert, um so beständiger, tiefer, endgültiger und anpassungsfähiger werden ihre Wirkungen: der immerwährende Sieg vermeidet jede physische Konfrontation und ist immer schon im vorhinein gewiß.«[46] Die Verinnerlichung der äußeren Machtstrukturen macht aus dem Menschen ein »Geständnistier«[47], das nicht mehr per Folter und Züchtigung, sondern durch Ent-Sprechung der sprachlich codierten Wahrheit selbst der Macht folgt. Diese Disziplinar- und Kontrollmacht ist Ausdruck einer Machtstruktur, die ab dem 17. oder 18. Jahrhundert bis in die letzten Verästelungen des gesellschaftlichen Körpers und der menschlichen Körper hinein wirkt. Sie selbst ist das Leben, das den Menschen unter seine Kontrolle bringt: als »*politische Anatomie des menschlichen Körpers*« unterwirft sie ihn im Hinblick auf ökonomische und politische Nützlichkeit unter Kontrollsysteme; als »*Bio-Politik der Bevölkerung*« unterwirft sie den Menschen unter die regulierende Kontrolle von Geburten- und Sterblichkeitsrate, von Gesundheit und Lebensdauer«.[48] Diese »Bio-Macht«[49] stellt

44 Vgl. dazu Michel Foucault, *Dispositive der Macht. Über Sexualität, Wissen und Wahrheit*, Berlin 1978, passim.

45 Michel Foucault, *Überwachen und Strafen. Die Geburt des Gefängnisses*, Frankfurt am Main 1976 (franz. Original 1975), S. 250.

46 Ebd., S. 260.

47 Michel Foucault, *Der Wille zum Wissen. Sexualität und Wahrheit* 1, Frankfurt am Main 1977 (franz. Original 1976), S. 77.

48 Vgl. ebd., S. 166.

49 Ebd., S. 167.

für Foucault ein azentrisches, amorphes Machtzentrum der Welt dar, das das gesamte soziale, politische und ökonomische Leben dominiert.

Der Tod hat gegen die Macht des Lebens, gegen die Bio-Macht, keine eigenständige Bedeutung mehr. Er fällt aus dem herrschenden Machtdispositiv heraus – und vermag doch nicht ganz zu verschwinden. Er wird aber gewissermaßen desozialisiert. War zu Zeiten der *episteme* des Menschen der Tod noch derjenige Horizont, von dem her sich das Leben bestimmen ließ, wird er nun zum radikalen Antipoden des Lebens.

»So erklärt sich vielleicht die Disqualifizierung des Todes, die heute im Absterben der ihn begleitenden Rituale zum Ausdruck kommt. Die Sorgfalt, mit der man dem Tode ausweicht, hängt weniger mit einer neuen Angst zusammen, die ihn für unsere Gesellschaften unerträglich macht, als vielmehr mit der Tatsache, daß sich die Machtprozeduren von ihm abgewendet haben.«[50]

Der menschliche Tod, so könnte man in Begriffen Foucaults sagen, spielt angesichts des Todes des Menschen letztlich keine Rolle mehr. Die Machtprozeduren und gesellschaftlichen Reproduktionsmechanismen funktionieren auch ohne Rücksicht auf den Tod von Individuen. Sie können ihn aus ihrem Zugriff entlassen und ihn damit selbst via negationis »zum geheimsten, zum ›privatesten‹ Punkt der Existenz«[51] werden lassen.

Der bis an diese Stelle rekonstruierte Denkweg Foucaults läßt sich folgendermaßen zusammenfassen: Nachdem der Mensch die Erfahrung seiner Endlichkeit gemacht hat, ist zugleich die epistemologische Voraussetzung für die humanwissenschaftliche *Erfindung des Menschen* als überindividuelle und überzeitliche Struktur entstanden. Indem die Humanwissenschaften aber gerade an dieser Bedingung ihrer Möglichkeit, nämlich an der Endlichkeit von Erkenntnis, zerbrochen sind, ist auch der Mensch im Begriff, von der Bildfläche zu verschwinden. An seine Stelle tritt die Bio-Macht, die durch Zurichtung von Gesellschaft, Körper und Bewußtsein zum universalen Code wird. Diese Macht des Lebens ist es, die den Tod aus ihrem Zugriff entläßt und dem Menschen zurückgibt – nicht aber dem Menschen als Gattungswesen, als anthropologischer Struktur, sondern dem konkreten Individuum, das vom Tod nichts mehr über das Leben lernen kann. Der

50 Ebd., S. 165.
51 Ebd.

Tod ist wieder das ganz andere des Lebens geworden, ohne aber wie im Zeitalter der ewigen Repräsentation in der Einheit der Differenz von Zeit und Ewigkeit aufgehoben zu sein.

3. Endlichkeit und Selbstsorge

In seinem Spätwerk nimmt Foucault einen grundlegenden Perspektivenwechsel vor, ohne letztlich den Gegenstand seines Denkens aufzugeben. Ging es ihm in den siebziger Jahren in erster Linie darum, Machtverhältnisse »von den Herrschaftstechniken aus« zu betrachten, kommt es ihm nun darauf an, jene Machtbeziehungen »von den Selbsttechniken aus«[52] zu beobachten. Zugleich verschiebt sich der Fokus nun zum Thema Moral und Ethik. Foucault untersucht in eingehenden Analysen den Übergang von Selbsttechniken in der klassischen Antike zu Machtpraktiken im christlich bestimmten Abendland. In den klassischen Texten der hellenischen Antike von Platon bis zur späten Stoa macht Foucault eine Ethik des Individuums aus, die er insbesondere am Beispiel der Entwicklung von Sexualpraktiken untersucht. Dabei geht es ihm keineswegs um die Techniken selbst, sondern um die Rolle, die sie bei der Selbstkonstitution des Menschen als Subjekt spielen, um die Frage, welche »ethische Substanz« sie besitzen, man könnte auch sagen: welche Funktion die jeweils charakteristische gesellschaftliche Regulierung von Sexualität für die Selbstidentifikation und Selbstkonstitution von Individuen hat.[53]

Die Funktion jener Regulierungstechniken beschreibt Foucault für die Griechen folgendermaßen:

»Das Prinzip der Regulierung dieser Aktivität, die ›Unterwerfungsgeste‹, war nicht durch eine universelle Gesetzgebung bestimmt, die die erlaubten und verbotenen Akte festgesetzt hätte; sondern eher durch eine Geschicklichkeit, eine Kunst, die die Modalitäten des Gebrauchs in Rücksicht auf verschiedene Variablen (Bedürfnis, Augenblick, Stand) vorschrieb.«[54]

52 Michel Foucault, *Von der Freundschaft als Lebensweise. Michel Foucault im Gespräch*, Berlin 1984, S. 36.
53 Vgl. Michel Foucault, *Der Gebrauch der Lüste. Sexualität und Wahrheit* 2, Frankfurt am Main 1986 (franz. Original 1984), S. 44.
54 Ebd., S. 121.

Die Moralreflexion der Antike, so Foucault, bedient sich nicht allgemeiner normativer Sätze und Prinzipien mit universellem Anspruch – das sollte den Machtpraktiken des nachfolgenden Christentums vorbehalten bleiben. Gegenstand jener antiken Moralreflexion ist vielmehr die »Stilisierung der Haltung und eine Ästhetik der Existenz«.[55] Es ist keine kodifizierte Moral, sondern ein Ethos, eine Lebenshaltung, die dem Griechen eine auf die eigene Existenz gerichtete Lebensform ermöglichen soll. Es ist letztlich das Ideal, sich ganz aus eigenen Akten heraus in den sozialen Zusammenhang zu stellen, als freier Mann unter Freien. »Charakteristisch für diese ›Kultur seiner selber‹ ist die Tatsache, daß hier die Kunst der Existenz – die *techné tû bíu* in ihren unterschiedlichen Formen – von dem Prinzip beherrscht wird, wonach man ›für sich selbst sorgen‹ muß.«[56] Dieses Prinzip der Selbstsorge ist allerdings keineswegs als unpolitischer Privatismus konzipiert: »Eine Polis, in der sich jeder auf die richtige Art um sich selbst kümmern würde, wäre eine Polis, die gut funktionierte; sie fände darin das ethische Prinzip ihrer Beständigkeit.«[57] Jene Selbstsorge, der Foucault die Potenz einer »Konversion der Macht«[58] zutraut, wird durch die Prinzipienethik des Christentums in dem Maße abgelöst, als der Mensch sich ausdrücklich nicht mehr »als Herr-Subjekt seines Verhaltens«[59] selbst konstituiert, sondern durch den Schöpfer-Herrn konstituiert wird.

Der Tod spielt in diesen beiden idealtypisch konstruierten Formen der Verhaltensregulierung sehr unterschiedliche Rollen, die insbesondere durch das Verhältnis von Sexualität und Tod, von *Eros* und *Thanatos* bestimmt sind. Bei den Griechen bestimmt der Sexualakt das Verhältnis zum Tod, da allein in der menschlichen Fruchtbarkeit eine Überwindung des individuellen Endes denkbar ist. Eine maßvolle Sexualität symbolisiert gewissermaßen eine Ökonomie des Todes; der erschöpfende männliche (!) Akt steht für Auszehrung und Verausgabung, das Junktim der Fortpflanzung der Gattung mit der Endlichkeit des Gattungswesens steht

55 Ebd., S. 122.
56 Michel Foucault, *Die Sorge um sich. Sexualität und Wahrheit* 3, Frankfurt am Main 1986 (franz. Original 1984), S. 60.
57 Michel Foucault, *Freiheit und Selbstsorge*, Frankfurt am Main 1985 S. 15.
58 Ebd.
59 Foucault, *Der Gebrauch der Lüste*, a. a. O., S. 178.

für den Tod.[60] Anders im nachfolgenden Christentum: Die sexuelle Aktivität wird hier selbstverständlich auch an die Ökonomie der »Vermehrung des Volkes Gottes«[61] gebunden; die Mäßigung des Fleisches hat für die christliche Pastoralmacht allerdings im Unterschied zum griechischen Denken eine ganz andere Bedeutung. Nur wer den engen Rahmen der Sexualmoral auch wirklich einhält, wird sich davor bewahren können, seine »Seele mit dieser Aktivität dem ewigen Tod zu weihen«.[62] Hier dürfte auch die diskurspraktische Funktion der im christlichen Kosmos unhintergehbaren individuellen Unsterblichkeit liegen, die eine Unterwerfung unter das moralische Gesetz erst möglich macht und dafür einen gewissen »Verzicht auf das Selbst«[63] erfordert, während bei den Griechen sich die Unsterblichkeit gar nicht auf die konkrete Individualität einer fortdauernden Seele bezieht.[64] Foucault stellt in diesem Zusammenhang besonders heraus, daß darin für den Griechen die Bedingung der Möglichkeit gegeben ist, seine Haltung und Ästhetik der Existenz auszubilden, weil er »schließlich weiß, daß man keine Angst vor dem Tod zu haben braucht [und] man in einem solchen Moment seine Macht über andere nicht mißbrauchen«[65] kann und muß. Ethos und Thanatos ermöglichen sich gegenseitig.

Foucault macht keinen Hehl daraus, daß er die Selbsttechniken Griechenlands nicht nur aus analytischem Interesse rekonstruiert. Er sieht in den Moralreflexionen der Griechen, die ein Ethos der Selbstsorge enthalten und nicht einen universalistischen Moralkodex, unter den sich das Selbst bei Strafe des Selbstverlustes zu unterwerfen hat, offenbar auch eine normative Alternative

60 Vgl. ebd., S. 171 ff.
61 Ebd., S. 177.
62 Ebd.
63 Michel Foucault, »Technologien des Selbst«, in: ders. u. a.., *Technologien des Selbst*, Frankfurt am Main 1993 (amerik. Original 1988), S. 24-62, hier S. 46.
64 Zum geistes- und strukturgeschichtlichen Hintergrund dieses Wandels von der griechischen – und übrigens auch der alttestamentarischen – innerweltlichen bzw. nicht an das konkrete Individuum gebundenen Unsterblichkeit zur christlichen Auferweckungsvorstellung vgl. ausführlich Armin Nassehi und Georg Weber, *Tod, Modernität und Gesellschaft. Entwurf einer Theorie der Todesverdrängung*, Opladen 1989, S. 84 ff., S. 113 ff. und S. 148 ff.
65 Foucault, *Freiheit und Selbstsorge*, a. a. O.,S. 16.

für die Gegenwart. Foucault meint selbstverständlich nicht, daß die Moral der griechisch-römischen Antike nun restituiert werden könnte. Es sind gar nicht die Inhalte dieser Moral, die er präferiert[66], sondern eher ihre strukturellen Merkmale der Subjektkonstitution: der *Vorrang der Praxis* und die *Haltung des Individuums*.

Den *Vorrang der Praxis* postuliert Foucault, indem er nicht das Subjekt als Bedingung der Möglichkeit von Erfahrung konzipiert – dies entspräche dem Diskurs der Humanwissenschaften. Foucault verfährt umgekehrt: »Die Erfahrung ist die Rationalisierung eines Vorgangs, der selbst vorläufig ist und der in einem Subjekt mündet oder besser in Subjekten«.[67] Der Vorrang der Erfahrung vor der Kognition begründet erst jene praktische Selbstsorge, die weniger in der Selbst*erkenntnis* des delphischen Orakels als im Sich-um-sich-selbst-Kümmern fundiert ist.[68] Die unmittelbare Praxis des Selbst bringt erst jene Subjektivität hervor, die im Gedanken der Selbsterkenntnis als Objekt des Erkennens bereits vorausgesetzt werden muß. Die praxisbasierte Selbstkonstitution des Subjekts kann nicht mehr in einem transzendentalen Kollektivsingular gedacht werden, weshalb Foucault ausdrücklich von Subjekten im Plural spricht.

Die *Haltung des Individuums* ergibt sich letztlich schon aus diesem Plural, der aus der *Leere des verschwundenen Menschen* resultiert, in der allein sich noch denken lasse. Es ist dies das Foucaultsche Verständnis der Moderne, die er »eher als Haltung denn als Abschnitt der Geschichte«[69] ansieht. Dieses normative Verständnis der Moderne, eine Aufklärung, die den aufkläreri-

66 In einem seiner letzten Interviews meint Foucault gar, die ganze Antike scheine »ein großer Irrtum« gewesen zu sein, weil ihre Philosophie doch der Versuchung erlegen sei, sich philosophisch universalistisch zu gerieren. Allenfalls eine kontextabhängige Aufnahme von Motiven eines »Stils der Existenz«, nicht jedoch eine Renaissance jener Ethik und Ästhetik sei wünschenswert (»Die Rückkehr der Moral. Ein Interview mit Michel Foucault«, in: Eva Erdmann, Rainer Forst und Axel Honneth (Hg.), *Ethos der Moderne. Foucaults Kritik der Aufklärung*, Frankfurt am Main und New York 1990, S. 133-145, hier S. 135 und S. 140).

67 Ebd., S. 144.

68 Foucault, *Freiheit und Selbstsorge*, a. a. O., S. 32.

69 Michel Foucault, »Was ist Aufklärung?«, in: *Ethos der Moderne*, a. a. O., S. 35-54, hier S. 42.

schen Humanismus zu überwinden trachtet, betont, »daß nicht die Treue zu doktrinären Elementen der Faden ist, der uns mit der *Aufklärung* verbinden kann, sondern die ständige Reaktivierung einer Haltung – das heißt eines philosophischen Ethos, das als permanente Kritik unseres historischen Seins beschrieben werden könnte.«[70] Subjektivität resultiert hier aus der grundlegenden Erfahrung einer nicht transzendentalen und nicht universalistischen Kritik. Diese Kritik »wird in der Kontingenz, die uns zu dem gemacht hat, was wir sind, die Möglichkeit auffinden, nicht länger das zu sein, zu tun oder zu denken, was wir sind, tun oder denken«.[71] Jene Form der Selbstkonstitution des Subjekts trachtet nach Befreiung, Autonomie und Unabhängigkeit, nach Widerstand gegen die Bio-Macht der Moderne.[72] Das *Ethos der Moderne* erinnert an Heideggers Diktum von der *eigentlichen Selbstwahl*, das Konzept der Selbstsorge konzipiert Foucault ähnlich wie Heidegger *das Sein des Daseins als Sorge*[73]: Die Selbstsorge, so Foucault, kommt »wie der Selbstbezug ontologisch an erster Stelle«.[74] Das Ethos verlangt eine Autonomie, die sich selbst als Subjekt, als *hypokeimenon*, als Maßstab der Kritik und als Ort des Widerstandes konstituiert. Foucault schließt damit sowohl an Motive aus den fünfziger wie an Motive aus den siebziger Jahren an: Das *Ethos der Moderne* gründet im existentiellen Selbstbezug des Individuums, das der empirische Ort ist, an dem sich die je individuelle Struktur bildet. Zugleich fußt es auf dem stetigen Wechselspiel von Macht und Gegenmacht, indem es der einzige empirische Ort ist, an dem die Bio-Macht gebrochen werden kann. Transzendentale Orte, die einen universalistischen Anspruch von Kritik ausweisen könnten, kommen auf Foucaults Landkarte der Moderne nicht mehr vor.

Eine Lebensform, die dem von Foucault postulierten Ethos der Moderne folgt, versöhnt Ethos und Thanatos. Foucault bindet –

70 Ebd., S. 45.
71 Ebd., S. 49.
72 Subjekte konstituieren sich sowohl durch Praktiken der Subordination wie durch Praktiken der Befreiung. Subjekt ist also kein normativer, sondern lediglich ein deskriptiver Begriff. Vgl. Michel Foucault, *Politics, Philosophy, Culture. Interviews and other Writings* 1977-1984, New York und London 1988, S. 50 f.
73 Heidegger, *Sein und Zeit*, a. a. O., S. 191 ff. und S. 260 ff.
74 Foucault, *Freiheit und Selbstsorge*, a. a. O., S. 15.

wie ich oben bereits angedeutet habe – die postulierte Haltung an ein angstfreies Verhältnis zum Tode. Selbstsorge, so Foucault, ist nicht zuletzt auch als Sorge um und Vorbereitung auf den Tod zu verstehen.[75] Allerdings ist nicht im Tode selbst ein dem Leben gegenüberstehendes Heil zu erwarten. Heil oder Erlösung kann sich »auf nichts anderes als auf das Leben«[76] stützen, in der Weise nämlich, als ein Leben zu führen ist, das sich selbst genügt und das deshalb nicht durch welche Versprechen auch immer von außen korrumpiert werden kann. Außenleitung und Fremdbestimmung sind nämlich laut Foucault erst dann wirksam, wenn sich das Subjekt Sinnversprechen und Heilserwartungen unterwirft, die seine Unterwerfung unter moralische Prinzipien bei Strafe des Selbstverlustes postulieren. Ist erst die Todesfurcht überwunden, kommt das Subjekt zu sich selbst, weil es dann allein aus ihm eigenen Ressourcen lebt. Zugleich überwindet die Akzeptanz der eigenen Endlichkeit den Mißbrauch von Macht und die Asymmetrie von Herrschaftsbeziehungen.

»... wenn man weiß, welche Dinge man anzweifeln muß und welche nicht, wenn man weiß, was zu erhoffen ratsam ist und welche Dinge man im Gegenteil als für sich vollkommen indifferent betrachten muß, wenn man schließlich weiß, daß man keine Angst vor dem Tod zu haben braucht, dann kann man in einem solchen Moment seine Macht über andere nicht mißbrauchen.«[77]

Die von Foucault ethisch postulierte Haltung fordert stoischen Gleichmut und ein »Akzeptieren des Todes«[78], ohne diesem eine Macht über das Leben einzuräumen, die ihm nicht zusteht. Die Foucaultsche Ästhetik der Existenz vollendet sich in der lebenspraktischen Verschränkung von Ethos und Thanatos.

4. Foucaults *summa thanatologica*

In seinem Spätwerk kommt Foucault auf die normativen Motive seiner frühesten Schriften zurück. Hatte er in *Psychologie und Geisteskrankheit* und in der »Einleitung« zu Binswanger Heideggers »eigentliches Sein zum Tode« aus *Sein und Zeit* zum Maßstab

75 Vgl. Foucault, »Technologien des Selbst«, a. a. O., S. 37.
76 Foucault, *Freiheit und Selbstsorge*, S. 46.
77 Ebd., S. 16.
78 Ebd., S. 17.

eines »normalen« Selbstverhältnisses im Gegensatz zum gestörten des Wahnsinns gemacht, postuliert er nun eine stark an Heidegger gemahnende Form einer *jemeinigen* Selbstsorge.[79] Diese Postulate haben – auch wenn Foucault noch wenige Monate vor seinem Tod betont, Heidegger sei für ihn »immer der wesentliche Philosoph gewesen«[80] – nicht mehr jene Engführung an Heideggers Nomenklatur, die Ähnlichkeit des Denkmotivs ist aber unverkennbar. Was Heidegger in seiner »Fundamentalontologie« unter ontologisch-methodologischen Aspekten betont – die Jemeinigkeit und Unvertretbarkeit des Todes, die Frage der Strukturganzheit des Daseins und des innerzeitlichen Bezuges zum Tod als Bevorstand sowie die daraus resultierende methodologische Diesseitigkeit seiner Thanatologie[81] –, wendet Foucault zur normativen Grundlage seines Ethos der Moderne, bei dem die Sorge um den Tod sowohl jene individualisierenden wie auch radikal immanenten Züge trägt.[82] Allerdings weist Foucault dem Tod nicht jene strukturbildende Funktion zu wie Heidegger. Noch stärker als bei diesem ist Foucaults *meditatio mortis* eine *meditatio vitae*. Nicht der Tod ist dabei der Lehrmeister des Lebens, sondern die Exi-

---

79 Diese Parallele zwischen Foucault und Heidegger zieht auch Rainer Forst, »Endlichkeit Freiheit Individualität. Die Sorge um das Selbst bei Heidegger und Foucault«, in: *Ethos der Moderne*, a. a. O., S. 146 bis 186.

80 »Die Rückkehr der Moral«, a. a. O., S. 140.

81 Vgl. Heidegger, *Sein und Zeit*, a. a. O., S. 235 ff.

82 Anders als Wilhelm Schmid sehe ich jene Strukturähnlichkeit zwischen Heideggers »Sein zum Tode« und Foucaults Sorge um den Tod sehr wohl. Schmid betont: »... Foucault begreift das Dasein nicht als Sein zum Tode. [...] Foucault interessiert sich zwar für die Ekstase des Todes, er interessiert sich aber nicht für diesen Finalismus, mag der Tod auch der Augenblick sein, in dem sich das Geheimnis des Lebens ganz erschließt, der Augenblick, in dem es verlöscht« (Schmid, *Auf der Suche nach einer neuen Lebenskunst*, a. a. O., S. 361 f.). In der Tat ist jener lebenspraktische Finalismus, den man aus *Sein und Zeit* sehr wohl herauslesen kann, nicht die Sache Foucaults. Nimmt man aber Heideggers fundamentalontologisch-methodologische Begründung der Daseinsanalytik beim Wort, so eint Foucault und Heidegger die Bestimmung des Todes als allein lebensimmanente Möglichkeit gegen jede metaphysische Bestimmung des Todes als einer Entität *sui generis*. Der Tod ist bei beiden Bestandteil einer spezifischen Selbstbeziehung des Subjekts.

stenz gibt sich in der Selbstsorge einen angemessenen Tod. Der Tod ist für Foucault ganz im Sinne Heideggers kein Seiendes, sondern ein lebensimmanenter Bezugspunkt des Selbst. Nicht die epikureische *ataraxia* schwebt Foucault vor, sondern eine aktive Selbstgestaltung des Lebens und so auch des Todes.

»Es erschien mir immer schon seltsam, wenn man sagte, über den Tod brauche man sich nicht zu sorgen, denn zwischen dem Leben und dem Nichts sei er selbst eigentlich nichts. Doch müßte nicht gerade dieses Wenige aufs Spiel gesetzt werden? Es müßte daraus etwas gemacht werden, und zwar etwas Gutes.«[83]

Doch Foucaults *summa thanatologica* erschöpfen sich keineswegs in dieser existenzästhetischen Begründung eines Ethos der Moderne. In seinen machtanalytischen Arbeiten gibt Foucault vielmehr erst den gesellschaftsstrukturellen Ort an, an dem dieses Ethos selbst als epistemische Möglichkeit entstehen konnte – und damit auch die postulierte Haltung gegenüber dem Tod. Wie ich gezeigt habe, ist es für Foucault gerade das eigendynamische Dispositiv der Bio-Macht, das zum einen den Tod aus seinem strukturellen Zugriff entläßt und zum anderen den Tod dem konkreten Individuum als geheimsten, privaten Punkt der Existenz zurückgibt. Der Tod ist unter den Bedingungen der Bio-Macht weder als kollektives Schicksal Generator einer pastoralen Prinzipienmoral und Ordnungsmacht zu begreifen, noch ist er im humanwissenschaftlichen Sinne Spiegel und Lehrmeister des Lebens. Er ist – aus der Perspektive des Bio-Macht-Dispositivs – ein *Nicht-Ereignis*[84] geworden.

Erst unter diesen Bedingungen einer radikalen Individualisierung und Privatisierung des Todes – aber nicht nur des Todes sondern der gesamten Existenz – eröffnet sich für Foucault jener kritische Fokus, den er im Widerstandspotential einer sich ethisch

83 Foucault, *Von der Freundschaft als Lebensweise*, a. a. O., S. 58. Nicht von ungefähr bestimmt Foucault an dieser Stelle den Suizid als eine dieser Gestaltungsformen.
84 Vgl. Foucault, *Politics, Philosophy, Culture*, a. a. O., S. 177. Zur medizinischen Durchsetzung der Bio-Macht heißt es hier: »Death becomes a non-event. Generally speaking, people die under a blanket of drugs, if not in some accident, so that they lose consciousness entirely in a few hours, a few days, or a few weeks: they are obliterated. We live in a world in which the medical and pharmaceutical accompaniment of death deprives it of much of its pain and drama.«

konstituierenden Subjektivität *als* Individualität entdeckt. Dabei
ist nicht der Tod das zentrale Thema von Foucaults Diagnose und
Kritik – aber er dient als Indikator für die Veränderung des Selbstverhältnisses des Subjekts und seiner Konstitutionsbedingungen:
Wurde das Subjekt durch die Pastoralmacht des Christentums
moralisch konstituiert, indem der Tod als Scheidepunkt zwischen
Heilsversprechen und -erfüllung fungierte, entläßt die Bio-Macht
den Tod aus ihrem definitorischen Zugriff und macht ihn unsichtbar. Subordiniert sich das Subjekt vollständig unter diese Macht,
fällt es der Angst vor dem Tod *als Krankheit*[85] anheim und kann
seine Bedrohung nur als das ganz Andere des Lebens und der
Vernunft, strukturgleich mit dem Wahnsinn, erleben. Die Selbstkonstitution des Subjekts als Ethos der Moderne dagegen entzieht
sich der Bio-Macht und bindet den Tod in einer *Ästhetik des
Verschwindens* an die sich um sich selbst sorgende Haltung der
Existenz: »Let's try rather to give meaning and beauty to death-
obliteration.«[86]

Foucaults *Ästhetik des Verschwindens* enthält eine implizite
Warnung: Sie decouvriert den gesamten kulturkritischen Diskurs

---

85 Vgl. Michel Foucault, »Andere Räume«, in: *Aisthesis. Wahrnehmung
heute oder Perspektiven einer anderen Ästhetik*, hg. von Karlheinz
Barck u. a., Leipzig 1990, S. 34-46, hier S. 42.

86 Foucault, *Politics, Philosophy, Culture*, a. a. O., S. 177. Foucaults
Diagnose deckt sich mit einer und bestätigt eine andernorts ausführlich entwickelte Theorie der gesellschaftlichen Verdrängung des Todes, die ausdrücklich von den Praktiken der gesellschaftlichen
Systemleistungen her und ausdrücklich nicht im Sinne einer psycho-
dynamischen bzw. individuellen Verdrängung des Todes konzipiert
ist (vgl. Nassehi und Weber, *Tod, Modernität und Gesellschaft*,
a. a. O., S. 157 ff.). Auch die dort vertretene These lautet, daß die
gesellschaftliche Verfassung der Moderne den Tod als individuelle
Bedrohung aus ihrem unmittelbaren Zugriff entläßt und so gewissermaßen erst den Weg für eine individuelle Thanatopraxis freimacht.
Eine solche Verdrängungsthese ist völlig frei vom Verlustgestus kulturkritischer Restaurationsprogramme, die nach alten Werten rufen,
wo neue nicht in die Funktionsstelle jener alten Kollektivfunktionen
passen. Letztlich verweist auch Foucault auf die Paradoxie, daß die
Einsicht in die Unbestimmbarkeit und Verhülltheit des Todes die
Bedingung der Möglichkeit dafür ist, überhaupt eine höchst vorläufige Bestimmung des je individuellen Todes zu leisten (vgl. a. a. O.,
S. 424).

um die Restituierung vormaliger, kollektiver oder zumindest für bestimmte Gruppen bindender Riten, Sinngebungen und normativer Muster zur Wiederaneignung des Todes als Praktiken, die strenggenommen der hochindividualisierten Ethik der Selbstsorge und damit der Ausbildung eines Ethos der Moderne entgegenstehen. So notwendig solche Diskurse sind, so definitiv haben sie den kulturkritischen Impetus pastoraler oder humanwissenschaftlicher Subordinationstechniken abzulegen. Foucault mißtraut solchen normativen Präskripten, denn seine *Ästhetik des Verschwindens* ist zugleich eine *Kritik des Verschwindens*: Die Pastoralisierung des Todes läßt die Selbstkonstitution des Subjekts verschwinden, die pharmazeutische Medikalisierung des Todes läßt die kognitive Präsenz des Subjekts verschwinden, und die Pädagogisierung des Todes läßt das Selbst der Sorge verschwinden. Der existentiellen *Ästhetik des Verschwindens* aber traut Foucault zu, die Angst vor dem Tod verschwinden zu lassen. Ob dieses Vertrauen auch den Weg vom Sollen zum Sein schützt, weiß ich nicht, an der impliziten Warnung aber sollte der thanatologische Diskurs der Moderne nicht vorbeigehen. Auch die Frage um den modernen Umgang mit dem Tod muß *in der Leere des verschwundenen Menschen* denken – nicht im Sinne einer Interessenlosigkeit dem sterblichen Individuum gegenüber, sondern umgekehrt im Sinne einer tatsächlich an der Selbstkonstitution von Subjekten orientierten *melethé thanatou*.